EKONOMİ 101

ARZ-TALEP DENGESİ VE EKONOMİK BÜYÜMEDEN DÖVİZ KURLARI VE BANKACILIĞA KADAR EKONOMİ HAKKINDA BİLMENİZ GEREKEN HER ŞEY

Alfred Mill En temel ekonomik ilkelerden detaylı teorik kaynaklara kadar ekonomik politika ve politik söylemle ilgili konular üzerine araştırma yapan bir ekonomisttir.

Nurdan Soysal İstanbul'da doğdu. Kadıköy Maarif Koleji ve İTÜ Elektrik Fakültesi'nden mezun oldu. TEK'te çalıştıktan sonra özel bir şirkette ihracat müdürü olarak görev yaptı. Emekli olduğundan beri çeviri yapmaktadır. Erich Fromm'un *İtaatsizlik Üzerine* ve Roger Lewin'in *Modern İnsanın Kökeni* adlı eserleri diğer çevirileri arasındadır. Bir çocuk annesi olan Soysal İstanbul'da yaşamaktadır.

Alfred Mill

EKONOMİ 101

ARZ-TALEP DENGESİ VE EKONOMİK BÜYÜMEDEN DÖVİZ KURLARI VE BANKACILIĞA KADAR EKONOMİ HAKKINDA BİLMENİZ GEREKEN HER ŞEY

İngilizceden çeviren:
Nurdan Soysal

SAY

Say Yayınları
Herkes İçin *Ekonomi*

Ekonomi 101: Arz-Talep Dengesi ve Ekonomik Büyümeden Döviz Kurları ve Bankacılığa Kadar Ekonomi Hakkında Bilmeniz Gereken Her Şey / Alfred Mill
Özgün adı: *Economics 101*

ISBN 978-605-02-0578-7
Sertifika no: 10962

İngilizceden çeviren: Nurdan Soysal
Yayın koordinatörü: Sinan Köseoğlu
Editör: Sinan Köseoğlu
Kapak uygulama ve sayfa düzeni: Artemis İren

Baskı: Lord Matbaacılık ve Kâğıtçılık
Topkapı-İstanbul
Tel.: (0212) 674 93 54
Matbaa sertifika no: 45501

1. baskı: Say Yayınları, 2017
11. baskı: Say Yayınları, 2022

Say Yayınları
Ankara Cad. 22/12 • TR-34110 Sirkeci-İstanbul
Tel.: (0212) 512 21 58 • Faks: (0212) 512 50 80
www.sayyayincilik.com • e-posta: say@sayyayincilik.com
www.facebook.com/sayyayinlari • www.twitter.com/sayyayinlari
www.instagram.com/sayyayincilik

Genel dağıtım: Say Dağıtım Ltd. Şti.
Ankara Cad. 22/4 • TR-34110 Sirkeci-İstanbul
Tel.: (0212) 528 17 54 • Faks: (0212) 512 50 80
internet satış: www.saykitap.com • e-posta: dagitim@saykitap.com

İÇİNDEKİLER

GİRİŞ

EKONOMİYİ ANLAMAK NİÇİN ÖNEMLİ?

Ekonomiyle ilgili bazı fikirlere önyargılı yaklaştığınız oldu mu? Ekonominin nasıl işlediğini kitaplardan öğrenmeye çalışıp da hiç uyuyakaldınız mı? Peki, ekonomi hakkında daha çok şey öğrenmek isteyip de ekonomistlerin o sevimsiz teknik dille konuşmaları ve "sürekli paradan söz etmeleri" yüzünden canınız sıkıldı mı?

Ekonomi 101'i okurken ekonominin ille de can sıkıcı olmak zorunda olmadığını keşfedeceksiniz. Aslında bu konuyu keşfetmek, dünyaya daha önce hiç bakmadığınız bir gözle bakmanızı sağlayacak. Ekonomi, işsizlik oranı ve sevgili babanızın iç çamaşırını değiştirme eğilimi gibi tamamen farklı görünen şeyler arasında bağlantılar kurmanıza imkân verecek. Ve dünyayı daha iyi anlayacaksınız. Faiz oranları değişince sonuçlarını kestirebileceksiniz. Hisse senetleri, tahviller, yatırım fonları, teminatlı borç yükümlülükleri hakkında anlamlı bir tartışma, artık size Portekizcenin garip bir lehçesi gibi gelmeyecek. Bu bir finans kitabı olmamasına rağmen, tanımladığı ekonomi prensipleri, kendi finansal işlerinizi düzenli yürütmenize yardımcı olacak.

Ekonomide beklentiler, gerçekler haline gelir, para ise sadece toplumsal bir kurgudur. Bu sıkıcı değil, insanın aklını başından alan bir şey! *Ekonomi 101*'i okuduktan sonra azalan marjinal fayda ve herkesin yeni gözdesi olan parasal gevşeme gibi kavramları öğrenecek ve seveceksiniz. Bu kavramları anlamak, etrafınızdaki ekonomiyi ve insanların para konularında neden öyle davrandıklarını (tabii her zaman akılcı davranmayabilirler) daha iyi kavramanıza yardımcı olacak. Hatta patronunuza değişken giderleri kontrol etmeyi ve kârı maksimuma çıkarmayı öğreterek bu bilgileri uygulamaya sokabilirsiniz. Döviz kurları ve birikimlerin akışı, sizin için çocuk oyuncağı olacak. Sermaye ve yatırım bütünüyle yeni bir anlam kazanacak. TÜFE oluşturmak ve nominal GSYİH'yı azaltmak sizin için bir alışkanlık haline gelecek. Bir karavanda yaşayıp gitar çalan ve şiir yazan hippi kuzeniniz, kendisine neden teknik olarak işsiz sayılmadığını açıkladığınızda çok heyecanlanacak.

Ekonomi bilimi, sadece, bazılarını dile getirmiş olduğum soyut terimleri tarif etmek değildir. Bir bakıma, felsefe yapmaktır! Çünkü ekonomi, hayatınızı her yönüyle etkiler, yaptığınız her şeye tesir eder. Gerçekten de her şeyi kastediyorum! Ekonomi, hiçbir şeyin bedava olmadığını öğretir. Her tercihin, parayla hiç ilgisi yokmuş gibi görünse bile, bir bedeli vardır.

Ekonomi, evimizden uzakta bir yerlerde, adı sanı belli olmayan grupların yaptığı bir şey değildir. Tüm ekonomik kararlar bireyler tarafından alınır. Evet, yani sizi kastediyorum. Ekonomi, kişiseldir. Fiyatları *onlar* belirlemez, *biz* belirleriz.

Ekonomi 101'i okuduktan sonra, dünyanın neden böyle işlediğini anlayacaksınız. Burada, aşağıdaki gibi şeyler öğreneceksiniz:

- İyi bir şeyden neden çok fazla sayıda ya da miktarda temin edebilmektesiniz? (O şeyin size faydası azalmasına rağmen bunu neden ya da nasıl yapabiliyorsunuz?)
- Ona başka bir isim verilirse işsizlik neden işsizlik olmaktan çıkar?
- Uzun vadede doğru olan bir şey, kısa vadede neden doğru olmayabilir?
- Beklentileri yöneten politika yapıcılar neden gerçekleri de yönetebilirler.
- Size enflasyon ile deflasyon arasında bir tercih yapma hakkı tanınacak olursa neden enflasyonu seçmeniz gerekir?

- Bireyler finansal durumlarını yönetmekte neden hükümetlerden daha başarılıdır?

Ekonomi dünyasını keşfe çıkmaya ve ufkunuzu genişletmeye hazır mısınız? Hadi gidelim!

EKONOMİ NEDİR?

"Kötümser Bilimden" Kasveti Çıkarmak

Buzdolabının kapısını açıp içindekilere gözünüzü dikerek, "Evde yiyecek bir şey yok," dersiniz. Sonra giysi dolu gardıroba bakıp, "Giyecek hiçbir şeyim yok," diye düşünürsünüz. Kıtlıkla karşı karşıya olduğunuz hissine kapılırsınız. İstediğiniz ya da ihtiyaç duyduğunuz şeyden elinizde yeteri kadar bulunmadığı kanısına varırsınız. Oysa yiyecek çok şeyiniz, giyecek çok kıyafetiniz vardır. Hemen oracıkta karşınıza çıkan seçeneklerden birini seçmeyi göz ardı edersiniz fakat sonunda pes edip, pörsümüş üzümlerin yanında duran o elmayı yiyeceğinizi, sonra da nefret ettiğiniz o pantolonla gömleği giyeceğinizi bilirsiniz. Ekonomi size yabancı değildir. Kıtlık söz konusu olduğunda, karşınızdaki seçeneklere bakar, değerlendirir ve sonra da birini seçersiniz.

KITLIĞIN İNCELENMESİ

Ekonomi, bireylerin, kurumların ve toplumun kıtlık durumuyla nasıl başa çıkmayı seçtiğini inceleyen bilim dalıdır. İnsanların kıtlığa nasıl tepki verdiklerini görmek çok ilginçtir. Bazıları, herkesin kıt kaynaklardan adil bir pay almasını sağlayacak karmaşık planlar ve sistemler oluştururlar. Diğerleri ise kervan yolda düzelir diye düşünür. Herkes her gün ekonomiyi uygular. Tek bir bireyden dünyadaki en büyük topluma kadar tüm insanlar sürekli yaşamlarını sürdürme, geçimlerini sağlama ve hatta karşılaştıkları göreli kıtlık göz önüne alındığında, daha iyiye gitme mücadelesi verir.

Felsefenin Çocuğu

Ekonomi, her zaman bu adla bilinmese de, uzun zamandır vardı. Bu alan bu şekilde adlandırılmadan çok daha önce, düşünürler kıtlık ve seçim üzerinde çalışıyorlardı. Modern ekonominin babası

Adam Smith, bir ekonomist olarak değil, ahlak felsefesi alanında eyleyen bir düşünür olarak görülüyordu.

Bu seçenekler üzerinde çalışanlar ekonomistlerdir. Ekonomi alanı geniştir çünkü insanlar engin bir seçenek çeşitliliğine sahiptir. Bazı ekonomistler, bireylerin ve kurumların karar oluşturma sürecini inceler; diğerleri, ulusların kıtlığı ele alış şekilleri üzerinde çalışır. Ekonomistler, üzerinde çalıştıkları şeyin davranışlarını açıklamak için teoriler geliştirirler. Bu teorilerin bir kısmı, gerçek dünyanın verileri karşısında sınanır, bazen de bu teoriler hiç sınanmadan uygulamaya konur. Ekonomistler, üniversitelerde, finans kurumlarında, büyük şirketlerde ve devlet kuruluşlarında çalışırlar.

MİKROEKONOMİ

Mikroekonomi alanı, bireylerle işletmelerin karar oluşturma süreçlerine odaklanır. Mikroekonomi, esasen mallar, hizmetler ve öz kaynaklarla ilgilenir. Mikroekonomiyi anlamanın esası pazarlardır. Alıcılarla satıcılar, öz kaynakları, malları ya da hizmetleri değiştokuş etmek için bir araya geldiklerinde bir pazar oluşur ve bu pazarların hareket tarzı ekonomistlerin özel ilgi alanına girer. Verimli bir şekilde işliyorlar mı? Katılımcılar yeterli bilgiye erişebiliyorlar mı? Pazara kim ve kaç kişi katılıyor? Bir pazarda verilen kararlar, ilgili başka bir pazardaki kararları nasıl etkiliyor? Mikroekonomi bu soruları yanıtlamaya çalışır.

MAKROEKONOMİ

Makroekonomi bir bütün olarak ulusların kıtlığı nasıl ele aldığını inceler. Makroekonomistler ulusların mal ve hizmetleri paylaştırmak için oluşturdukları ya da kullandıkları sistemleri analiz ederler. Sordukları sorular çeşitlidir ve hem bireylerin hem de politika üretenlerin ilgi alanına girer:

- Ekonomiyi nasıl ölçersiniz?
- Neden işsizlik var?
- Para miktarındaki değişimler, ekonominin bütününü nasıl etkiler?
- Devlet harcamalarının veya vergi politikasının ekonomi üzerindeki etkisi nedir?
- Ekonominin büyümesini nasıl sağlarsınız?

KITLIK

Kıtlık olmasa ekonomi bilimine ihtiyaç olmazdı. Dolayısıyla, kıtlık olmasaydı bu kitaba da gerek kalmazdı. Oysaki o kadar şanslı değilsiniz. Kıtlık, var olan evrensel bir durum çünkü herkesin ihtiyaçlarını veya isteklerini karşılamaya yetecek kadar zaman, para ya da nesne yok. Herkesin istediği nesneler öz kaynaklarla yapılır. Ekonomiyi daha teknik bir dille anlatmak istersek öz kaynakları üretim faktörleri olarak adlandırırız. Üretim faktörleri toprak (doğal kaynaklar), emek (işgücü), sermaye ve girişimciliktir.

- Toprak, sadece bir arazi parçasından ibaret olmayıp, tüm doğal öz kaynakları da kapsar. Ağaçlar, mineral yatakları, denizdeki balıklar, yeraltı suları ve yalın toprağın hepsi toprağa dahildir. Toprak, yenilenebilir ve yenilenemez doğal kaynaklar şeklinde ikiye ayrılabilir. Çam ağaçları ve piliçler gibi yenilenebilir öz kaynakların yeri kolayca yeniden doldurulabilir. Petrol ve Atlantik morinası gibi yenilenemez kaynakları türetmek ise zordur. Toprağa yapılan ödemeye kira denir.
- Emek (işgücü), yetenek ve becerileriyle insanları belirtir. Emek, vasıfsız işgücü, vasıflı işgücü ve profesyonel işgücü şeklinde ayrılır. Vasıfsız işgücü, usule uygun düzgün bir eğitim almamış olup, hamburger hazırlamak ya da montaj hattında çalışmak gibi üretimle ilgili tekdüze işleri belli bir ücret karşılığında yapan kişilerden oluşur. Vasıflı işgücü, bildikleri ve yapabildikleri şeyler karşılığında ücret alan kişilerden oluşur. Vasıflı

işgücüne örnek olarak kaynakçıları, elektrikçileri, tesisatçıları, mekanikçileri ve marangozları sayabiliriz. Profesyonel işgücüne ise, bildikleri şeyler karşılığında ücret ödenir. Doktorlar, avukatlar, mühendisler ve hatta öğretmenler bu kategoriye girerler.

- Ekonomide sermaye, parayı değil, üretim sürecinde kullanılan tüm aletleri, fabrikaları ve teçhizatı belirtir. Sermaye, yatırımın ürünüdür. Nokta. Bu, kafa karıştırmıyor mu? Muhtemelen şimdiye kadar, sermayenin para, yatırım yapmanın da borsada yaptıklarınız olduğunu düşünerek mutluluk içinde yaşıyordunuz. Üzgünüm. Sermaye, diğer nesneleri yapmak için kullanılan nesneler, yatırım da bu nesneleri satın almak için harcanan paradır. Sermaye oluşturmak için sermayeniz olmalıdır. Çünkü sermaye daima ödünç parayla satın alınır ve bunun da ödenecek bir faizi olur.

Bolluk Ülkesi Amerika'da Gerçekten de Kıtlık Var mı?

Kıtlık herkes için mevcuttur. Yoksulundan zenginine, herkes bu durumla karşı karşıyadır. Amerika'daki kıtlık elbette Somali'deki kıtlıktan farklıdır. Amerika'da bol gıda ve temiz su bulunmaktadır oysa Somali'de her ikisi de eksiktir. Kıtlık sadece öz kaynakların değil, isteklerin de sınırsız olmasından ileri gelir. Bu durum Somali'de olduğu gibi Amerika'da da mevcuttur.

Para Konuşur

Tahsisat

Ekonomistler, doğru kişilere verilen doğru öz kaynakları, tahsisat olarak tarif ederler. Marjinal fayda marjinal maliyete eşit olduğunda tahsis etkinliği gerçekleşir. Bu koşul karşılandığında en büyük fayda topluma gelir.

KARŞI BEDELLER VE FIRSAT MALİYETİ

Senden Benden Bir Varsayım Oluşturmak

Ne zaman bir üretim faktörünü kullansanız bir maliyet yaratılacaktır. Neden? Üretim faktörleri sınırsız değil, sınırlıdır. Sonuç olarak, bir amaç için toprak, emek, sermaye veya girişimciliği kullanmaya karar verdiğinizde, onu başka bir amaç için kullanma kabiliyetini yitirirsiniz. Örneğin, öz kaynak olarak emeği –kendi emeğinizi– ele alalım. Diyelim ki, bir saatinizi kitap yazarak, ders öğreterek ya da hamak örerek harcayabiliyorsunuz. Karşılaştığınız seçeneklere, karşı bedel denir. Hamak ördüğünüzü farz edin. Bu bir saatlik süre içinde ne kitap yazabilir ne ders verebilirsiniz. Eğer en iyi ikinci seçeneğiniz kitap yazmaksa ekonomistler, hamak örmeye harcanan bir saatin fırsat maliyetinin, kitap yazmaya harcayabileceğiniz bir saat olduğunu söylerler. Bir öz kaynağın ikinci en iyi seçenek için kullanımı fırsat maliyetidir.

Örtük ve Açık Maliyet

Fırsat maliyetine bazen, örtük maliyet de denir. Bir üretim faaliyetinin işgücü, hammadde ve genel giderler gibi kolayca hesaplanan açık maliyetlerinin yanı sıra, hesaplaması daha zor olan örtük maliyetleri de vardır.

FIRSAT MALİYETİNİN HESABA KATILMASI

Örneğin, güzel bir Cuma sabahı kendi kendinize, "Yapmam gerektiği gibi işe gidebilirim, evde kalıp bütün gün uyuyabilirim ya da Cozumel'e uçup, plajda takılabilir ve dalış yapabilirim," diye düşünüyorsunuz. Farz edin, Cozumel'e gitmeye karar verdiniz ve en iyi ikinci seçeneğiniz ise işe gitmekti. Gezinizin maliyeti ne oldu? Havaalanına gitmek için taksiye, uçak biletine, otelde her şey dahil konaklamaya ve Palancar Resifi'nde dalmaya para ödediniz. Tek masrafınız bu muydu? Hayır. Çalışmakla kazanabileceğiniz paradan da feragat ettiniz. Fırsat maliyeti kötü sonuç verir. Bir karar verirken onu da hesaba kattığınızdan daima emin olun.

MARJİNAL ANALİZ

Ekonomistler, insanların, kararlarının faydaları karşısında maliyetini de daima hesaba katan küçük bilgisayarlar gibi olduklarını düşünmeyi severler. Çoğunlukla kararlarınızı birer birer verdiğiniz için ekonomistler, bir kararın faydasını marjinal fayda olarak adlandırırlar. Marjinal fayda, para birimi olarak da fayda birimi olarak da ölçülebilir, hangisini tercih ederseniz. Fayda birimleri, bir şeyi yapmaktan elde ettiğiniz faydanın ya da mutluluğun miktarıdır. Kolayca para birimine çevrilebilirler.

Diyelim ki, havuzda bir saat yüzmeyi seviyorsunuz. Yüzmekle kaç fayda birimi elde ettiniz? Yüzmeseydiniz size kaç para ödenmeliydi? Eğer arkadaşınız size yüzmemeniz karşılığında giderek artan miktarlarda para teklif etmeyi sürdürseydi, muhtemelen yüzmeyerek kabul ettiğiniz para miktarının en azından yüzdüğünüz takdirde elde etmiş olacağınız mutluluk ya da fayda miktarına eşit olacağını varsaymak yerinde olurdu. Yüzmemenizi sağlamak 20$ (dolar) tutuyorsa, yüzmeye 20$'dan fazla değer biçemezsiniz. Yüzmek, sizin için 20 fayda birimi değerindedir.

Marjinal maliyet, bağlı bir kavramdır. Marjinal maliyet, ürettiğiniz ya da tükettiğiniz şey her neyse, ondan bir fazla birimi üretmenin ya da tüketmenin maliyetidir. Yüzme örneğine geri dönelim. Havuzda yüzmenin marjinal maliyetinin 5$ olduğunu varsayalım. Yüzmekle 20 fayda birimi kazanıyorsanız, 20$ değerinde fayda elde etmek için 5$ öder miydiniz? Elbette öderdiniz. Şimdi, havuzda yüzmenin 20,01$'a mal olduğunu varsayalım. 20$ değerinde fayda elde etmek için 20,01$ harcar mıydınız? Muhtemelen harcamazdınız. Ekonomistler, marjinal fayda marjinal maliyete eşit olduğu ya da onu geçtiği müddetçe yüzeceğiniz sonucunu çıkarırlar. Bu, sizin, marjinal maliyetin 20$'a eşit veya daha az olduğu müddetçe yüzeceğiniz anlamına gelir. Marjinal fayda marjinal maliyete ağır basarsa, muhtemelen bunu yaparsınız. Marjinal fayda marjinal maliyetten az olursa, muhtemelen yapmazsınız. Marjinal fayda marjinal maliyete eşitse, yüzseniz de olur yüzmeseniz de; sizin için fark etmez.

EKONOMİDEKİ VARSAYIMLAR

Ekonomistler, en sevdikleri konu üzerinde konuşurken belli varsayımlarda bulunurlar. Bu varsayımları sizin bilmenizi (ve kabul etmenizi) beklerler. Bunlardan önemli üçü aşağıdaki gibidir:

1. *Başka hiçbir şey değişmez.* Ekonomistler, "Gelir vergileri düşerse tüketim artar," şeklinde bir iddia ortaya attıklarında bu, "Gelir vergileri düşer ve *başka hiçbir şey değişmezse* tüketim artar," şeklinde anlaşılmalıdır. İki ifade arasındaki farkı görüyorsunuz değil mi? *"Ve başka hiçbir şey değişmezse"* ifadesi, *seteris paribus* varsayımı olarak da bilinir. *Seteris paribus*, genel hatlarıyla çevrilirse, "tüm diğer unsurlar sabitken" anlamına gelir. Dolayısıyla kitabı okumaya devam ederken, sebep-sonuç ilişkisiyle ilgili tüm ifadelerin *seteris paribus* varsayımıyla yazıldığını aklınızda tutun.
2. *İnsanlar, mantıklıdır ve akla uygun davranırlar.* Ekonomistlerin yaptığı ve çok sevdikleri bir diğer varsayım da, insanların akla uygun davrandığıdır. Ekonomistler, insanların seçimlerini, mevcut tüm bilgileri ve o seçimin faydası ile maliyetini hesaba katarak yaptıklarını farz ederler. Ayrıca ekonomistler, seçimlerin anlamlı olduğunu varsayarlar. İnsanların mantıklı davrandığı varsayımı, ekonomi düşüncesinin farklı ekolleri arasında tartışmaya konu olur fakat ekonomik kararların çoğu için bu, yararlı bir varsayımdır.
3. *İnsanlar bencildir.* Ekonomistlerin son varsayımı, insanların çıkarcı olduğudur. İş bir karar vermeye gelince insanlar, her

şeyden önce kendilerini düşünürler. Ekonomide katıksız özgecilik mümkün değildir. Ekonomistler, alaycı bir şekilde, insan davranışlarını kişisel çıkarların güdülendirdiğini farz ederler. Örneğin, askerlerle dolu bir hendeğe el bombası atılmış ve bir asker, diğerlerini kurtarmak için kendi hayatını feda ederek bombanın üzerine atlamış olsun. Ekonomistlere göre, bu asker bu kararının marjinal faydasını ve marjinal maliyetini anında hesaplayıp, silah arkadaşlarını kurtarmanın getireceği marjinal faydanın, kendi hayatının marjinal maliyetinden ağır bastığına karar vermiş ve kişisel çıkarını azami ölçüde artıran faydacı bir hareket yaparak bombanın üzerine atlamıştır. Arkadaşlarını bir asker olarak *kendi* faydasını azami seviyeye çıkarmak için kurtarmıştır.

Ekonomistlerin yaptıkları varsayımlar, eleştiriye ve tartışmaya açıktır. Birçok eleştirmen, ekonomi alanının, gerçek dünya değerlerine sahip olamayacak kadar soyut ve teorik olma eğiliminde olduğunu düşünür. Çoğu ekonomistin en son ekonomik çöküşü kestirmekteki başarısızlıkları, ekonominin, kendini riske atarak insan psikolojisini göz ardı ettiği görüşünü destekler görünmektedir.

Bir bilim dalı olarak ekonomi, bir dönüm noktasına gelmiştir ve ekonomistlerin çok değer verdikleri varsayımların dikkatlice incelenmesi gerekmektedir. Ekonomi, fizik gibi derli toplu, soyut ve matematiksel olmak yerine biyoloji gibi dağınık, karmaşık ve organik olmalıdır.

Para Konuşur

Tüketim

Hane halkının yeni mal ve hizmetler satın alması.

SERBEST TİCARETİN DOĞUŞU VE KARŞILAŞTIRMALI ÜSTÜNLÜĞÜN ÖNEMİ

Neden Bütün Yollar Roma'ya Çıkar

Hangisi daha yüksek bir yaşam standardına götürür, başkalarına bağımlı olmak mı yoksa tamamen kendi kendine yeterli olmak mı? Bu soruya cevap vermeden önce, yaşamınızı hangi yaklaşımın daha iyi yansıttığını düşünün. Bir işiniz var ve tüm faturalarınızı kendiniz mi ödüyorsunuz yoksa ailenizle birlikte oturuyorsunuz ve geçiminizi onlar mı sağlıyor? Geçiminizi kendiniz sağlıyorsanız, büyük olasılıkla kendi kendinize yettiğinizi düşünürsünüz. Hâlâ evde ailenizle birlikte yaşıyorsanız, kendinizi bir dereceye kadar bağımlı görürsünüz. Aslında gerçek şu ki, ister geçiminizi kendiniz sağlayın, ister evde ailenizle birlikte oturun, yediğiniz yemek, giydiğiniz kıyafet ve başınızı soktuğunuz çatı için yine de başkalarına bağımlısınız. İhtiyaç duyduğunuz, istediğiniz şeyleri ve daha yüksek bir yaşam standardını elde etmek için başkalarıyla alışveriş yapmak zorundasınız.

Altmış Saniyede Ticaretin Tarihçesi

İnsanlar var oldukça ticaret de var olmuştur. İlkin ticaret, basit bir konuydu. Örneğin, bir ailedeki insanlar, yiyecekleri komşularıyla değiştokuş ederlerdi. Zamanla, insanlar uzaktan gelen yeni mallarla tanışıp, onların tadını alınca ticaret gelişti. Kabileler krallık haline, krallıklar imparatorluk haline geldikçe ticaretin önemi arttı. Ticaretteki bu büyüme, nüfuzlu tüccar sınıfının doğmasına yol açtı. Bu tüccarlar, kâr arayışında zorluklara göğüs gerdiler ve bu faaliyetleri, modern dünyanın şekillenmesine yardımcı oldu. Ticaret hacmi, tarih boyunca inanılmaz boyutlarda büyümüş olsa da, değişmeyen şey, ticaretin daima bireyler arasında gerçekleşmesidir.

MERKANTİLİZM

Ticarete ilişkin erken dönem teorilerden biri, on yedinci ve on sekizinci yüzyılda Avrupa'nın ticaret politikasında egemen olan merkantilizmdi. Merkantilizm, bir ülkenin ve dolayısıyla bireylerin, ülke ihracatının değeri ithalatının değerinden fazlaysa daha varlıklı olduğu görüşünü baz alır. Merkantilizme göre, bir ülke ne kadar altın topladıysa o kadar varlıklıdır. Sonuçta ülkeler, daha ucuz öz kaynak ithal edip, onları daha pahalı mamul ihraç mallarına dönüştürmek için yarıştılar. Avrupa'daki ülkelerin, yeni keşfedilmiş, zengin öz kaynaklara sahip Amerika kıtalarını kolonileştirmek ve sömürmek için birbirleriyle neden bu kadar hevesle mücadele ettiklerini anlamak zor değildir.

Merkantilizmin bariz bir kusuru vardı. Bir ülke, daima ithalatından fazla ihracat yapmaya çalışıyorsa ve diğer herkes de aynı oyunu oynuyorsa, biri kaybedecektir. Devletler ülkelerinin ihracat avantajını korumak için, halkı ille de zenginleştirmese de mal akışını saptıran birçok yasayı ve vergiyi yürürlüğe koydular. Merkantilizm sonunda, yarardan çok zarar getiren bir kazan-kaybet durumu yarattı.

SERBEST TİCARET

On sekizinci yüzyıl İskoç düşünürü Adam Smith'in sezgileri, merkantilizmi sona erdirmekte etkili olmuştur. Smith ve bazı çağdaşları, devletlerin merkantilist politikalarının yanlış yönlendirilmiş ve özel çıkarlar tarafından etkilenmeye yatkın olduğunu görmüşlerdir. *Ulusların Zenginliği* adlı kitabında, bir ülkenin en iyi şekilde ürettiği şeyde uzmanlaştığı ve bu ürünlerin serbest ticaretini yaptığı takdirde, toplumun zenginleşeceğini iddia etmiştir. Adam Smith, zenginliği, bir ulusun tüm bireylerinin ürettikleri şeylerin genel toplamı olarak görmüştür. Onun bakış açısına göre, serbest ticaret, bazen diğer ülkelerdeki kişilerden mamul mal ithal etmeniz anlamına gelse bile, daha fazla zenginlik getirir.

Serbest ticaret fikrini desteklemekte kullanılan bir iddia da, karşılaştırmalı üstünlük kuramıdır. Adam Smith, bir ülkenin en iyi şekilde üretebildiği malda uzmanlaşıp, diğerleriyle bu malın ticaretini yapmasını savunurken bir diğer etkili düşünür David Ricardo, bir ülkenin en düşük fırsat maliyetiyle üretebildiği mal üzerinde uzmanlaşıp, diğer gereksinimleri için bunu değiştokuş etmesinin daha iyi olacağını öne sürmüştür. Bu iki kavram, mutlak üstünlük ve karşılaştırmalı üstünlük olarak bilinirler.

Mutlak Üstünlük

Bir malı ya da hizmeti başka birinden daha fazla veya daha hızlı üretebiliyorsanız, mutlak üstünlük mevcuttur. Mutlak üstünlük, daha verimli olduğunuzu, yani aynı miktardaki öz kaynakla daha fazla üretim yapabildiğinizi belirtir. Örneğin, Art (Garfunkel), saatte bir hit şarkı besteleyebilirken Paul (Simon), saatte iki hit şarkı besteleyebilir. Dolayısıyla Paul, şarkı yazma konusunda bir mutlak üstünlüğe sahiptir.

Karşılaştırmalı Üstünlük

Bir malı bir başkasından daha düşük bir fırsat maliyetiyle üretebiliyorsanız karşılaştırmalı üstünlük mevcuttur. Diğer bir deyişle, bir malı ya da hizmeti üretmek için başka bir malın ya da hizmetin daha azından ödün veriyorsanız, karşılaştırmalı üstünlüğünüz vardır. Önceki örnekte, Art ile Paul, bestecidir, peki ya her ikisi de aynı zamanda karmaşık beyin ameliyatları gerçekleştirebiliyor olsalardı ne olurdu? Art da Paul de, bir saatte iki beyin ameliyatını başarıyla gerçekleştirebilselerdi, hangisi şarkı bestelemekte, hangisi beyin ameliyatı yapmakta karşılaştırmalı üstünlüğe sahip olurdu?

Karşılaştırmalı üstünlüğü hesaplamak için, her kişinin üretim esnasında karşı karşıya kaldığı fırsat maliyetini belirlemelisiniz. Art, bestelediği her şarkı için iki başarılı beyin ameliyatını feda etmek durumundadır. Paul ise bir saatte ya iki hit şarkı besteleyebilir ya da iki beyin ameliyatı yapabilir. Bu, Paul'ün, bestelediği her şarkı için bir beyin ameliyatı feda etmesi demektir, dolayısıyla, şarkı bestelemekte karşılaştırmalı üstünlüğe sahiptir. Öte yandan Art, beyin ameliyatında karşılaştırmalı üstünlüğe sahiptir çünkü yaptığı her beyin ameliyatı için yarım şarkı feda ederken Paul, aynı ameliyat için bütün bir şarkıyı feda eder. Sonuçta, Art beyin ameliyatında, Paul ise şarkı yazarlığında uzmanlaşmalıdır çünkü karşılaştırmalı üstünlüğe sahip oldukları alanlar onlardır.

Verimlilik ve Karşılaştırmalı Üstünlük

Kimin ne üretmesi gerektiğine karar verirken karşılaştırmalı üstünlüğü gözden kaçırmak kolaydır. Sadece bir kişi bir işi başkalarından daha verimli şekilde yapıyor diye onun o işi yapmak için en uygun kişi olduğunu iddia etmek her zaman doğru olmaz. Fırsat maliyetini hesaba katmayı her zaman aklınızda bulundurun.

KARŞILAŞTIRMALI ÜSTÜNLÜK VE EKONOMİK DEĞİŞİM

Karşılaştırmalı üstünlük kuramı, Amerikan ekonomisinin son altmış yılda nasıl değiştiğini daha iyi anlamanızı sağlar. Bu zaman aralığında Birleşik Devletler, düşük nitelikli üretim ekonomisinden yüksek nitelikli çeşitli alanlara yönelmiş bir ekonomiye geçiş yapmıştır. Altmış yıl önce kıyafetlerinizin çoğu yerli üretimdi, oysa günümüzde kıyafetlerinizin üzerindeki etiketler, Vietnam, Bangladeş, Honduras, Fas ve tabii ki Çin gibi çeşitli yerlerde üretildiklerini göstermektedir.

Aynı zaman aralığında, büyük bir teknolojik yenilenme dalgası ve kültürel gelişmeler gerçekleşmiştir. Örneğin, altmış yıl önce ve günümüzde birer grup lise birinci sınıf öğrencisi arasında, lise sonrası planları hakkında anket yapacak olsaydınız büyük olasılıkla, 1940'lar ve 1950'lerdeki öğrencilere kıyasla günümüz öğrencilerinin çok daha fazlasının yükseköğrenime devam etme peşinde olduklarını görürdünüz. Geçmişte liseden ayrılıp, değirmende veya fabrikada çalışmak standarttı; günümüzde, liseden ayrılmak endişeye yol açar. Altmış yıl öncesine göre daha fazla iş ve daha fazla unvan var. Diğer bir deyişle, günümüzde altmış yıl öncesinden çok daha büyük fırsatlar var. Elbette bu, dikkat edilmesi gereken önemli bir şeyi de beraberinde getirir: Fırsattan faydalanmak için gerekli öğrenime veya eğitime sahip olmalısınız.

Peki, bunun karşılaştırmalı üstünlükle ne alakası var? Bir örnek, bunu anlamanıza yardımcı olabilir. 100 tipik Amerikalı lise öğrencisini düşünün, sonra da aynı yaşta 100 Bangladeşli genci düşünün. Hangi ülkede, tişört üretmenin fırsat maliyeti daha yüksektir? Amerikalı öğrencilere bakarsanız, Bangladeşlilerden daha fazla fırsata sahip olduklarını kabul etmek zorunda kalırsınız. Amerikalılar, tişörtte uzmanlaştıklarında, çalışanların çoğunun geçimlerini tarımla sağladıkları Bangladeş'e göre daha fazla sayıda potansiyel doktordan, hemşireden, öğretmenden, mühendisten, motor ustasından, itfaiyeciden, polis memurundan, yöneticiden, makinistten ve sosyal hizmetler uzmanından ödün vereceklerdir. Tişört üretmenin fırsat maliyeti, Bangladeş'te Amerika'dakinden çok daha düşüktür, dolayısıyla Bangladeş'in tişört üretiminde karşılaştırmalı bir üstünlüğü vardır. ABD'nin daha verimli bir tişört üretim kapasitesi olmasına (mutlak üstünlük) rağmen, tişört için teknik bilgi, ilaç, rafine kimyasallar ve sermaye donanımı satması ekonomik açıdan mantıklıdır.

ULUSLARARASI TİCARET VE TİCARET ENGELLERİ

Sınırlar Olmaksızın Serbest Ticaret

Ticaret hem gönüllü hem de serbest olduğu zaman, alıcı da satıcı da yararlanır (süt alırsanız sütçü para kazanır, siz de bir inek sahibi olmanız gerekmeden süt elde edersiniz). Gönüllü serbest ticaret karşılıklı olarak kazançlı olduğu için varlık yaratır. Varlık, sahip olduğunuz her şeyin toplam değeridir. Ekonomiyi Öğretme Vakfı'nda yapılan bir deneyde, bir grup katılımcıya rasgele birtakım nesneler verilmiş ve bunlara değer biçmeleri istenmiştir. Sonra grup üyeleri, nesnelerini serbestçe alıp satmışlardır. Biraz sonra gruptan yine, sahip oldukları nesnelere değer biçmeleri istenmiştir. İkinci değerler toplamı, birincisinden yüksektir. Gönüllü serbest alım satım eylemi sayesinde yeni hiçbir şey eklenmeksizin bir varlık yaratılmıştır.

ULUSLARARASI TİCARET

Başka ülkelerdeki insanlarla ticaret yaptığınızda, aynı şekilde karşılıklı kazanç ve varlık yaratımı meydana gelir. İkinci Dünya Savaşı'ndan önce, ulusların arasındaki ticaret anlaşmaları, çoğunlukla ikiliydi, yani özel çıkarların korunduğu ve ticaret engellerinin (ithalat ve ihracat vergileri gibi) ortak olduğu iki taraf arasındaki anlaşmalardı. Serbest ticaretin yararları anlaşılmamış ve uluslar, soyutlanma ve yerli ekonomiyi koruma politikalarına sürüklenmişlerdi.

İkinci Dünya Savaşı'nın sonlarına doğru, sanayileşmiş özgür dünyanın birçok temsilcisi, sık sık uluslararası anlaşmazlıklara neden olan ekonomik sorunları ele almak üzere New Hampshire eyaletindeki Bretton Woods kasabasında toplandılar. Konferans, Uluslararası Para Fonu'nu (IMF) ve Dünya Bankası'nı oluşturdu fakat uluslararası işbirliğini teşvik edecek bir ticaret örgütü çıkarmadı. 1947'de, ABD dahil birçok ülke bir araya gelerek, Gümrük Tarifeleri ve Ticaret Genel Anlaşması'nı (GATT) oluşturdular. GATT'ın amacı, üye ülkelerin serbest ticaretten eşit derecede faydalanabilmeleri için ticaret engellerini azaltmaktı.

Uluslararası ticaretteki büyümeye, anlaşmanın üyelerinin yaşam standartlarındaki yükseliş eşlik etti. 1995'te, GATT, Dünya Ticaret Örgütü (DTÖ) haline geldi. GATT ve sonra da DTÖ yönetiminde giderek daha fazla ülke, engellerin azaltılmasının ve serbest ticaretin destekçisi haline geldi. Sonuçta uluslararası ticaret, genişlemeye devam etti ve birçok ülke, sunduğu avantajlardan yararlandı. Örneğin, İrlanda, AB'ye katılıp, uluslararası ticarete açıldığından beri Avrupa'nın en yoksul ülkelerinden biri olmaktan çıkıp, en zenginlerinden biri haline gelmiştir.

ULUSLARARASI TİCARETİN ALEYHİNDEKİ DURUMLAR

Bariz faydalarına karşın uluslararası ticaretin birçok aleyhtarı da vardır:

- Çevreciler, ülkeler uzmanlaştıkça üretimin, çevreyi kirlenmekten ve doğal yaşam alanlarının zarar görmesinden koruyacak düzenlemelerin daha az olduğu ülkelerde yoğunlaşacağından endişe duyarlar.
- İşçi sendikaları, üretimin, sendikaların pek bulunmadığı düşük ücretli ülkelere kaydırılacağı ve dolayısıyla üyelerini olumsuz etkileyeceğini ileri sürerek serbest ticarete karşı çıkarlar.
- İnsan hakları eylemcileri, üretimin, çalışma koşullarının çok kötü ve çoğunlukla insanlık dışı olduğu, çalışanların sanayileşmiş ülkelerdeki hak ve ayrıcalıkların aynısını bulamadıkları ülkelere kayması nedeniyle serbest ticarete karşıdırlar.
- Ulusal egemenliğin kaybından endişe duyan politikacılar ile seçmenleri, ulusu etkileyen kararların, halka doğrudan tabi olmayan uluslararası bir organ tarafından verilmesi nedeniyle serbest ticarete karşı çıkarlar.

TİCARET ENGELLERİNE BİR BAKIŞ

Ülkeler zaman zaman, uluslararası ticarete vergi veya sınır koyacak hatta yasaklayacaklardır. Neden? Gönüllü ticaret karşılıklı olarak kazançlı olsa da, yararları toplum içinde dağılır ve bazen maliyeti doğrudan belirli bir grup taşır. Halk, sanayilerini korumaya, vergi gelirlerini artırmaya, çevreyi korumaya, hatta toplumsal bir değişim yaratmaya aşırı ilgi duyabilir. Bazen bir ülke, bir diğer ülkeyi cezalandırmak için ticaretini sınırlayabilir. Gümrük vergileri, kotalar ve ambargolar, bir ülkenin bu diğer isteklerini yerine getirmek için kullandıkları araçlardan birkaçıdır.

Gümrük Vergileri

Gümrük vergisi bir ticaret vergisidir. Devlet gelirlerini artırmak veya ekonominin belli bir sektörüne fayda sağlamak için kullanılabilir. Sanayi kolunuz dış rekabete maruz kalıyorsa, ithalata gümrük vergisi koyması için Kongre'ye baskı yapabilirsiniz. Örneğin, ABD çelik endüstrisi, gümrük vergileri sayesinde ucuz dış rekabetten yıllarca korundu. 2007'de, Hindistan, gıda kıtlığını önlemek için pirinç ihracatına gümrük vergisi koydu. 1930'da konan Smoot-Hawley gümrük vergisi, Amerikan sanayiini koruma ve devletin çok ihtiyaç duyduğu vergi gelirini artırma amaçlıydı.

Gümrük vergisinin olumsuz tarafları da yok değildir:

- Gümrük vergisi çoğunlukla, rekabeti önleyici, israfı ve verimsizliği destekleyici etkiler yapar.
- Gelir yaratma amaçlı gümrük vergileri, çoğunlukla, vergi gelirlerini artıramazlar çünkü insanlar pahalılaşan ithal ürünleri almaktan vazgeçerler.
- İhracata gümrük vergisi koymak, üreticilere üretmemeleri için bir sebep verebilir.

Kotalar

Kotalar, ticaretteki sınırlardır. İthalata bir vergi koymak yerine, ülkenize ithal edilen malların sayısını sınırlamak için bir kota uygulayabilirsiniz. 1970'ler ve 1980'lerde, Amerikalı araba üreticileri ve işçi sendikaları, rekabeti sınırlandırmak ve Amerikalıların işlerini korumak için devletin yabancı araba ithalatına koyduğu kotaları desteklediler. Sonuç, daha yüksek fiyat ve daha düşük kalite oldu.

Nihayetinde, Alman ve Japon firmaları, fabrikalarını ABD'de kurmak suretiyle, kotaları baypas ettiler. Sonunda, yerli üreticiler, kendi ülkelerinde daha fazla rekabetle karşı karşıya kaldılar ve yabancı şirketler fabrikalarını, sendikaların daha etkisiz olduğu eyaletlerde kurdukları için işçi sendikaları da mağdur oldular.

Kotalar, başka sorunlar da yaratır:

- Devlete vergi geliri getirmez, daha fazla sorumluluk getirirler.
- Kotadan kaçınmaya çalışanları kaçakçılığa teşvik eder, dolayısıyla karaborsa yaratırlar.
- Ayrıca, kotalar, yabancı firmalar tarafından başka yabancı firmaların rekabetini kısıtlamak için manipüle edilebilir. Örneğin, ABD'ye ithal edilen Alman arabalarına bir kota uygulanırsa kotayı ilk dolduran Alman firması diğer Alman firmalarının Amerika pazarında rekabet etmelerini etkin bir şekilde engellemiş olur.

Para konuşur

Fiyat

Tüketiciler ile üreticilerin, karşılığında bir miktar mal ya da hizmet aldığı ve sattığı parasal tutardır.

Ambargolar

Ambargo, başka bir ülkeyle yapılan ticarete konan yasaktır. Ambargonun amacı, genellikle, bir ülkeyi bir suçundan ötürü cezalandırmaktır. En aşina olduğunuz ambargo, Amerika'nın Küba'ya uyguladığı ambargo olabilir. Komünist devrimin ve sonradan da

Küba Füze Krizi'nin ardından ABD, ada halkıyla tüm ticareti yasaklayan bir ambargoyu yasalaştırmıştı. Bu olaylar artık çok gerilerde kalmış olsa bile, ambargo devam etmektedir. Neden hâlâ sürdüğünü anlamak için ticaret ambargosundan kimin çıkar sağladığını bir kez daha düşünebilirsiniz.

GELENEKSEL EKONOMİLER, GÜDÜMLÜ EKONOMİLER VE PİYASA EKONOMİLERİ

İşleri Böyle Yürütmüyoruz!

Neden bazı ülkeler çok zengin, diğerleri ise çok fakir? Bereketli doğal kaynakların varlığı, bir ülkenin zenginliğini açıklar mı? Neden dünyadaki farklı yerel gruplar arasında bu kadar ekonomik gelişme eksikliği var? Bir ekonomide devlet ne kadar önemlidir ve devletin ekonomideki isabetli rolü nedir? Farklı ekonomik sistemlerin incelenmesi, bunlara bir miktar ışık tutacaktır.

FARKLI EKONOMİK SİSTEMLER

Toplumlar, yaşamlarını sürdürmek için kıt öz kaynaklarını (toprak, emek, sermaye ve girişimcilik) en iyi ne şekilde kullanacaklarına karar vermelidirler. Ekonomistler, toplumların sınırlı öz kaynaklarıyla yaşamlarını sürdürmeleri için aşağıdaki üç temel soruyu yanıtlamaları gerektiği sonucuna varmışlardır:

1. Ne üretmeli?
2. Nasıl üretmeli?
3. Kimin için üretmeli?

İnsanlar, tarih boyunca bu soruları yanıtlamak için çeşitli sistemler geliştirdiler. En ilkel toplumlar, ekonomistlerin, geleneksel ekonomiler adını verdikleri ekonomileri oluşturdular. Uygarlığın ilerlemesiyle, güdümlü ekonomiler geldi ve nihayet, Aydınlanma'nın ardından piyasa ekonomileri doğdu. Ayrıca, bu temel sistemlerin komünizm, sosyalizm ve kapitalizm (bu kitapta ilerde incelenecektir) gibi kombinasyonları da türetildi.

1776'yı Hatırlamak için Bir Diğer Neden

Akıl Çağı ya da Aydınlanma Çağı olarak da bilinen on sekizinci yüzyıl, insanların dünyaya bakış açılarında köklü değişimlere şahit olmuştur. 1776 yılı özellikle önemliydi çünkü o yıl sadece Thomas Jefferson'ın Bağımsızlık Bildirgesini yazdığı yıl değil, Adam Smith'in de *Ulusların Zenginliği* adlı eserini yayınladığı yıl olmuştur.

Geleneksel Ekonomiler

Geleneksel bir ekonomik sistemde, neyi, nasıl ve kimin için üretmeli soruları, gelenek tarafından yanıtlanır. İlkel bir kültür hakkında bir belgesel seyretmişseniz geleneksel bir ekonominin hareket halinde olduğunu da görmüşsünüzdür. Kalahari Çölü'ndeki Buşmenler, dünyanın en sert çevre koşullarının bulunduğu, en temel öz kaynakların bile kıt olduğu yerlerden birinde yaşarlar. Yaşamlarını sürdürebilmek ve yeterli yiyeceği sağlamak için Buşmenler, cinsiyete dayalı bir iş bölümü geliştirmişlerdir. Kadınlar yiyecek toplar, erkekler avcılık yapar. Sonra yiyecek tüm kabileyle paylaşılır. Bu tür bir sistemde, yenilik ve değişimdense, istikrar ve süreklilik tercih edilir. İnsanların görevlerini, cinsiyetleri ve toplumdaki statüleri belirler. Bu sistemde, yaşlının, çocuğun, zayıfın ve engellinin bakımını grup üstlenir. Grup, sahip oldukları az sayıda malı paylaşır; özel mülkiyet, onlara yabancı bir kavramdır. Genelde, bu sistem içindeki herkes, toplumla ilişkisini anlar ve sonuçta yaşam, öngörülebilir bir şekilde akar.

Güdümlü Ekonomiler

Avcı-toplayıcı toplumlar büyüyüp, sonunda doğal besin kaynaklarını tüketince bir kısmı, yerleşik çiftçiler haline gelerek yaşamlarını sürdürdüler. Tarımın gelmesiyle ekinlerin ekilmesi, biçilmesi ve depolanması için düzenli bir sistem ihtiyacı belirdi. Bu, geleneksel ekonomide var olandan daha büyük bir yapılanma gerektirdi. Toplumun ayakta kalmasını garantilemek için, hangi ürünleri yetiştirmek ve hasadın ne kadarını depolamak gerektiği konusunda kararlar verilmeliydi. Zamanla karar verme yetkisi merkezileşti ve güdümlü ekonomik sistem gelişti. Güdümlü ekonominin temel özelliği, merkezileşmiş karar verme yetkisidir. Ekonomideki kilit kararları, tüm toplum adına, bir lider (ya da bir grup güçlü kişi) verir.

Güdümlü sistemlerin örnekleri, kadim uygarlıkların hepsini değilse bile çoğunu ve günümüzün komünist ülkelerini kapsar. Mısır Firavunları, güdümlü ekonomide bulunan merkezi karar verme merciini temsil ederler. Neyin üretileceği, nasıl üretileceği ve kimin için üretileceği konusundaki kilit ekonomik kararları, Firavun ile çeşitli resmi görevlileri verirlerdi. Kararlar şu şekilde olabilirdi, "Size, işçi olarak köleleri kullanıp, tuğla ve harçtan büyük bir piramit inşa etmenizi emrediyorum ve onun hepsi benim içindir." Bu tür sistemin avantajı, karar mercilerinin, toplumlarında hızlı değişiklikleri yapabilmelerini sağlamasıydı. Örneğin, Sovyet diktatör Josef Stalin'in beş yıllık planları, Sovyetler Birliği'ni çabucak köylü tarım toplumundan dünyanın endüstriyel süper güçlerinden birine dönüştürmüştü.

Emrinizde

İkinci Dünya Savaşı sırasında, ABD, fabrikaların yönetimini devlet devralıp, üretimi savaş çabasına göre planladığında güdümlü ekonomi uygulamıştı. Amerikan yaşamının her yönü, bir şekilde devletin ekonomiye dahil olmasından etkilenmişti. Bunun etkileri günümüzde bile görülebilir. Günümüzdeki maaş kesintileri sistemi, savaş esnasında, devlete istikrarlı bir vergi geliri akışını sağlamak için kurulmuştu.

Tarih, güdümlü ekonomik sistemin trajik dezavantajlarını su yüzüne çıkarır. Önceden söz edildiği gibi, Firavunlar köle işçi kullanmışlar ve Stalin'in beş yıllık planları ancak, milyonlarca insanın zorla yer değiştirmesi ve milyonlarcasının da ölümü vasıtasıyla başarıya ulaşmıştır. Karar mercileri, sıradan vatandaşların ihtiyaç ve isteklerini nadiren karşılar. Ekonomi ve devlet vatandaşa hizmet edeceğine, vatandaş ekonomiye ve devlete hizmet eder. Kuzey Kore, buna mükemmel bir örnektir. Mülkiyet, sadece devlete aittir. Pek az şey işçileri üretime teşvik eder, bu pek az şeyden etkilenerek üretime teşvik olanlar da kaliteye pek önem vermezler. Güdümlü sistemde bireysellik, yenilik ve çeşitlilik kesinlikle yoktur.

Piyasa Ekonomileri

Güdümlü ekonomik sisteme tam zıt olan sistem piyasa ekonomisidir. Piyasa ekonomilerinin en belirgin özelliği merkezi karar merciinin kesinlikle bulunmamasıdır. Tepeden inme planlamanın aksine, piyasa ekonomileri tabandan yukarı işler. Kendi kişisel çıkarlarını karşılamaya çalışan bireyler, ne, nasıl ve kimin için sorularını yanıtlar. Alıcı ya da satıcı olarak, kendi özgür iradeleriyle hareket eden sivil vatandaşlar, kendi refah seviyelerini yükseltmek için, öz kaynaklarını veya bitmiş ürünlerini piyasada satarlar. Mantığa aykırı görünse de, piyasa ekonomileri, geleneksel ya da güdümlü ekonomik sistemlerden daha yüksek bereket, çeşitlilik ve doyum seviyesine ulaşırlar.

Katıksız piyasa ekonomisi sistemleri olarak sınıflandırılamasalar da Hong Kong, ABD, Avustralya ve Yeni Zelanda, piyasa ekonomilerinin temsilcileridir. Her birinde diğer yerlerden daha fazla mal ve hizmet çeşitliliği görürsünüz. Ayrıca, odak noktası devlete hizmet etmek olmadığı için, bireyler mesleklerini, kendi özel mülklerini seçmekte ve sahip oldukları öz kaynakları en iyi ne şekilde kullanacaklarına karar vermekte özgürdürler. Piyasalar yeniliği, üretkenliği ve verimliliği ödüllendirir, rehavete, aylaklığa ve israfa karşı caydırıcıdır. Piyasaların bir olumsuz tarafı varsa o da, şartlar ya da tercih nedeniyle üretme yeteneği veya isteği olmayanların çoğunlukla gözden düşmeleri ve sistemin faydalarından yararlanamamalarıdır.

Para Konuşur

Üretkenlik

Belli miktarda öz kaynak kullanarak üretilen çıktı miktarıdır.

SOSYALİZME KARŞI KAPİTALİZM

Karl Marx ile Adam Smith Kozlarını Paylaşıyor

Günümüzde, geleneksel ekonomiler çok nadir, güdümlü ekonomiler azalıyor ve katıksız piyasa ekonomileri ise mevcut değil. Günümüzde var olan sistemler, çeşitli güdümlü sistemler ile birlikte işleyen piyasa sistemleri yani aslında ekonomik melezlerdir. En yaygın iki ekonomik melez, sosyalizm ve kapitalizmdir. Solda katıksız bir güdümlü ekonomik sistemin, sağda da katıksız bir piyasa sisteminin bulunduğu ekonomik bir süreç düşünün. Modern ulusları, bu süreç boyunca sıraya koyacak olsaydınız, en solda Kuzey Kore ve İran, ortada birçok Batı Avrupa ve Latin Amerika ülkesi, en sağda ise, ABD, Avustralya ve Hong Kong gibi eski İngiliz kolonileri yer alırdı. Hangi açıdan bakılırsa bakılsın, soldaki uluslar, güdümlü ekonomilerin irdelenmesi esnasında tarif edilenlerdir. Bununla birlikte, sürecin orta yeri ve sağı, sosyalizm ile kapitalizm ikilemini yansıtır.

Kapitalizm ve Demokrasi

Kapitalizmi demokrasi ile karıştırmayın. İkisinin ille de birlikte yürümesi gerekmez. Hindistan, dünyanın demokrasiyle yönetilen en büyük devletidir ama sosyalist bir ekonomi olarak görülür. Hong Kong, demokrasiyi gerçekte hiç yaşamamıştır ama yine de, kapitalizmin somut bir örneğidir.

Sosyalizm ile kapitalizm arasındaki fark, devlet yönetiminin etki derecesinde ve üretim faktörlerinin devlet mülkiyetinde olmasında yatar. Kapitalist ülkeler, verimli ürün dağılımı için pazar fiyatlarının doğruluğuna güvenir, ekonomik öz kaynaklarda özel mülkiyeti destekler ve ekonomik kararların çoğunu bireylere bırakırlar. Bununla birlikte, aşağıdaki konuları devlete bırakırlar:

- Piyasaların düzenlenmesi
- Rekabetin korunması
- Firmaların desteklenmesi ve vergilendirilmesi
- Özel anlaşmaların uygulatılması
- Çalışanlardan gelen gelirin bir kısmının işsizlere dağıtılması

Örneğin, ABD hükümeti, işgücü piyasasının kurallarını oluşturur, tekelleri bitirir, bazı çiftçileri sübvanse eder, çevreyi kirletenleri vergilendirir, sözleşme ihlali durumlarında davaya bakar ve Sosyal Güvenlik vergilerini toplar.

Sosyalizmde devlet ekonomide çok daha aktif rol alır. Bireylere özel mülkiyet hakkı tanınmasına rağmen, kilit konumdaki sanayi dallarında firmalara devlet sahip olabilir ve ekonomik kararlara kapitalizmde olduğundan daha fazla denetim getirebilir. Fransa'da hükümetin, Fransız şirketlerinin resmen sahibi olmasa bile çoğunluk hisselerini alması alışılmadık bir şey değildir. Fransız işgücü piyasası, Amerikalı eşdeğerine göre çok daha sıkı bir şekilde düzenlenmiştir. 2006'da Fransız öğrenciler, Fransız şirketlerinin, işçilerini hizmetlerinin ilk iki yılı içinde istedikleri gibi işten çıkarma hakkını elde etmek için devlete yaptıkları baskıyı protesto etmek amacıyla sokaklara döküldüler. Bunu, iş garantisinin bulunmadığı ABD ile kıyaslayın.

Anti-Sosyalist Başbakan

İngiliz Başbakanı Margaret Thatcher, Birleşik Krallığın sosyalizme doğru sürüklenişini tersine çevirmesiyle tanınır. İkinci Dünya Savaşı'nın bitişiyle İngilizler, çeşitli kilit endüstrilerin millileştirilmesiyle sosyalizme doğru kaymışlardı. Thatcher, iktidardayken, devlet mülkiyetindeki şirketlerin sivil hissedarlara satıldığı özelleştirme sürecini başlattı.

Sosyalist ülkeler çoğu kez, birçok mal ve hizmetin fiyatlarını düzenler. AB, ilaç, cep telefonu hizmeti ve gıda gibi şeylerin fiyatlarını düzenler. Sosyalist ülkeler, çalışanlardan gelen gelirin işsizlere dağıtılması için vergilendirme konusunda da daha etkindirler. Almanya, vatandaşlarına bakım vaat eden cömert beşikten-mezara sosyal yardım sistemiyle ünlüdür. Alman refah devleti, çoğu Amerikalının katlanılmaz bulacağı yeniden dağıtılabilen vergi sistemi ile finanse edilir. 2015 itibariyle, Almanya'da, en yüksek marjinal kişisel gelir vergisi oranı %47,5 iken, ABD'de bu oran %39,6 idi.

ADAM SMITH, KARL MARX VE İNSAN TABİATI

John Maynard Keynes'e göre, "Ekonomistler ile siyasi düşünürlerin görüşleri, haklı olduklarında da haksız olduklarında da, genelde anlaşıldığından daha etkilidir. Aslında dünyayı bu görüşler yönetir. Kendilerinin herhangi bir düşünsel etkiden tamamen muaf olduğuna inanan deneyimli kişiler, genellikle ölmüş birtakım ekonomistlerin köleleridir." Keynes'in, ekonomik düşüncenin insanların yaşamları üzerindeki etkisine ilişkin anlayışı, zaman içinde gelişen çeşitli ekonomik sistemlerde görülebilir. Bir tarafta, devletin, halkın başlıca koruyucusu olduğu ekonomik sistemler bulunur. Diğer tarafta ise, kıtlık sorununun ancak, bireysel ekonomik özgürlükle çözüleceğine inananlar vardır.

Karl Marx, "herkesten yeteneklerine göre, herkese ihtiyaçlarına göre," demiştir. Herkes ne yapabiliyorsa topluma onu verir, neye ihtiyacı varsa toplumdan onu alır, demek istemiştir. Marx, kıtlık sorununun, toprak ve sermaye sahiplerinden gelen gelirin tamamının çalışanlara yeniden dağıtılması yoluyla çözülebileceğini tasavvur etmiştir. Bu hayalci görüşüne göre, toplum, üretkenlik düzeylerine bakılmaksızın herkesin eşit olacağı şekilde düzenlendiği zaman, sosyal adalete, ekonomik kaliteye ve kıtlıktan kurtuluşa erişilebilecekti.

Adam Smith'e göre, "Akşam yemeği beklentimizi kasabın, biracının ya da fırıncının hayırseverliğine bağlamayıp, onların kendi çıkarlarını gözetmelerine bağlarız. İnsaniyetlerini değil, öz sevgilerini muhatap alırız ve onlara asla kendi ihtiyaçlarımızdan bahsetmez, onların yararlarından söz ederiz." Adam Smith'in toplum görüşü farklıydı. Onun görüş açısına göre, üretkenlik, zenginliğin belirleyicisiydi ve mantıklı kişisel çıkar, topluma kıtlıktan kaçmanın yolunu sağlayan motive edici güçtü. Adam Smith, toplum kişisel çıkarın gücünden yararlandığı zaman, olumlu etkinin başarıyla elde edileceğine inanırdı.

Bu iki adamın, temel kıtlık sorunu için çok farklı çözüm yolları vardı. İnsan tabiatını hangisinin daha iyi kavradığını düşünüyorsunuz? İnsanların temelde iyi olduklarına ve birbirlerine yardımcı olmaya çalıştıklarına inanıyorsanız, Marx'ın fikirleri doğru gibi gelir. Buna karşın, insanların özünde bencil olduklarını ve kendi hırslarının peşinde koştuklarına inanıyorsanız Adam Smith'in sözleri daha geçerli görünür. Sizin hangisine inandığınızdan bağımsız olarak, her iki düşünür de toplumu, günümüzde hâlâ belirgin olan şekillerde etkilemeyi başarmışlardır.

TAKAS VE PARANIN OLUŞMASI

Bir İnek için Bozukluğunuz Var mı?

İnsanoğlunun tüm icatları içinden en yaygın ve en yararlısı olarak öne çıkanı, paradır. Onu kullanmadığınız ya da düşünmediğiniz bir gün geçmez. İnsanların paraya sahip olmadıkları bir zamanı tasavvur etmek zordur ve onsuz hayatınızın ne halde olacağını düşünmek korkutucu olabilir. Takastan, deniz kabuklarına, madeni paraya, banknota ve dijital paraya kadar paranın hikâyesi, insanlık tarihinin büyük bir bölümünü kapsar.

TAKAS

Para icat edilmeden önce ve paranın değersiz ya da son derece ender bulunduğu zamanlarda, insanların ihtiyaç duydukları veya istedikleri şeyleri elde etmek için kullandıkları yöntem takastı. Takas, bir mal ya da hizmeti başka bir mal ya da hizmetle değiştokuş etme eylemidir. Bir çiftçi, bir düzine tavuk yumurtasını bir fırıncının bir somun taze ekmeğine karşılık verdiğinde bu, takasın bir örneğidir. Takas geçmişte daha yaygın olmakla birlikte, günümüzde de hâlâ mevcuttur.

Takasın olumsuz yönleri de vardır. Taraflardan biri karşı tarafın sunduğu şeyi istemediği takdirde bir alışverişin olmayacağı bellidir. Her iki tarafın da karşı tarafın sunduğu şeyi istemesi durumuna, ihtiyaçların karşılıklı çakışması denir. Çiftçi ile fırıncı örneğinde, fırıncının yumurtalara ihtiyacı olmasaydı çiftçinin ekmek alma şansı olmazdı. Bununla birlikte, çiftçi girişimde bulunur ve köydeki dostlarından oluşan ağdan yararlanırsa, fırıncının ekmekleri soğutmak için dökme demirden bir sacayağına ihtiyacı olduğunu anlayabilir. Rastlantı bu ya, tam da o sırada demircinin kuzu yününden bir kazağa ihtiyacı olduğunu görür. Biraz daha araştırma yapan çiftçi, geçen hafta dokumacının canının omlet çektiğini öğrenir. O zaman çiftçi yumurtaları kazakla, kazağı sacayağıyla, sacayağını da taze ekmekle değiştokuş edecektir. Vay canına! İşleri yürütmenin daha kolay bir yolu olmalı.

PARANIN OLUŞMASI

Yukardaki örnek, mal ve hizmetlerin değiştokuşu için daha etkili bir yolun gerekli olduğunu gösterir. Takasın olumsuz yönlerinin sonucu olarak, farklı yer ve zamanlarda var olmuş kültürler, sonunda parayı icat etmişlerdir.

Paranın İşlevleri ve Özellikleri

Para, aldığı şekle (altın, banknot, istiridye kabuğu) bakılmaksızın, bir değiştokuş aracı, bir tasarruf aracı veya bir değer standardı olarak işlev gören bir şeydir. Para,

- mal ve hizmet alıp satma amacıyla kullanıldığında değiştokuş aracı,
- onu bugün elde edip, daha sonra kullanabilecek olduğunuzda tasarruf aracı ve
- bir mal ya da hizmetin ne kadar olduğunu ölçmek için kullandığınızda değer standardı olarak işlev görür.

Para, şu özelliklere sahip olduğunda işlevini en iyi şekilde görür: taşınabilirlik, dayanıklılık, bölünebilirlik, istikrar ve kabul edilebilirlik.

- Taşınabilirlik, paranın bir yerden bir yere taşınma kolaylığı demektir.
- Dayanıklılık, çamaşırı yıkamadan önce parayı cebinizden çıkarmayı unutursanız parasız kalmamanız demektir.
- Bölünebilirlik, paranızın daha küçük birimlere ayrılabilmesi ve sonunda kendini kanepenizin minderleri arasında bulmasıdır.
- İstikrar, paranın değerinin çok fazla değişmemesidir (bugün bir dolar, bir şeyden hemen hemen geçen hafta olduğu kadarını alabiliyor ve gelecek hafta da öyle kalacak).

- Kabul edilebilirlik, insanların paranın temsil etmesi gereken şeyi yansıttığında hemfikir olmaları ve mal ile hizmet alışverişini parayla yapmaya istekli olmalarıdır.

Taşınmaz Para

Pasifik'teki Yap adası, kesinlikle taşınmaz olan parasıyla tanınır. Burada değiştokuş aracı olarak yüzlerce kilo ağırlığında, büyük, yuvarlak taşlar kullanılır. Yap'ı ziyaret etmeyi düşünüyorsanız paranızı çevirmek için oraya varana kadar bekleyin çünkü o paralar, uçakta koltukların altına veya baş üstü dolaplarına sığmayacaktır.

Paranın Evrimi

Çağlar boyunca, farklı zaman ve kültürlerde birçok şey para yerine geçmiştir. Tuz, tütün, deniz kabukları, büyük taşlar, değerli ve değersiz metaller, deri ve sigara bunlardan birkaçıdır.

Emtia Para

Değiştokuş aracı olarak nispeten az bulunan mineraller, metaller veya tarım ürünleri kullanıldığı zaman, bunlar emtia para olarak görülürler. Madeni para olarak basılan altın ve gümüş, emtia paraya örnektir. Emtia paranın bir avantajı, paradan başka amaçlarla da kullanılabilmesidir. 1980'lerde, birçok kadın, Çin'in Pandası veya Kanada'nın Akçaağaç Yaprağı şeklinde altın para özelliği taşıyan ziynet eşyalarıyla donanmışlardı. Amerikalı koloniciler tütünü içmekle kalmayıp, para olarak da kullanmışlardı. Kanıksadığımız tuz, bir zamanlar o kadar az bulunurdu ki, Romalı askerlere tuzla ödeme yapılırdı. Öte yandan, emtianın yararlılığı, onun para olarak kullanılmasına dezavantaj da getirir. Bir ülke, bir ticari malı para ve öz kaynak olarak kullanmak zorundaysa para, harcanmayacak kadar değerli olabilir.

Temsili Para

Temsili para, emtia paraya bir alternatif olarak ortaya çıkmıştır. Altının özelliklerinden biri yoğunluğunun yüksek olmasıdır. Büyük miktarlarda altın gerektiren ticari işlemler, altının aşırı ağır, dolayısıyla nakliyesinin zor olması nedeniyle nahoş olmuştur. Sarraflar, bu soruna bir çözüm getirmişlerdir. Emanet aldıkları altın karşılığında makbuz kesmeleriyle temsili para doğmuştur. Fiziki altını değiştokuş etmek yerine, insanların tek yapması gereken, altın karşılığı makbuzları değiştokuş etmekti. Gerçek altını istediklerinde, makbuzlarını verip, altınlarını geri alabilirlerdi. Bu, yıllarca kabul gördükten sonra, insanlar, temsili kâğıt para fikriyle daha rahat ettiler ve bu kavram oturdu.

Çevrilemez İtibari Para

İnsanlar, temsili kâğıt paraya zaten aşina oldukları için, paranın evriminde bir sonraki adım, anlaşılması o kadar da zor bir adım değildi. Kâğıt parayı herhangi bir şeye çevrilebilir hale getirmeye ne gerek var? Tarihte birçok kez, temsili paranın altın ya da gümüşe çevrilişi, savaş ya da diğer krizler yüzünden durdurulmuştur. 1933'te Başkan Franklin Delano Roosevelt, doları bir temsili para biçimi halinden, çevrilemez itibari paraya dönüştüren bir başkanlık emri imzalamıştır. Çevrilemez itibari para, özünde değersiz ve gerçek bir emtia ile desteklenmeyen veya telafi edilemeyen kâğıt ve sanal paraya denir. Bu bir paradır çünkü devlet öyle diyor ve biz de bunu kabul etmeye istekliyiz. ABD doları, euro, pound, yen ve çoğu ülke parası, çevrilemez itibari para tanımına uyar.

Altın Standardı

Bir altın standardı uyarınca, para sabit bir altın miktarı ile desteklenir. Paranızı gerçek altınla değiştirebilirsiniz. Altın standardı, bir ülkenin ancak sahip olduğu altın miktarının destekleyeceği kadar para basmasına müsaade ederek fazla basımı ve devalüasyonu engeller. Olumsuz yönü, ekonomik büyümeye sınırlama getirmesidir. Bir ekonominin üretim kapasitesi büyürken para arzı da büyümelidir. Altın standardı, o paranın altınla desteklenmesini gerektirdiği için metalin kıtlığı, ekonominin daha fazla sermaye üretmesini ve büyümesini kısıtlar.

ÇEVRİLEMEZ İTİBARİ PARANIN KEŞFİ

Matrix'e Hoş Geldiniz

Günümüzde mevcut çevrilemez itibari para standardı, altın standardının zaafına çözüm getirir. Altın standardının en önemli kusuru, ekonomik büyümede sınır oluşturmasıdır. Ekonomist Adam Smith'e göre, varlık, bir ülkenin sahip olduğu altın ya da gümüş miktarının fonksiyonu değil, daha ziyade bir ekonominin ürettiği mal ve hizmetlerin toplamıdır. Bir ekonominin sahip olduğu para miktarının, bir şekilde varlık üretme kapasitesini yansıtmasının bir anlamı vardır. İşletmeler büyüdükçe üretim ihtiyaçlarını karşılamak ve kendi mal ve hizmetlerine talep yaratmak için gereken araçları, fabrikaları ve teçhizatı satın almak amacıyla paraya gereksinim duyarlar. Para arzı, gerçek veya somut bir şeyle desteklenmediği için, ancak ekonomi büyüdükçe artabilir.

PARA: HERKESİN HAYALİ ARKADAŞI

Bu esneklik, çevrilemez itibari para standardının neden devamlılık gösterdiğini açıklar. Fakat çevrilemez itibari paranın sadece para olduğunu unutmayın çünkü devlet, öyle olduğunu söylüyor *ve* insanlar da bunu kabul ediyor. İnsanların kabul etmesi için, paranın birdenbire değersizleşmeyeceğine veya onu destekleyen hükümetin yarın devrilmeyeceğine güvenmeleri gerekir. Bu durumda insanlar para arzına olan güvenlerini kaybetmezler, ülkenin merkez bankası, paranın çok bol ya da çok kıt hale gelmemesi için mevcudiyetini dikkatle denetlemelidir.

Vaatler, Vaatler

Para borçtur. ABD doları, ABD Merkez Bankasının hamiline ödeme vaadidir. "Ne ödemeyi vaat ediyor?" diye sorabilirsiniz. Cevap, "yine dolar" olacaktır.

Çevrilemez itibari para standardı size bilimkurgu gibi gelir. Günümüzün parası, özünde değersizdir ve ancak aynı tür paranın daha fazlası karşılığında itfa edilebilir. Sistem işler çünkü devlet sistemin işlediğini söyler ve herkes buna inanır. Parayı destekleyen güvenden başkası değildir. Doğrudan bankaya yatırmayı, çevrimiçi fatura ödemeyi, bankamatik kartları ve çekleri düşündüğünüzde para fikri hâlâ tuhaf gelir. Çalışırsınız, faturaları ödersiniz, market alışverişinizi yaparsınız ve yaşamınızı sürdürmeyi başarırsınız, hatta günlerce, haftalarca paraya dokunmadan, onu görüp koklamadan ekonominin içinde işleriniz iyi gidebilir. Para hayalidir. Banka hesabınızı düşünün. Banka kasasında, üzerlerinde isminizin yazılı olduğu küçük banknot yığınları bulunmaz. Cari hesabınızda da tasarruf hesabınızda da, bilgisayarlarda depolanan bilgiden başka bir şey yoktur.

GÜVENİN YİTİRİLMESİ VE KİTLESEL ÇARESİZLİK

Para, güvenle desteklendiği için, bu güvenin sarsılması yıkıcı olur. Parayı ya da en azından paranın temsil ettiği değeri aşındıran en önemli etmenlerden biri enflasyondur. Sonuç olarak enflasyona neden olan şey dolaşımda çok fazla paranın olmasıdır. Bu para fazlası, fiyatları yukarı çeker ve çoğu şeyi pahalılaştırır. Altın standardı geçerli olduğunda, insanların enflasyon beklentileri sınırlanır, bu da sadece fiyatların daha sabit kalmasına yol açmakla kalmayıp, istihdamı ve ekonomiyi bir bütün olarak istikrarlı bir hale getirir. Altın standardı bulunduğunda para, bir bankada duran gerçek altınla desteklenir. Bu, devletin fazladan para basmasını önleyerek, ekonomiye sızan enflasyon ihtimalini büyük ölçüde azaltır, aynı zamanda da devletlerin çok ağır borçlanmalarına karşı bir kontrol aracı görevi görür.

Fazla para basılması tehlikelidir çünkü paranın değer kaybetmesine neden olur, enflasyona yol açar. İki dünya savaşı arasındaki dönemde, Alman Weimar Cumhuriyeti, fazla para basmış, bu da enflasyonun şahlanmasına ve mali yıkıma yol açmıştı. Para, çevrilemez itibari para olduğunda, altın standardına özgü denetim ve denge mevcut olmaz.

Fazla para basımı ve sahte para basımı, para arzına ciddi bir tehdit oluşturur.

Bu tehlikelere karşılık olarak, devletler, paralarını daha iyi bir şekilde güvenceye almak ve kalpazanlığı zorlaştırmak için yeni yöntemler geliştirirler.

PARA ARZI ÖLÇÜLERİ: M1 VE M2

Para denen acayip nesne, ABD'de Federal Rezerv (Fed), yani Amerikan merkez bankası tarafından idare edilir ve ölçülür. Fed'in para arzını tarif ederken kullandığı başlıca iki ölçü, M1 ve M2'dir.

- M1 ölçüsü, ekonomi içinde dolaşımda olan tüm cari hesap bakiyeleri, nakit, madeni para ve seyahat çeklerinden oluşur.
- M2, M1'in içinde bulunanlara ilaveten tüm tasarruf hesaplarının bakiyesinden, mevduat sertifikalarından, para piyasası hesaplarının bakiyesinden ve yabancı bankalardaki ABD doları tutarlarından oluşur. M1 esasen değiştokuş aracı olarak kullanılırken M2 tasarruf aracı olarak kullanılır. M2 M1'den daha büyük miktardadır ve likiditesi daha azdır.

Dolaşımda Olmayan "Para"

Bankadaki ulusal para ve madeni para M1'in içinde sayılmaz. Neden? Çünkü siz bankadan dışarı çıkana kadar o, para değildir. Dolayısıyla teknik olarak, bir soyguncunun bankanın içindeyken para istemesi doğru değildir.

M1 ve M2'deki değişimler Fed tarafından izlenir ve ekonomik faaliyet göstergeleri olarak iş görürler. M1'in M2'ye oranındaki ani değişiklikler, yakındaki bir enflasyonun ya da durgunluğun göstergeleri olabilir. Genelde, M1, işgücü ile üretkenlikteki büyümenin birleşik oranından daha hızlı büyürse, sonuç enflasyon olacaktır. İnsanların harcamayıp, biriktirmesi nedeniyle M2, M1'in zararına aniden büyürse bu, ekonominin durgunluğa gittiğini gösterir.

PARANIN ZAMAN DEĞERİ VE FAİZ ORANLARI

Carpe Diem! (Anı Yaşa!)

Ekonomistler, paranın değerinin zamandan etkilendiğini ileri sürerler: Bugünün bir doları, yarınki bir dolardan daha değerlidir. Bu, fırsat maliyeti ve enflasyonla ilgilidir. Cüzdanınızdaki parayı arkadaşınıza borç verirseniz fırsat maliyetiniz, bu paranın şimdiki kullanımından bulunacağınız özveri kadardır. Arkadaşınız sonunda size bu miktarı geri ödediğinde para, enflasyon yüzünden alım gücünü kaybetmiş olacaktır. Örneğin, parayı borç verdiğiniz zaman 50$ olan sandalyenin fiyatı, iki yıl sonra arkadaşınız size geri ödeme yaptığında 55$ olabilir. Bu da, sandalyeyi ilk gereksinim duyduğunuzda alamamış olmanızın yanı sıra şimdi almanın size daha pahalıya mal olması demektir. Ayrıca, arkadaşınızın Costa Rica'ya taşınıp, size geri ödeme yapmayı "unutma" riski de vardır.

Sonuçta, insanlar borç para verdiklerinde, fırsat maliyeti ile enflasyonun etkisini telafi etmek için, çoğunlukla ek bir ödemeyle –faizle– ödüllendirilmek isterler. Tasarruf hesabınıza para yatırdığınız zaman, aynı nedenle faiz kazanma beklentisinde olursunuz. Aksi takdirde parayı yastığınızın altına tıkıştırırdınız.

FAİZİN ESASLARI

Faiz, paranın kullanımı karşılığında yapılan bir ödemedir. Faiz oranı, parayı kullanmanın bedelidir. Bu bedeli belirleyen nedir? Faizi, birbirinin üstüne yığılan bloklar şeklinde düşünmek, işi kolaylaştırır. Bu bloklar, aşağıdakileri içerir:

- Fırsat maliyeti
- Beklenen enflasyon oranı
- Temerrüt riski primi

- Likidite primi
- Vade riski primi

Şimdi her birini daha yakından inceleyelim.

Temel Faiz Oranı

İlk blok, para kullanımının fırsat maliyetini yansıtır. Bazı kişiler, faiz almak için mali kaynaklarını hemen kullanmaktan kolayca vazgeçerler. Diğerleri, paralarını hemen kullanmaktan ödün vermeye istekli olmayabilirler. Enflasyonun ya da riskin bulunmadığı durumlarda, tasarruf düzeyini, borçlanma düzeyine eşitleyen faiz oranı, temel faiz oranı ya da gerçek faiz oranıdır.

Diğer bir deyişle, paranızı %2 faiz ödemesiyle (buna getiri de denir) kullanma fırsatından vazgeçmeye istekliyseniz bu, borç verdiğiniz paranın temel faiz oranı olur. Tahmin edeceğiniz gibi, gerçek faiz oranı, yere ve zamana göre değişir. Eğer çoğu kişi faiz almak amacıyla para kullanımından vazgeçmek yerine paralarını şimdi harcamayı tercih ederlerse, onların bu düşüncelerini değiştirmek için faiz oranları artmalıdır.

Enflasyon Geçmişi

İleri yaştaki birçok Amerikalı, 1970'lerin sonları ile 1980'lerin başlarında, mortgage (ipotekli konut edindirme) gibi kredilerde faizlerin %20'lere yükseldiği dönemleri hatırlar. Günümüzdeki düşük oranlara kıyasla, bu büyük bir farktır. Farkın nedeni enflasyondur. Faiz oranları enflasyonu da hesaba katar. Günümüzde birikimlerinizin çok daha düşük oranda bir getirisi olsa bile, enflasyon düzeltmesi yaptığınızda fark büyük oranda kaybolur.

Beklenen Enflasyon Oranı

%2 temel faiz oranı, fırsat maliyetinizi geri ödeyebilir fakat bu getiriyi yavaş yavaş tüketecek olan enflasyonu hesaba katmaz. Onun için, ikinci faiz bloku beklenen enflasyon maliyetini yansıtır. Enflasyonun yıllarca %3 oranında sabit kaldığını ve insanların bu oranın %3'te kalacağından çok emin olduklarını farz edin. Kredi veren veya yatırımcı, %2 gerçek faiz oranına beklenen enflasyon bedelini karşılamak için %3 ekleyip, %5 nominal faiz oranına ulaşacaktır. Nominal faiz oranı, kredi verenin ya da yatırımcının paranın kullanım ücreti olarak isteyeceği temel faiz oranıdır.

Temerrüt Riski Primi

Bir kredinin ya da yatırımın kötüye gitme ihtimali varsa yığına bir blok daha eklemek anlamlı olur. Bu üçüncü bloka temerrüt riski primi denir. Temerrüt riski veya ödenmeme riski ne kadar büyükse blok o kadar büyük, toplam faiz oranı o kadar yüksek olur. Borçlarını zamanında ödediğini gösteren geçmiş performansa sahip biri, borçları geri ödemede lekeli bir performansı olan kişiye nazaran daha risksiz görülür ve dolayısıyla daha düşük bir faiz öder.

Likidite Primi

On yıllık araba kredisi gibi bir kredinin ya da yatırımın kâr etmeye başlaması ve başka bir kreditöre ya da yatırımcıya satılması ihtimali zorsa bir diğer faiz bloku eklenir. Çünkü kredi alıp satıldığında para kazanılmalıdır fakat bu krediler, likit olmayan emtia içinse pek getirisi yoktur. Birçok kişi, on yıllık kredi süresi sonunda değerini tamamen kaybetmiş olacak araba gibi bir malı satın almak için kredi alma riskine girmek istemez. Bu dördüncü bloka likidite primi denir. Nakde çevirmesi güç olan mallar, daha yüksek faiz oranı gerektirirler.

Vade Riski Primi

Vade riski için son bir blok eklenir. Zaman geçtikçe faiz oranlarının artma ihtimali vardır. Böyle bir şey gerçekleşirse yatırımın değeri düşer çünkü benzer bir yatırımdan %4 kazanabilecekken ancak %2 kazandıran bir yatırımı kimse istemez.

İşte size, bir faiz oranının nasıl hesaplandığına dair bir örnek: Gerçek faiz oranı %2 ile enflasyon oranı %3 birleşip, %5 nominal faiz oranını oluştururlar. Temerrüt riski priminin %4, likidite priminin %2, vade riski priminin ise %1 olduğunu varsayın. Toplam nominal faiz oranı %12'ye (%2 +%3 + %4 + %2 + %1) çıkacaktır.

BANKACILIĞIN DOĞUŞU

Tahmini MÖ 2000

Kısık sesler, serin mermer bankolar, paranın kokusu, üzerinde boş makbuzların durduğu masalara zincirlenmiş kalemler, çarpıcı kilitleri olan sağlam çelik kapılar, müşterileri uygun memurlara yönlendiren kadife kordonlar... Banka önemli bir yerdir. Bankaları her yerde görürsünüz. Bir Starbucks'tan diğerine gidene kadar, en az birkaç bankanın önünden geçersiniz! Küçük kasabalardan büyük şehirlere kadar bankaların her yerde bulunması ekonomi için ne denli önemli olduklarını ortaya koyar. Her zaman dil uzatılan bankalar, ekonominin ayrılmaz parçalarıdır. Kapitalizm onlarsız işleyemez.

BANKACILIĞIN İLK HALLERİ

Bankacılığın kökleri ilk uygarlıklara kadar uzanır. Mısır ve Ortadoğu'daki ilk toplumlar, modern bankacılığın dayandığı prototipi oluşturmuşlardır. Tarım ürünleri, devlet idaresindeki tahıl ambarlarında depolanmış, mal koyma ve çekme işlemlerinin kayıtları muhafaza edilmiştir. Tüccarların, gezginlerin ve hacıların mal alıp satabilmesi, alışveriş yapabilmesi, vergi ödeyebilmesi veya dini adaklar adayabilmesi için farklı ülkelerin paralarını değiştokuş eden dövizciler ortaya çıkmıştır.

Rönesans çağında İtalyan şehir devletleri, ticareti, devleti ve Katolik Kilisesi'ni finanse eden ilk bankaların yurdu olmuştur. Kilisenin tefeciliği (faiz işletmek) yasaklamasından kaçınmak için bankacılar, bir ülke parasıyla borç verip, bir başka ülke parasıyla geri ödeme almışlardır. Para, kredinin verildiği ve geri ödendiği zamanlarda farklı döviz kurları uygulayarak kazanılmıştır. İtalyan bankacıların başarıları, bankacılığın kıtaya daha da yayılmasını teşvik etmiştir. İngiltere'de sarraflar sadece altını depolayıp makbuz kesmekten sorumlu olmakla kalmamış, kısmi rezerv bankacılığını da geliştirmekle yükümlü olmuşlardır. Sarraflar, emanette bulunan altın miktarından daha fazla makbuz kesmekle, bankacılık sektörünün kâr potansiyelini artırmışlardır.

Amerikan Devrimi'nden İçsavaş'a kadar geçen sürede ABD, genç cumhuriyetin gelişmesine mali açıdan yardımcı olan görece denetimsiz bir bankacılığın büyüdüğünü görmüştür. ABD'deki modern bankacılığın kökleri, hükümete İçsavaş'ı finanse etme olanağı veren 1863'teki Ulusal Banka Yasası'na uzanır.

BANKALARIN İŞLEVİ

Bankaların ekonomide çeşitli işlevleri vardır. İnsanların varlıklarını depolayan güvenli yerler olarak hizmet verirler, alternatif ödeme yöntemleri sunarak ticaretin kolaylaşmasını sağlarlar, ama işlevlerinin en önemlisi, borç alanlarla tasarruf sahiplerini bir araya getirmeleridir. Bu işlevlerin her biri, ekonominin düzgün işleyişi için hayati önemdedir.

John Locke *Yönetim Üzerine İkinci İnceleme* adlı eserinde, insanların kendi özel mülklerinin keyfine varabilmeleri için bu mülklerinin içinde emniyette olmaları gerektiğini ileri sürer. Thomas Jefferson, Bağımsızlık Bildirgesi'nde kullandığı, "Onlara Yaratıcıları tarafından devredilemez haklar bahşedilmiştir, bunlar yaşam hakkı, özgürlük ve mutluluk arayışıdır," ifadesinde Locke'ın sözlerini yorumlamıştır. Jefferson'ın mutluluk dediği şeye Locke mülkiyet der. Jefferson ile Locke, bankalardan değil de, hükümetlerden bahsetmiş olmalarına rağmen, bankalar önemli bir güvenlik işlevi görürler. Özel mülkiyetinizin emniyette olduğunu bildiğinizde, özgürlüklerinizin tadını daha rahat çıkarırsınız.

Bankamatik Kartının Öncüsü

Tarihçiler, çeklerin izini, imzalı belgeler kullanarak servetlerini havale kurumları arasında transfer eden Tapınak Şövalyeleri ile Hastane Rahipleri'ne kadar sürmüşlerdir.

Bankalar, müşterilerine çek yazma ayrıcalığı, bankamatik kartı, kredi kartı ve banka çeki sağlayarak ticaretin kolaylaşmasını sağlarlar. Tüketiciler, biriktirilmiş varlıklarına erişim imkânı veren çeşitli yöntemler sayesinde daha sık ve daha fazla yerde satın alım yapabilirler. Bu, işletmelerin daha fazla toprak, emek ve sermaye kullanmasına imkân verir, böylece sonuç, tamamen istihdam edilmiş bir ekonomidir.

Tasarruf sahipleriyle borçlananlar arasında bir köprü veya aracı görevi görmek, muhtemelen bankaların en önemli işlevidir. Bankalar faiz ödemesi sunarak insanları para biriktirmeye teşvik ederler. Sonra bu tasarruflar, bankanın kâr etmesi için, tasarruf sahiplerine ödenenden daha yüksek faizle borçlananlara verilir. Tasarruf sahibi fayda sağlar çünkü güvenli ve görece likit bir mali yatırımla olası bir borçlunun önemli bir risk teşkil edip etmediğini değerlendirmek zorunda kalmadan faiz kazanır. Borçlu, geniş bir kaynak havuzuna erişim sayesinde fayda sağlar. Bu, ekonomi için önemlidir çünkü artık borçlular dayanıklı mallar satın alabilir veya sermayeye ya da konuta yatırım yapabilirler ki, bu da iş yaratır ve ekonomik büyümeye yol açar.

BANKALAR NASIL PARA YARATIR?

"Abrakadabra!" ve Ötesi

Genel inanışın aksine, paranın çoğu, devletin darphanesindeki baskı makinesinde yaratılmaz. Para, bankalar mevduat kabul edip, kredi kullandırdıklarında yaratılır. Bunun nasıl işlediğini anlamak için bazı muhasebe kurallarını bilmelisiniz. (Söz veriyorum, anlatırken canınızı olabildiğince az yakacağım.)

BİLANÇO

Bilanço, bankanın sahip olduğu aktiflerle borçlandığı pasifleri kıyaslar. Muhasebe konusunda hiçbir ders görmediyseniz şu denkleme hiç aşina olmayabilirsiniz: Aktifler = Pasifler + Öz Sermaye. Henüz uyuyakalmadıysanız, aşağıdaki açıklamayı okurken lütfen bana sabır gösterin:

- Bir bankanın aktifleri yani varlıkları, binaları, teçhizatı, müşterilere verdiği kredileri, hazine kâğıtlarını, kasa mevcudunu ve ayrılan karşılıkları (rezervleri/yedekleri) kapsar. Temelde, bankanın sahip olduğu her şeydir.
- Bir bankanın pasifleri yani kaynakları, müşterilerin mevduatları ve diğer bankalardan veya merkez bankasından alınan borçlardır. Temelde, bankanın borçlu olduğu her şeydir.
- Öz sermaye ya da bankanın mali sermayesi, banka hissedarlarının aksiyon hisseleri ile temsil edilen sermayedeki paylarıdır.

Aktifler, pasifler ile öz sermayeye eşit olduğu için, örneğin, 1.000.000$ varlığı ve 500.000$ kaynağı olan bankanın öz sermayesi 500.000$ olur. Ayrıca, bankanın pasiflerindeki değişimler, aktiflerinde de eşit miktarda değişim yaratabilir. Örneğin, müşteriler bir bankaya 100.000$ yatırırsa (borç/kaynak) bankanın rezervleri 100.000$ (varlık) artar. Öte yandan, müşteriler bankadan 25.000$ çekerse bankanın rezervleri de 25.000$ azalır.

Sermaye Yükümlülükleri Tanımı

Bankaların, kanunen, sermaye yükümlülüklerini muhafaza etmeleri gerekir. Bu, bankanın, işlemlerini yürütmek için elinde bulundurması gereken nakit paradır (sermayedir), genelde kredilerinin riskiyle alakalı bir orandır (daha riskli krediler, daha fazla sermaye yükümlülüğü yaratır). Sermaye yükümlülüğünün amacı, borçluların kredilerini ödeyememe durumunda, mudilerine ödeme yapabilmesini garantilemektir. Sermaye yükümlülükleri, bankaların güvenilir krediler açmakta kazanılmış hakları olduğu anlamına gelir.

BANKA REZERVLERİ

Banka rezervi tam olarak nedir? Rezervler, borç vermek veya çek hesaplarına karşılık tutmak için bulundurulan fonlardır. Borç vermek için bulundurulan rezervlere olağanüstü yedekler, tasarruf değil de çek hesabı için bulundurulanlara ise zorunlu rezervler denir (*bkz.* "Sermaye Yükümlülükleri Tanımı"). Zorunlu rezervler, ya bankanın kasasında nakit olarak ya da merkez bankasının rezerv hesabına yatırılarak tutulur.

ABD'de, Fed'in (merkez bankasının) belirlediği zorunlu rezerv oranı, bankanın borç veremeyeceği çek hesabı yüzdesidir. Büyük bankalar için zorunlu rezerv oranı %10'dur. Demek ki, %10 zorunlu rezerv oranı düşünüldüğünde, müşteriler çek hesaplarına 100.000$ yatırırlarsa zorunlu rezerv 10.000$, olağanüstü yedekler de 90.000$ artar. Sağlıklı bir ekonomide bankalar tüm olağanüstü yedeklerini borç verme eğilimindedirler. Neden? Bankalar verdikleri kredilere faiz işleterek kâr sağlarlar, o yüzden kredi miktarlarını maksimuma çıkarmak için güçlü nedenlere sahiplerdir.

ABRAKADABRA KISMI

Banka, olağanüstü yedeklerini borç vermeye devam ettiğinde para yaratılır. Örneğin, 100.000$ tutarındaki çek hesabı, olağanüstü yedeklerde 90.000$'lık bir artış doğurur. Banka, 90.000$'ın tamamını bu parayla karavan alacak bir müşteriye borç verirse, karavan satıcısı, bu 90.000$'ı bankaya yatırabilir.

Bankadaki çek hesabı ne olur? Kısa sürede 100.000$'dan 190.000$'a yükselir. Para yaratılmış olur. Süreç, sadece bu işlemle de bitmez. Şimdi yeni hesaplarda bankanın 90.000$'ı olduğunu görebilirsiniz. Banka, zorunlu rezerv olarak bunun %10'unu tutup, gerisini yine borç verecektir. Kredi gelirleri, tekrar yatırılacak ve 81.000$'lık yeni para yaratılmış olacaktır. Bu işleyiş, tüm olağanüstü yedekler borç verilene kadar devam eder.

Para Çarpanı

Ekonomistler, para arzındaki büyümeyi para çarpanı vasıtasıyla tahmin edebilirler. Bu, bir formüldür: Bir sayısı zorunlu rezerv oranına bölünüp, olağanüstü yedekler ile çarpılır.

Zorunlu rezerv oranının %10 olduğu düşünülürse para çarpanı 10'dur (zorunlu rezerv oranı %25 olsaydı para çarpanı 4 olurdu). Bir çek hesabına 30.000$ yatırılırsa ekonomistler, para arzının maksimum 270.000$ artacağını tahmin ederler ([30.000$ – 3.000$] × 10).

Para çarpanının para arzı tahmincisi olarak doğruluğu, iki faktör tarafından kısıtlanır. Çarpan, bankaların, olağanüstü yedeklerinin tamamını borç verdiğini ve tüm kredi tutarlarının yeniden bankaya yatırıldığını varsayar. Bu varsayımlardan biri doğru çıkmazsa çarpan etkisi düşer. Çoğu Amerikalı parasını cebinde tutarsa, bu, para çarpanına sınır getirir.

Para Bölücü

Para, yaratıldığı kadar kolaylıkla yok da edilebilir. (Ne korkunç bir şey!) Paranın, müşteriler bankaya para yatırdığı ve banka da kredi açtığı zaman yaratıldığını hatırlayın. Müşteriler hesaplarındaki bakiyeleri çektiklerinde ve kredilerini kapattıklarında para yok olur. Şu örneği düşünün: Maria, araba kredisini kapatmak için 10.000$'lık bir çek yazarsa, çek hesapları 10.000$ azalır ve para arzı daralır. Sizin için iyi olan, ekonomi için o kadar da iyi olmayabilir.

BİR SİSTEM OLARAK BANKALAR: REGÜLASYON (DÜZENLEME) VE DEREGÜLASYON (SERBESTLEŞTİRME)

Al Gülüm Ver Gülüm

Bankalar beraberce, tasarruf sahipleriyle borçluları bir araya getiren bir sistem olarak çalışırlar. Bunu, doğrudan birbirlerinden borç alarak ve vererek gerçekleştirirler. Bazen bankaların olağanüstü yedekleri olmasına rağmen işletmeler ve aileler borçlanmak istemezler. Doğu Bankasının olağanüstü yedekleri olduğunu ama kendi bölgesinde kredi verme fırsatı olmadığını farz edin. Batı Bankasının hiç yedeği olmadığını, öte yandan bölgesinde kredi için feryat eden işletmeler ve tüketiciler olduğunu düşünün. Batı Bankası, Doğu Bankasından federal fon piyasası (ABD'de ticari bankaların oluşturduğu ve birbirlerinden gecelik borçlar aldıkları özel bir piyasa) dahilinde borç alıp, müşterilerine kredi sağlayabilir. Doğu Bankası, federal fon faiz oranı sayesinde, Batı Bankası ise müşterilerine uyguladığı daha yüksek faiz oranı sayesinde kâr eder. Herkes mutlu olur.

Yoksul Bir Bankaya Yardımda Bulunmak

Bir bankanın rezervleri düşükse ve günlük zorunlu rezervini karşılayamıyorsa federal fon piyasası dahilinde diğer bankalardan gecelik borç alabilir. Örneğin, Acme Bank'ın bir müşterisinin hayatı boyunca yaptığı birikimi bir işgününün sonunda çekip, kapı komşusuyla birlikte Cozumel'e gittiğini düşünün. Bankalar, tasarruf mevduatları için rezerv tutmadıklarından bu durumda Acme Bank, çek hesapları için tutmak zorunda olduğu gerekli rezervden yoksun kalabilir. Fakat Roadrunner Bank'ın, Fed'deki rezerv hesaplarında asgari faizle tuttuğu olağanüstü yedekleri olabilir. Roadrunner Bank için, olağanüstü yedeklerini Acme Bank'a daha yüksek federal fon faiziyle borç vermesi kârlı olacaktır.

Bankalara Hücum Furyası

Bankalara hücum furyası ya da banka panikleri, Amerikan tarihi boyunca defalarca yaşanmıştır. Bankalar, zorunlu rezervlerinin %100'ünden çok daha az yedekle çalıştıkları için yeterli sayıda müşteri, hesap bakiyelerini tek bir günde çekmeyi talep ederse bankanın bu talebi karşılaması mümkün olmayabilir. Bu, tabii ki, hem banka hem de müşteriler için felaket olur. Banka ödeme aczine düşer, birikimlerini çekemeyen müşteriler parasız kalırlar.

Müşterilerin hesap bakiyelerini bir seferde çekmek istemelerine sebep olan şey nedir? Sebep, gerçeğe dayalı olsun olmasın, korkudur. Birçok banka paniğine, bankaların mali durumlarının sağlamlığı üzerine çıkan rivayetler veya spekülasyonlar sebep olmuştur. Yeteri kadar kişi bu rivayetlere inanırsa mantıken paralarını o bankalardan çekip, başka finans kurumlarına yatırmak ya da yastık altında saklamak isteyeceklerdir. Bankanın kapısında kuyruk oluşmaya başladı mı, diğer müşteriler de bunu fark edecek ve rivayet yayılacaktır. Bankalar, diğer bankalara borçlanıp, müşterilerinin paralarını ödeyebilirlerse bu hücum furyasını bertaraf edebilirler. Fakat spekülasyon ve rivayetler her tarafa yayılmışsa bankalar da birbirlerine borç vermekten kaçınabilirler. Bu durum, gerçekleştiği takdirde, daha da çok spekülasyon yaratır ve finans sisteminin bütününde bir hücum dalgası oluşabilir.

BANKA DÜZENLEMELERİ VE SERBESTLEŞTİRMELERİ

İçsavaş'tan önce bankalar, eyaletlerin izniyle kurulur ve kendi paralarını tedavüle çıkarma yetkisine sahip olurlardı. Hükümetin savaş harcamaları için ihtiyacı olan gelirleri karşılamak amacıyla hazırlanan 1863 Ulusal Banka Yasası Kongre'den geçmişti. Bu yasa, federal devletin izniyle kurulan bankaların yeni ulusal parayı ve devlet tahvillerini tedavüle çıkarabilmelerini sağlamıştı.

Para Konuşur

Bono

Borçlunun borcunu borç verene belirli bir tarihte faiziyle ödeyeceğini taahhüt eden kıymetli evraktır.

Bir kriz durumunda likiditeyi garantilemek için, büyük bankalar küçük bankalardan bir banka paniği yaşamaları durumunda çekmeleri için mevduat kabul etmişlerdir. Sistem, küçük bir bankanın yaşadığı hücumun, çok daha büyük bir bankanın rezervlerinden faydalanması yoluyla halledilebileceği fikrine dayanır. Bununla birlikte sistem, küçük bir bankaya hücum olayının, sistematik bir biçimde bütün bankalara sirayet edebileceğini kavrayamamıştır.

1900'lerden Beri Yapılan Bankacılık Düzenlemeleri

1907'deki geniş çaplı banka paniği, Kongre'nin, modern Federal Rezerv Sistemi'ni yani merkez bankasının Amerikan versiyonunu yaratan 1913 Federal Rezerv Yasasını çıkarmasına yol açmıştı. Fed, ülkenin bankacılık baş düzenleyicisi hizmetini görür. Federal Rezerv Yönetim Kurulu, üye bankalarda düzenlemeler yaparken Federal Rezerv bölge bankaları, diğerlerini denetler ve yönetim kurulunun getirdiği düzenlemelerin uygulanmasını sağlar. Ne yazık ki, Fed, Büyük Buhran esnasında yaşanan bankalara hücum furyasına gerektiği gibi karşılık verememiştir. Gereken likiditeyi sağlamak yerine, kredileri kurutarak (en azından bazı ekonomistlerin görüşlerine göre) bunalımı devam ettirmiştir.

Bankacılık sisteminde bir başka sınav da, 1980'lerdeki tasarruf ve kredi kriziyle yaşanmıştır. Tasarruf ve kredi kurumlarının agresif kredi kullandırmaları ve gevşek aracılık taahhüdü, bir dizi tasarruf ve kredi başarısızlığına yol açmıştır. FDIC'inkine (Federal Mevduat Sigorta Kuruluşu) benzer şekilde FSLIC de (Federal Tasarruf ve Kredi Sigorta Kuruluşu) kurumları batan mevduat sahiplerine ödeme yapmıştır. Mali pisliği temizlemek ve mevduat sahiplerine geri ödeme yapmak için milyarlar harcanması sonucunda kaybeden, Amerikalı vergi mükellefi olmuştur.

Yirminci yüzyıl boyunca Amerikan ekonomisi büyümüş ve sanayinin boyutu ve önemi artmaya başlamıştır. Yerel ve bölgesel firmalar, kısa sürede, ulusal firmalarla rekabet eder hale gelmişlerdir. Ulusal kapsamlı işletmelere, bölgesel ve bölümlere ayrılmış bir bankacılık sistemi hizmet etmekteydi. Bankacılık düzenlemesi, bankaları diğer ülkelerdekine nazaran görece küçük tutmuştur. Bankacılık sektörü, büyüyüp, ulusal ve uluslararası düzeyde rekabet edebilmek amacıyla serbestleşme getirilmesi için etkin bir şekilde lobi yapmıştır.

Bankaların Serbestleştirilmesi

Yirminci yüzyıl sonlarında bankacılıkta meydana gelen serbestleştirme, bankaların ülke genelinde çalışmalarına izin verdiği gibi, sundukları hizmetleri artırmalarına da imkân tanıdı. Nihayetinde, belirli düzenlemeler yürürlükten kaldırıldı ve bankalar, spekülatif yatırım işlerine giriştiler. Geleneksel bankaları bankavari kurumlardan ayıran duvar yıkıldı ve bir başka mali krizin tohumları atılmış oldu. Günümüzde bankacılık sektörü değişip durmaktadır. Gelecekteki banka krizlerini engellemek için düzenleme getirilmesi konusunda bir baskı mevcuttur. Bankalarla diğer finans kurumları arasındaki çizgi bulanıklaştığı için kanun koyucuların görevi, tüm bankavari faaliyetleri kapsayan düzenleyici bir çerçeve oluşturmaktır. Tarih, başarılı olup olmayacaklarını gösterecektir.

ARZ VE TALEP: PİYASALAR

Sıkı Pazarlık 101

Haberleri izlerken biri, "Yüksek benzin fiyatları talebi düşürecektir," der. Bunun gibi bir ifadeyi nasıl değerlendirirsiniz? Bu adam televizyonda konuştuğuna göre ne söylediğini biliyordur, değil mi? Çok emin olmayın. Birçok kültürlü kişi, ekonomik terminolojiyi kullanarak ekonomi konusunda iddialar ortaya atar ve hatta inandırıcı bile olabilirler ama ekonomi bilimini kötü biçimde yapmanın ürünü olan bir sürü bilgi de ortada dolanmaktadır. Ekonomiyi iyi anlamak için, arz ve talebi iyi kavramalısınız. Bu kavramlar, çok kolay anlaşılır olmalarına rağmen en karmaşık ekonomi tartışmalarının bile esasıdır.

PİYASA NEDİR?

Piyasalar, alıcılarla satıcıları bir araya getiren yerlerdir. Bununla birlikte piyasalar fiziksel yerler olmak zorunda değillerdir. Piyasa, alıcı ile satıcı, bırakın fiziksel bir yeri, mail ya da internet kanalıyla bile nerede, ne zaman etkileşimde olursa orada, o anda mevcuttur. Piyasanın işlevini etkin bir şekilde görebilmesi için çeşitli koşullar sağlanmış olmalıdır. Etkin bir piyasa için gereken tipik koşullar şunlardır: Çok sayıda alıcı ile satıcının kendi çıkarları doğrultusunda bağımsız hareket etmeleri, ticareti yapılan mal hakkında etraflıca bilgi sahibi olunması ve piyasaya giriş çıkışın serbest olması.

Piyasa Etkinliği

Ekonomistler piyasa etkinliği konusunda hemfikir değillerdir. Bir kısmı, rayiç fiyatın ürün hakkında mevcut tüm bilgileri etkin bir şekilde yansıttığını ileri sürer. Diğerleri ise, fiyatların mevcut tüm bilgiyi yansıtmadığını iddia ederler. Bu bilgi asimetrisinin piyasa etkinliğini baltaladığını öne sürerler.

Piyasada çok sayıda katılımcının bulunması, tek bir alıcının ya da satıcının, satılacak ürünün miktarı veya fiyatı üzerinde etkili olmamasını garantiler. Tek bir alıcı veya tek bir satıcı olması durumunda, onların fiyatlar üzerinde kayda değer etkilerinin olacağı açıktır. Örneğin, Walmart çeşitli üreticiler üzerinde monopson gücüne (alıcının tek, satıcının çok olmasından doğan alıcı tekeline) sahiptir. Bu üreticiler için yegâne perakendeci Walmart olduğu için, ödediği fiyatları etkilemek amacıyla bu gücü kullanabilir. Rekabetçi piyasalarda, tek bir üretici ya da tüketici bu düzeyde bir nüfuz kullanamaz.

Para Konuşur

Monopson ve Tekel (Monopol)

Monopson, bir ürün için tek bir alıcının olduğu durumdur. Monopol, bir ürün için tek bir satıcının olmasıdır.

Ticareti yapılan mal hakkında etraflıca bilgi sahibi olmaktan kastedilen, alıcının da satıcının da üretim maliyetine tam olarak ulaşabilmeleri, ürün hakkında tam bilgi sahibi olmaları ve ürünü bir yerden düşük fiyata alıp, başka bir yerde yüksek fiyata satmak anlamına gelen ara kazanç fırsatının bulunmamasıdır. Bu durum, araba satın alma durumu ile çelişir. Muhtemelen satıcı, aracın özellikleri ve maliyeti hakkındaki bilgilerin çoğuna sahip olduğu halde siz, satın alma kararınızı verirken en iyi ihtimalle sınırlı bir bilgiyle idare etmek zorundasınızdır.

Piyasaya giriş çıkış serbestisi de, azami sayıda alıcı ve satıcının katılımına imkân tanıyarak piyasa etkinliğini artırır. Ruhsat gereklilikleri, giriş engellerine bir örnektir. Devlet, mal ve hizmet üretmek ya da satmak için ruhsat gerekliliği koymakla, olası satıcı sayısını sınırlayarak daha az rekabete ve daha yüksek fiyatlara neden olur.

REKABETÇİ PİYASALAR

Arz ve talebi, çeşitli faktörler etkiler, dolayısıyla fiyat ve miktar etkilenir. Bir malın piyasasındaki değişiklikler diğer bir malın piyasasında değişiklik yaratır. Bu durum, fiyat değişiklikleri piyasalar arasında iletildiği için meydana gelir. Politika üretenler piyasaları etkilemeye kalkıştıklarında bu fenomen göz önünde bulundurulmalıdır yoksa istenmeyen sonuçlar ortaya çıkabilir.

Bir arazi aracı kullanmak, Güneydoğu Asya'daki açlık sorununu nasıl etkileyebilir? Birkaç yıl önce benzin fiyatları birden tırmanmaya başladı. Sonuçta, birçok Amerikalının cüzdanına binen yükü hafifletmek için kayda değer politik baskı yapıldı. Çoğu kişi, daha az araba kullanmak ya da seyahat etmek yerine yüksek fiyatlar ödemek zorunda kalmadan savurgan araçlarını kullandıkları her zamanki yaşam tarzlarını sürdürmek istedi. Hoover Institution'dan Thomas Sowell'e göre, politikacılar ve birçok kişi, "Parayı veren düdüğü çalar," atasözünü göz ardı etmeyi tercih etti. Olan şey tam manasıyla buydu.

Benzin fiyatları arttığı için alternatif yakıtlara talep arttı. Alternatif yakıt talebindeki bu artış, etanol denen ürünü sağlayan mısır yetiştiricileri tarafından memnuniyetle karşılandı. Etanolün daha düşük maliyetle üretilmesini isteyen mısır yetiştiricileri, daha fazla sübvansiyon verilmesi için Kongre'de kulis faaliyetleri yaptılar. Bu, arazilerin, diğer ürünlerin, özellikle de buğdayın aleyhine, mısır üretimine ayrılmasıyla sonuçlandı. Buğdayın arzı azaldığı için fiyatları arttı, ikame ürün pirincin de fiyatı arttı çünkü artık pirince de daha fazla talep vardı. Bu durum, pirinç fiyatının, Güney ve Güneydoğu Asya'daki halkın temel besin maddesi olan pirinci almaya güçlerinin yetmeyeceği seviyeye kadar yükselmesine yol açtı. Hızla açlık baş gösterdi. Piyasalar birbiriyle konuşur. Hiç kimse açlık yaratmak istememişti fakat insanlar kıtlığı göz ardı ettiklerinde istenmeyen sonuçlar doğabilir.

Gerçekçi Olmayan Modeller Açıklayıcıdır

Fen dersinde atomu ilk öğrendiğiniz zamanı hatırlıyor musunuz? Öğretmen muhtemelen, tahtaya güneş sisteminin modeline benzer bir şekil çizmiştir: Ortada büyük bir çekirdek ve yörüngesinde küçük bir elektron. Sonradan, atomların gerçekte, tahtadaki bu şekle benzemediğini öğrenmişsinizdir. Fakat öğretmeninizin çizdiği model, atomları anlamanıza yardımcı olmuştur. Ekonomide, piyasaları okurken, biraz gerçekdışı bir şey öğrenmekle başlarsınız fakat tam rekabetin basit bir modeli, gerçek dünyanın koşullarını anlamanıza yardımcı olur.

Koşullar

Etkin bir piyasanın işlemesi için belli koşullar gerekir: her biri kendi çıkarı doğrultusunda bağımsız hareket eden çok sayıda alıcı ve satıcı, ticareti yapılan mal hakkında tam bilgi ve piyasaya giriş çıkış serbestisi. Bu listeye aynı ürünleri satan "fiyat kabullenici" (yani fiyatlar üzerinde pek etkileri olamayan) firmaları ekleyin, işte şimdi tam rekabeti yaratmış oldunuz.

Aynı ürün, firmaların ürünleri arasında ciddi farklar olmaması demektir. Hepsi de aynı malı üretmekte ve satmaktadır. Buğday, mısır, pirinç, arpa ve kahvaltı gevreği yapmak için gereken diğer ürünleri düşünün. Bir çiftçinin ürettiği buğdayın, başka bir çiftçinin ürettiği buğdaydan belirgin bir farkı yoktur.

Rekabetçi Piyasaların Avantajları

Neden tam rekabetçi piyasalar diğerlerine tercih edilir? Tam rekabetçi piyasalar, ekonomistlerin dağılım açısından etkin dedikleri piyasalardır. Tüketiciler, üreticilere zarar ettirmeden en büyük yararı en düşük fiyatla elde ederler. Tam rekabet, aynı zamanda üretim üzerinde de etkili olur çünkü üretici uzun vadede birim başına en düşük maliyetle üretim yapar.

Bir firma ürününün fiyatını belirlemeyip, piyasa fiyatıyla satıyorsa ekonomistler bu tür firmaları "fiyat kabullenici" firma olarak adlandırırlar.

ARZ VE TALEP: TÜKETİCİ DAVRANIŞI

Ekonomistlerin Mutluluk Tarifi

Ekonomistler daima insanların davranışlarına ilişkin varsayımlarda bulunurlar. Mantıklı gelen bir varsayım da, insanların kendilerini mümkün olduğu kadar mutlu etmeye çalıştıklarıdır. Ekonomi dilinde buna fayda maksimizasyonu denir. Tüketiciler mal ve hizmet aldıklarında bunu, faydayı maksimize etmek için yaparlar. Tüketicilerin faydayı maksimize etme yetenekleri, harcamak zorunda oldukları miktarla sınırlıdır; buna bütçe kısıtlaması denir. Tüketici davranışı söz konusu olduğunda ekonomistler, tüketicilerin bütçe kısıtlamalarına tabi olarak faydayı maksimize etmeyi amaçladıklarını öne sürerler.

Tüketici davranışları incelenirken sıra dışı kararlara odaklanmak önemlidir. En sevdiğiniz şekerlerle dolu bir çanak gördüğünüzü farz edin. Her bir adet şekeri tüketmekten yarar sağladığınızda ekonomistler, marjinal faydayı hissettiğinizi söylerler oysa siz ekonomistlerin dediklerine aldırmazsınız çünkü şeker yiyip şişmanlıyor ve mutlu oluyorsunuz. O an hissettiğiniz, mutluluk puanı almak gibidir. Ne kadar şeker yerseniz o kadar mutluluk puanı alırsınız. Faydanızı maksimize ediyorsunuz.

Şekere, kurabiyeye, keke veya dondurmaya hep aşırı düşkün olmuşsanız, ilk başta yemenin keyif verdiğini, fakat birkaç taneden sonra baştaki kadar mutluluk hissetmediğinizi bilirsiniz. Ekonomistler bu fenomene azalan fayda adını verirler. Diğer bir deyişle, yediğiniz her bir şeker, sizi bir öncekinden daha az mutlu eder. Azalan marjinal fayda yararlı bir kavramdır. Bir sonraki yemek davetine katıldığınız zaman etrafa bu terimi aklınızda tutarak bakın.

Azalan marjinal fayda, davranışlarınızın birçoğunu açıklamaya yardımcı olur. Bir nane şekeri nefesinize tazelik verirse, neden elli tane yemeyesiniz ki? Cevap: azalan marjinal fayda. Bir saat spor yapmak sağlığınız için iyiyse neden yirmi dört saat spor yapmayasınız? Cevap yine: azalan marjinal fayda. Bir damla parfümle güzel kokuyorsanız neden şişeyi boca etmeyesiniz? Tahmin ettiniz, azalan marjinal fayda.

TALEP

Bir açık artırmaya tanık olduysanız, bir mal için yapılan düşük tekliflerin yüksek tekliflerden daha fazla olduğunu fark etmişsinizdir. Yani, insanlar bir mal için düşük fiyat ödemeye daha yüksek fiyat ödemekten daha isteklidir. Bu bir şey alma isteği ve yeteneğine talep denir. Daha fazla kişinin daha düşük fiyatla alma isteğine talep kanunu adı verilir.

Talep Kanununun Nedenleri

Talep kanununun var oluşunu açıklayan üç neden aşağıdaki gibidir:

- Azalan marjinal fayda
- Gelir etkisi
- İkame etkisi

Azalan Marjinal Fayda

Azalan marjinal faydanın talep kanununun bir açıklaması olmasının nedeni kolayca anlaşılabilir. Bir maddeden, giderek daha çok tüketirseniz art arda gelen her bir birim bir öncekinden daha az fayda ya da mutluluk puanı sağlar. Sonuçta, bir maddeden daha fazla almanızın yegâne yolu ancak fiyatının düşük olmasıdır. Marjinal kazanç (fayda) marjinal maliyete (fiyata) eşit oluncaya kadar tüketirsiniz. En sevdiğiniz donat tezgâhının "iki alana üçüncü yarı fiyata" uygulaması sunduğunu varsayın. Normal bir günde iki donat alıyorsunuz çünkü azalan marjinal fayda nedeniyle üçüncüyü almaya değmiyor. Fakat böyle bir uygulama durumunda, yani fiyatı veya marjinal maliyeti, marjinal faydaya veya marjinal kazanca eşit ya da daha düşük bir noktaya getirdiklerinde üçüncü donatı almak sizin için mantıklı olur.

Gelir Etkisi

Gelir etkisi, bütçe kısıtlamanıza dayalıdır. Bir malın fiyatı düşünce alım gücünüz artar. Fiyat artınca alım gücünüz düşer. Gelir etkisi, indirimli satışların ardındaki mantığı açıklar. Mallar indirime girince, sınırlı gelirinizle, düşük fiyattan daha çok mal alabilirsiniz. Zaten yaptığınız şey de budur.

İkame Etkisi

İkame etkisi, talep kanununun bir diğer açıklamasıdır. İkame etkisi, görece daha ucuz malları görece daha pahalı olanların yerine geçirdiğinizi belirtir. Örneğin, marketten beş günlük yemek –üç tavuk etli yemek ve iki sığır etli yemek– için malzeme alışverişi yaptığınızı düşünün. Market sığır etinde indirim yapmışsa bir günlük tavuğun yerine sığır eti alabilirsiniz. Bu durumda ne oldu? Talep kanunu gerçekleşti. Sığır eti fiyatı görece daha düşüktü, siz de daha çok sığır eti aldınız.

Talep Esnekliği

Bir yıl içinde satın aldığınız şeylerin tümünü düşünün. Çikletten arabaya, metro yolculuğundan acil servis ziyaretine dek çeşit çeşit mal ve hizmet almış olabilirsiniz. Bazen fiyat konusunda çok duyarlı olursunuz, bazen de fiyata bakmazsınız. Örneğin, bir arabayı daha uygun fiyata almak için dolaşırsınız ama acil servise giderken bunu düşünmezsiniz. Ekonomistler, bu fiyat konusundaki duyarlılığa talep esnekliği derler.

- Bir malın alımını erteleyebiliyorsanız veya çok yakın ikameleri varsa ya da gelirinizin büyük bir yüzdesini alıp götürecekse talep, fiyata duyarlı ya da esnektir.
- Ama alımın hemen yapılması şartsa veya yakın bir ikamesi yoksa ya da gelirinizin önemli bir kısmına mal olmuyorsa, talep, fiyattan etkilenmeyen ya da esnek olmayan taleptir.

Acil bir apandisit ameliyatı ile yüz gerdirmeyi kıyaslayın. Her ikisi de ameliyattır fakat bu ameliyatlardaki tüketici talepleri oldukça farklıdır. Akut apandisit, sizin en iyi ameliyat fiyatını bulmak için dolaşmanızı bekleyemez. Bu hastalıktan mustaripken aklınızdaki en son şey, fiyatıdır. Ameliyat talebiniz esnek değildir. Yüz gerdirme ise tamamen farklı bir meseledir. Birincisi, alım ertelenebilir. Ayrıca, yüz gerdirmenin Botoks ve kolajen enjeksiyonu gibi uygun ikameleri vardır. Son olarak da, yüz gerdirme isteğe bağlıdır ve sağlık sigortalarının çoğunun karşılamadığı bir kalem olup, kişinin gelirinin büyük bir kısmını kapsar. Bu faktörlerin kombinasyonunun sonucu olarak, yüz gerdirme talebi genellikle esnektir.

ARZ VE TALEP: BİR FİYAT DOĞUYOR

Üreticiler ile Tüketiciler için Ortak Noktayı Bulmak

Tüketiciler talep eder, üreticiler tedarik eder. Arz, üreticilerin, piyasada oluşan çeşitli fiyatlara göre değişen üretme ve satma yeteneklerini ve isteklerini yansıtır. Kurabiye veya ham petrol satıyor olsaydınız, hangisi sizi daha çok üretmeye ikna ederdi, düşük fiyat mı, yüksek fiyat mı? Düşük fiyat dediyseniz, kendinizi çabucak parasız kalmış bir halde bulurdunuz. Oysa yüksek fiyat dediyseniz kâr etme fırsatı bulmuş olabilirdiniz. Arz kanunu, üreticilerin, fiyat arttıkça daha fazla satma yeteneğine ve isteğine sahip olacağını belirtir. Arz kanununun nedeni, üretim arttıkça marjinal maliyetin de artması gerçeğidir. Akılcı ve çıkarcı bireyler olan tedarikçiler, ancak maliyetlerini karşılıyorsa üretim yapmaya istekli olurlar.

ARZ ESNEKLİĞİ

Arz esnekliği, üreticinin, üretmek istediği miktar üzerindeki fiyat değişikliklerine olan duyarlılığıdır. Arz esnekliğindeki kilit unsur, mal ya da hizmeti üretmek için gereken süredir. Üreticiler fiyat değişikliklerine hızlı cevap verebiliyorlarsa arz, görece esnektir. Aksine üreticilerin, ürünlerinin piyasa fiyatındaki değişikliğe karşılık vermek için kayda değer bir süreye ihtiyaçları varsa arz, görece esnek değildir. Mısır tortillası ile şarabı kıyaslayın. Mısır tortillası hazırda mevcut malzemelerle kolayca üretilebilir. Mısır tortillasının piyasa fiyatı aniden artmış olsaydı üreticiler bu fiyat değişikliğine karşılık vermekte pek fazla güçlük çekmezlerdi. Oysa Pinot Noir'ın piyasa fiyatı aniden yükselseydi şarap üreticileri bu fiyat değişikliğine karşılık vermekte çok daha fazla zorlanırlardı. Asmaların büyümesi yıllar sürer, üzümlerin olması zaman alır ve şarabın yıllanması da zaman ister. Bütün bu etkenler, şaraba, görece esnek olmayan arz özelliğini verir.

BİR FİYAT DOĞUYOR

Arz, talebi karşıladığında ilginç bir şey olur. Bir fiyat doğar. Etkin bir piyasada fiyatlar, ilgili mal ya da hizmete ilişkin arz ve talebin bir fonksiyonudur. Piyasa, fiyatları belirlemek ve karneye bağlama fonksiyonuna hizmet etmek için, suni fiyatlar dikte eden ya da karneye bağlama yoluyla kimin ne alacağını belirleyen oligarklar, devlet görevlileri ya da merkezi planlamacılar yerine, arz ve talebin gayrişahsi gücüne dayanır. Faydalarını maksimize etmeye çalışan tüketicilerle kârlarını maksimize etmeye çalışan üreticilerin birbirleriyle boy ölçüşmesi, malın piyasadaki fiyatını ve aynı zamanda alınan ve satılan miktarını da belirleyen faktördür.

Arz ve talep, mal ve hizmetlerin dağılım kısıtlamasını etkin ve uygun bir şekilde saptar. Fiyatlar etkindir çünkü piyasadaki katılımcıların çoğu tarafından anlaşılmıştır. Bir çocuğa 5$ verip, şekerci dükkânına yollarsanız, kimseden yardım istemeden parasının neyi almaya yeteceğini anlayabilir. Bir fiyat çok bilgi iletir. Bir malın fiyatı, tüketiciye alıp almayacağını, üreticiye üretip üretmeyeceğini bildirir. Fiyatlar adildir çünkü tarafsızdır; ne üreticiyi ne de tüketiciyi kayırmazlar.

DENGEYİ BULMAK

Cari fiyatta mal ve hizmetlerde bir fazlalık ya da darlık olmadığı zaman piyasanın dengede olduğu söylenir. Bu durum mevcut olduğunda fiyat, denge fiyatı ya da piyasayı temizleyen fiyat olarak adlandırılır. Piyasa dengesi en çok arzulanan sonuçtur çünkü tüketicilerin faydayı maksimize etmesini sağlarken üreticilerin de kârı maksimize etmesine imkân tanır.

Piyasanın dengede olmadığı zamanlar da olur. Bazen piyasa fiyatı, denge fiyatından yüksektir.

Bu durum oluştuğunda üretim fazlası meydana gelir. Üreticilerin tedarik ettiği miktar, tüketicilerin talebinden fazladır. Kazakla dolu bir tasfiye satışı rafının önünden geçtiğinizde kendi kendinize, "Bunu kim giyer?" diye düşünmüşsünüzdür. Yalnız değilsiniz. Diğer pek çokları da, tasfiye rafına konmadan önce bu üretim fazlası kazakların önünden geçmişlerdir. Yürüyüp geçmişlerdir çünkü kazağın tüketiciye marjinal maliyeti, marjinal faydasından fazladır. Tasfiye rafına konmalarının amacı, bu kazakları, faydayı maksimize etmek isteyen talihsiz birini satın almaya ikna edecek kadar düşük bir fiyatla sunmaktır.

Piyasa fiyatı çok düşükse bir darlık meydana gelebilir. Darlıklar, talep edilen miktar tedarik edilen miktardan çok yüksekse oluşur. Piyasada darlık oluştuğunda alıcılar o malı almak için birbirleriyle rekabet ederler ve dengeye erişilene kadar fiyatı artırırlar. Açık artırmalar bu fenomenden yararlanırlar ve o malı, en çok isteyen tüketici elde eder. En çok onun istediğini nereden biliyorsunuz? Çünkü en çok parayı o verdi. Çoğu mal ve hizmetin payının saptanmasında fiyatlar, adil, verimli ve etkilidir.

ARZ VE TALEPTEKİ DEĞİŞİMLER

Her Çıkışın Bir İnişi Vardır

Arz veya talepteki değişim, hem fiyatta hem de miktarda değişime neden olur. Fiyat değişirken üreticiler az veya çok, üretmeye isteklidir. Fiyat, üreticilerin arz ettiği miktarı etkiler fakat arzı etkilemez. Örneğin, kahve arzı hava koşullarından, arazi fiyatlarından, diğer kahve üreticilerinden, kahvenin vadeli alım satımından, kakao kârlarından ve kahve üreticilerine verilen sübvansiyonlardan etkilenir. Kahve arzını etkilemeyen tek şey, güncel kahve fiyatıdır. Bu, çoğunlukla kafa karıştırır ama öyle olması gerekmez. Arz, üreticilerin çeşitli fiyatlarda, sabit değil de, farklı miktarlarda üretme konusundaki istekliliğine bağlıdır.

ARZIN DEĞİŞMESİNE NE SEBEP OLUR

Arz, doğadan, girdilerin fiyatlarından, rekabetten, beklenen fiyatlardan, ilgili kârlardan ve devletten etkilenir.

- Doğa koşulları, kahve arzını belirlemekte önemli rol oynar. Yağmur, güneş, ısı ve hastalık, kahve hasadını etkileyecek doğa değişkenlerinin bariz örnekleridir. Mükemmel hava koşulları, çoğunlukla arzda büyük artışlara yol açarken kötü hava koşulları tersine sebep olur.
- Girdi veya öz kaynak fiyatları, üreticilerin tedarik kararlarında doğrudan etkilidir. Arazi, tohum, gübre, haşere ilacı, hasat ekipmanı, işgücü ve depolama kahve üreticilerinin karşı karşıya kaldıkları masraflardan sadece birkaçıdır. Bu masraflar yükseldikçe, yetiştiricilerin her piyasa fiyatında üretme imkânının azalmasıyla arz düşer. Üretim maliyeti düşünce arz artar.
- Rekabetin az ya da çok olması, arzda artış ya da düşüşe neden olur. Kahvenin popülaritesi arttığı için pazara giderek daha fazla üretici girmiştir. Daha çok rekabetin girmesi, her bir piyasa fiyatından arz edilen kahvenin miktarını artırmıştır.

- Gelecek fiyat artışı beklentileri arzı düşürme eğiliminde iken gelecek fiyat düşüşü beklentilerinin etkisi ters yöndedir. Üreticiler gelecekte daha yüksek fiyatlar bekliyorlarsa, halihazırda malı piyasaya sunmak için daha isteksiz olurlar. Kahve üreticileri, fiyatlar yükseldiğinde satmak için ürünü alıkoyabilirler. İlerde fiyatların düşmesi bekleniyorsa üreticiler mallarını şimdi daha çok satmak isterler.
- İlgili mal ve hizmetlerin kârlılığı da, kahve gibi bir malın arzını etkiler. Örneğin, kahvenin yetiştiği toprak, kakao üretimi için de elverişlidir. Kakao pazarında kârlar kahve piyasasındakinden daha yüksekse zamanla daha çok arazi kahve üretiminden çekilip, kakao üretimine katılacaktır. Benzer şekilde, kahve piyasasındaki kârlar daha yüksekse sonunda, kakao üretimi pahasına daha fazla arazi kahve üretimine katılacaktır.
- Hükümet politikaları da arzı etkileyebilir. Devlet, üretimi vergilendirebilir, sübvanse edebilir veya düzenlemeler getirebilir ve bu da arzı etkileyecektir. Brezilya, ormanı korumak için yerel kahve üretimini düşürmek isterse Brezilya hükümeti, kahve üretimine vergi koyabilir. Bu, üretim maliyetini artırır ve arzı düşürür. Hükümet, üretimi teşvik etmek ve arzı artırmak isterse üreticileri sübvanse edebilir, yani üretmeleri için onlara ödeme yapar. Vietnam, bu değerli ihraç malının arzını artırmak için dağlık bölgelerindeki kahve üretimini sübvanse edebilir. Düzenlemelerin çoğunlukla arzı sınırlayıcı etkisi vardır. Vietnam dağlık bölgelerdeki yağmur ormanlarını korumaya almak isteseydi, kahve yetiştiricilerinin üretim kabiliyetini etkili bir şekilde sınırlayacak kurallar koyup, düzenlemeler yapardı.
- Teknoloji ile fiziksel sermayenin mevcudiyeti arzın önemli belirleyicileridir. Teknolojik yenilikler, birçok farklı sektörden üreticilerin her fiyata göre üretim yapabilmeleri ve üretmek istedikleri malların miktarını artırabilmeleri için imkân sağlamıştır.
- İşgücüne ilişkin mevcut fiziksel sermaye miktarındaki artışlar da firmaların ürünlerini artırmalarına yardımcı olur. Ekonomistler, bu fenomene sermaye derinleşmesi derler. Bir firmanın sermaye derinleşmesi arttıkça arz da artar.

Para Konuşur

Sermaye

Ekonomide sermaye, parayı değil üretim sürecinde kullanılan tüm araçları, fabrikaları ve ekipmanı ifade eder. Sermaye, yatırımın ürünüdür.

TALEPTEKİ DEĞİŞİMLERE NELER SEBEP OLUR?

Mal ve hizmetlerde tüketici beğenisi değişime tabidir, bu değişimler meydana geldiğinde de talep değişir. Birkaç yıl önce, *E. Koli* bulaşması nedeniyle taze ıspanak, piyasadan geri çekildi. Bu bulaşıcılık, taze ıspanak talebini önemli ölçüde düşürdü. Reklam da, mal ve hizmetlere duyulan merakı etkileyebilir. ShamWow (süper emici bir temizlik bezi markası), isabetli bir örnektir. Bu ürünün reklamları, TV'de çeşitli kanallarda veriliyordu. Birçok kişi bu reklamı yüzüncü kez seyrettikten sonra kendilerinin de bir tane almaları *gerektiğine* karar verdi. ShamWow satışlarındaki artış, ürün fiyatındaki bir değişiklikten ötürü değil, reklam sayesinde tüketicilerin beğenilerindeki bir değişim nedeniyle meydana gelmişti.

Tamamlayıcılar ve İkameler

Bir malla alakalı ürünlerin fiyatları da o mala olan talebi etkileyebilir. Alakalı ürünler, tamamlayıcılar ve ikameler olarak sınıflandırılır. Tamamlayıcılar diğer mallarla bağlantılı olarak kullanılan ürünler, ikameler ise birbirlerinin yerine kullanılan ürünlerdir. Sinema biletleri ve Junior Mints (çikolata kaplı bir nane şekeri markası) tamamlayıcılardır. Sinema biletlerinin fiyatı artınca insanlar sinemaya gitmeyi pek istemezler. Dolayısıyla, Junior Mint talebi azalır. Bilet fiyatları düşerse bu durumun tersi gerçekleşir. Uçak yolculuğu ile otobüs yolculuğu ikamelerdir. Uçak biletleri ucuzlarsa otobüs biletine talep azalır, uçak biletleri pahalılaşırsa otobüs bileti talebi artar.

Çapraz Fiyat Esnekliği

Malların tamamlayıcı mı, ikame mi olduğunun belirlenmesi tartışma konusu değildir. Ekonomistler, bir malın tamamlayıcı mı, ikame mi olduğunu belirlemek için çapraz fiyat esnekliğini, bir malın talep edilen miktarındaki değişim yüzdesini diğer bir malın fiyatındaki değişim yüzdesine bölerek hesaplarlar. Çapraz fiyat esnekliği sıfırdan azsa o mallar tamamlayıcıdır, sıfırdan büyükse o mallar ikamedir.

Normal ve Düşük Mallar

Tüketicilerin gelirlerindeki değişimler talepte değişime yol açacaktır. Gelir ve talep aynı doğrultuda giderse bu normal maldır. Gelir ve talep ters yönlerde gidiyorsa bu mal düşük mal olarak ele alınır. Organik süt normal mal, süt tozu düşük mal ise tüketicilerin gelirindeki bir artışın her iki malın talebindeki etkisi ne olur? Artan gelirle birlikte organik süt talebi artar, süt tozu talebi düşer.

Alıcıların sayısı, mal ve hizmet talebiyle doğrudan alakalıdır. Alıcıların sayısı artarsa talep de artar, aksi durumda da tersi olur. Rus konut piyasasında yatırım yapmadan önce bu bariz ilişki göz önüne alınmalıdır. Oradaki nüfus azalmaktadır.

Beklenen fiyatların, mal ve hizmet talebi üzerinde doğrudan bir etkisi olabilir. Yatırımcılar, bir hisse senedinin fiyatının ilerde artacağını düşünüyorlarsa bu hisse senedine talep artar. Benzer şekilde bir hisse senedinin fiyatının düşmesi bekleniyorsa bu hisse senedine talep düşer.

MUHASEBE EKONOMİYE KARŞI

Sen Patates Dersin, Ben Sarı Şalgam

Bir muhasebeci, bir ekonomiste, neden meslek olarak muhasebe yerine ekonomiyi tercih ettiğini sormuş. Ekonomist, "Sayılarla aram iyi fakat kişiliğim muhasebeci olmaya uygun değil," diye cevaplamış. Kişilik farkları bir yana, ekonomi ile muhasebe arasındaki önemli bir ayrım da, toplam maliyet ve kârın belirlenmesinde yatar. Muhasebeci için, toplam maliyet, sabit ve değişken tüm açık üretim maliyetlerinin –sattığınız seramik çanakları yapmakta kullandığınız kilin maliyeti gibi şeylerin– toplamıdır. Açık maliyetler kolayca belirlenebilir ve ölçülebilir. Genel giderler bilinen bir niceliktir. İşgücünün maliyeti rahatlıkla hesaplanabilir.

Ayrıca, muhasebeci için kâr, toplam gelir eksi toplam gidere eşittir. İşletmeniz 1.000.000$ gelir (satış yoluyla eline geçen miktar) elde ederse, değişken ve sabit giderleri 800.000$ ise, kârınız 200.000$ olur. Geliri maksimize edip, üretim giderlerini düşürmeye odaklanırsınız. Bu, kârınızı artıracaktır.

Ekonomist için ise, toplam gider değişken ve sabit tüm açık maliyetler *artı* fırsat maliyetine eşittir. Fırsat maliyeti örtülü bir maliyettir ve üretim giderlerine göre tanımlaması ve ölçmesi çok daha zordur. Ekonomist için kâr, toplam gelir eksi fırsat maliyetini de içeren toplam gidere eşittir. Fırsat maliyetini hesaba katmak, sadece işin kârlı olup olmadığını değil, öz kaynakların en iyi şekilde kullanılıp kullanılmadığını da gösteren daha net bir tablo ortaya koyar.

YERİNDE BİR ÖRNEK

Ayda 5.000$ kazanan bir öğretmen olduğunuzu ve işten ayrılıp dondurma satmaya karar verdiğinizi tasavvur edin. Sürerek dolaştıracağınız tekerlekli bir dondurucu arabası alırsınız, gereken tüm gereçleri de tedarik edersiniz ve gerekli ruhsat harçlarını ödersiniz. Toplam maliyetinizin 2.000$ olduğunu farz edin. Oradan çıkıp, koşturarak dondurma satmaya başlarsınız, aslında bu konuda da iyisiniz. Ay sonunda toplam 6.000$ gelir elde ettiğinizi hesaplarsınız. Muhasebe kârınız nedir? 6.000$ toplam gelir – 2.000$ toplam gider = 4.000$ muhasebe kârı.

Ekonomik kârınız nedir? 6.000$ toplam gelir – (2.000$ açık maliyet + 5.000$ fırsat maliyeti) = – 1.000$ ekonomik zarar. Fırsat maliyeti, öğretmen olarak kazanabildiğiniz paradır.

Bu örnekte, öğretmenin aldığı maaşı biliyorduk onun için fırsat maliyetini daha kolay hesaplayabildik. Peki, ya durum biraz farklı olsaydı? Öğretmenin okul zamanı değil de yazın dondurma sattığını, dolayısıyla öğretmen maaşının etkilenmediğini farz edin. Belki başka fırsatlardan vazgeçiyor olabilir fakat muhtemelen bu fırsatların ne olduğu veya o fırsatları değerlendirdiği takdirde kazanabileceğinin ne olacağı belli değildir. Çoğu öğretmenin ek gelir yaratmak için yazın verdiği özel derslerin piyasası ne kadardır? Çeşitli faktörlere bağlı olarak saati 10$'dan 100$'a kadar değişebilir. Ya da belki fırsatlar gelir elde etmekle ilgili değildir: Öğretmen kumsalda uzanıp yatabilir, sonbaharda yeni öğretim yılına hazır olmak için sağlığını yeniden kazanmaya çalışabilir.

Bir başka senaryo düşünelim ve dondurma satıcımızın 12 yaşında bir çocuk olduğunu farz edelim. Dondurma satmak yerine başka ne yapabilir? Çimleri mi biçer yoksa gazete mi dağıtır? (Hâlâ gazete dağıtan birileri var mı ki?) Bu örnekte fırsat maliyeti sıfıra yakındır.

Gelir ve Kâr

Birçok kişi kazanç ve kâr kavramlarını karıştırır. Kazanç, bir işten elde edilen gelirin tümüdür. Tek tip bir ürünü belli fiyata satmakta olan bir firmanın kazancı, satılan ürün adedi ya da miktarının satış fiyatıyla çarpımına eşittir. Her birini 1$'dan sattığınız 100 elmanız varsa, hepsini sattığınızı varsayarsak, toplam kazancınız 100$'dır. Öte yandan kâr, bir şirketin tüm giderlerini karşıladıktan sonra elinde kalan gelirdir. Kazanç – Maliyet = Kâr.

Bir sektördeki ekonomik kârlar önemlidir çünkü diğer sektörlerdeki firmalara topraklarını, işçilerini, sermayelerini ve girişimsel yeteneklerini ekonomik olarak kârlı bir sektörde istihdam etmeleri için teşvik sağlar. Ekonomik kârlar, öz kaynakları en etkin şekilde kullanılmaya davet eder. Uzun vadede, rekabet, ekonomik kârları yok eder. Sektör, ekonomik kârlar sıfır olduğu zaman en verimli durumundadır. Ekonomik kâr sıfır olduğunda mevcut firmaların pazardan ayrılması ya da yeni firmaların pazara girmesi için bir teşvik kalmaz. Biraz önce verilen örnekte 1.000$'lık ekonomik zarar, dondurma piyasasını terk etmeniz için bir işarettir çünkü öz kaynaklarınızı daha iyi bir sektörde kullanabilirdiniz. Oysa alternatifi çim biçmek olan çocuk için dondurma satmak, öz kaynaklarını en az diğer alternatiflerde olduğu kadar etkin şekilde kullanmasının bir yoludur, öyleyse çocuğun bu piyasadan ayrılmasını gerektirecek bir teşvik yoktur.

ÜRETİM FONKSİYONU

Değişmeyen Tek Şey Değişimin Kendisidir

İşletmeler, piyasa koşullarına uyum sağlayabilmek için sık sık üretim kararları almak zorundadır. Çay fiyatları yükselirse Yeşil Çay adlı üretici firma kendi poşet çaylarına talebin azalacağını düşünüp, sırada bekleyen müşterinin bardağını dolduracak yeni bir elemanı işe almaktan vaz mı geçmelidir? Şu an tablet bilgisayarlar için alınan büyük sipariş, Güçlü Elektronik adlı şirketin üretim kapasitesinin ileride gelecek yüklü siparişleri karşılayacak şekilde artırılması gerektiğini mi gösterir yoksa bu sipariş anormal midir? Mikroekonomi de makroekonomi de uzun vadeli ile kısa vadeli üretim kararları arasında ayrım yapar. Bu ayrımlar, belirli bir zaman dilimi ile pek alakalı değildir, daha ziyade firmaların girdilerinde değişiklik yapma yeteneklerine dayalıdır.

UZUNU VE KISASI

Kısa vade, firmaların, üretim girdilerinden *sadece birini,* çoğunlukla işgücünü değiştirdikleri zaman dilimidir. Uzun vade, firmaların üretim sürecindeki tüm girdileri değiştirdikleri dönemdir.

Bir restoran işletiyorsanız, kısa vadede (bugün ve gelecek hafta) üretim düzeyini ayarlamak için işçi çıkarabilir veya alabilirsiniz. Mekânınız yoğun oluyorsa daha fazla işçi çalıştırır veya çalışma saatlerini planlarsınız. İşler durgunsa, işçileri eve gönderirsiniz. Uzun vade, mutfağı büyüteceğiniz veya yeni ekipman ekleyeceğiniz dönemdir. İşletmenin faaliyetindeki bir artışa karşılık olarak kısa vadede daha fazla işçi çalıştırabilirsiniz ama uzun vadede restoranı büyütürsünüz.

Bir firmanın kısa vadeli üretim kararları, firmanın üretim fonksiyonuna dayalıdır. Üretim fonksiyonu, firmanın, işgücü gibi tek bir girdide yaptığı değişikliğin, çıktısında nasıl bir değişikliğe yol açtığını gösterir.

Üretim Fonksiyonunun Aşamaları

Üretim fonksiyonu, firmanın çıktısında veya ürününde meydana gelen durumlara dayanan üç farklı aşamaya ayrılır:

1. Üretim fonksiyonunun ilk aşaması, firmalar artan getiriyle karşılaştıklarında meydana gelir. Bu, firma işçi sayısını artırdıkça her bir ilave işçinin ürüne bir önceki işçiden daha fazla katkıda bulunması demektir. Her bir işçiden ürüne gelen katkıya marjinal ürün denir. Dolayısıyla artan getiri durumunda, hem ürün hem de marjinal ürün artmaktadır. Şirin Mum Şirketi'nde tek başına çalışan bir işçi günde on mum üretebiliyorken, daha sonra işe alınan ikinci işçi (işbölümü ve seri üretim mucizesinin eseri olarak) günde on beş mum üretebiliyorsa, bu, üründe ve marjinal üründe olan bir artış olup, işletmenin artan getiriler aşamasında olduğunun göstergesidir.
2. Üretimin ikinci aşamasına azalan getiri denir. Bu aşamada, firma işçi sayısını artırdığı için çıktı yine artar fakat her bir işçinin ilave katkısı azalır. Şirin Mum Şirketi beşinci işçisini işe aldığında o işçi günde on beş mum üretebiliyor olabilir fakat bu üretim düzeyi (son derece tatminkâr iken), ürüne bir önceki işçinin katkısından daha fazla bir katkıda bulunmaz. Bu, Şirin Mum Şirketi yüzüncü işçisini işe aldığında da olabilirdi, bu işçi, 50 adetten az üretebiliyor olabilir fakat yine de şirketin genel sonucuna (ürüne) katkıda bulunmaktadır.
3. Son olarak, firma, eksi getiri denen üretimin üçüncü aşamasıyla karşılaşır. Bu aşamada, firmalar işçi ilave ettikleri için hem ürün hem de marjinal ürün azalır. Orta kademe yöneticilerin çok olduğu büyük bir firmada çalışmışsanız, bunun nasıl olabildiğini tasavvur edebilirsiniz.

Üretim Fonksiyonu Örneklemesi

Üretim fonksiyonunu örneklemek için, bir restoranda geçen sıradan bir işgününü zihninizde canlandırın. Çalışanların çalışma saatlerini planlayan yönetici olduğunuzu fakat hiç tecrübeniz olmadığını ve işleri çözmekte biraz yavaş olduğunuzu farz edin. Sabah saat 6'da ilk müşteri kahvaltıya gelir. Hemen bir çalışanınızı çağırır ve acele işe koşturtursunuz. Çalışan 1, yemeği hazırlayabilir, servisi yapabilir ve kasiyer olarak hesabı alabilir. Sonra daha çok müşteri gelip, hizmet bekledikleri için, daha çok yardım gerektiğini anlarsınız. Cep telefonunuzu çıkarıp, Çalışan 2 ve 3'ü arar, çalışmalarını emredersiniz. Onlar gelip çalışmaya başladıkları için, bireysel iş verimlerini ve restoranın toplam verimliliğini artıran bir işbölümü oluşur.

Fevkalade sonucu görünce daha fazlasının daima daha iyi olduğu sonucuna varırsınız ve Çalışan 4, 5, 6 ve 7'yi de çağırmaya karar verirsiniz. Onlar çalışmaya başlayınca restoranın daha fazla müşteriye hizmet verebildiğini fark edersiniz. Fakat verimlilikteki önceki kazançlar azalmaktadır. Bu azalan kazançları rastlantı gibi düşünür, bu açmazın üstesinden gelmek için Çalışan 8'den Çalışan 256'ya kadar bir sürü kişiyi işe alırsınız. Kısa bir süre sonra, restoranın mutfağı çalışanlarla dolar ve adım atacak yer kalmaz. Servis iyice yavaşlar, müşteriler öfkelenir ve yönetimdeki beceriksizliğinizden ötürü size söylemediklerini bırakmazlar. Aslında, 256 çalışanla hiçbir şey üretemezsiniz. Buna eksi getiri adı verilir.

MALİYET KONTROLÜ

Kâr Amacı Yüzünden

İşletmeler ya da firmalar, mümkün olan en çok kârı elde etmek için uğraşırlar. Buna Gordon Gekko'nun "Hırs İyidir"* Yasası diyebilirsiniz. İşletmeler, maliyeti düşürüp, geliri artırmaya çabalayarak kârlılığı artırmaya çalışırlar. Firmalar, rekabetçi bir ortamda geliri artırmak için pek bir şey yapamazlar. Hedef, Yumuşak Dokunuş adlı tuvalet kâğıdının dörtlü paketini 1$'a satmaksa Walmart da aynı ürünü 1$'a satmak zorunda kalacaktır. Fiyatlandırma gücünden yoksundurlar. Bununla birlikte firmaların maliyeti kontrol etme yetenekleri vardır. O yüzden, kârlarını maksimize etmek için mümkün olan en düşük maliyetle üretim yapmaya çalışırlar.

Onu şu şekilde düşünün: Bir gün emekli olmak için bankada yeterince paranızın olmasını isterseniz zam alma (ya da daha yüksek maaşlı daha iyi bir iş) doğrultusunda çalışabilirsiniz. Fakat bu tamamen sizin kontrolünüzde olmayabilir. Eğer alacaksanız, ne kadar zam alacağınıza patronunuz/şirketiniz karar verir, daha iyi maaşlı bir işe girebilmeniz de, nerede yaşadığınıza, yeterlilik belgelerinize, iş deneyiminize, sektörünüzde ne kadar rekabet olduğuna ve diğer faktörlere bağlıdır. Fakat maaşınıza kolayca zam alamadıysanız bile, Netflix'i iptal edebilir ve bu yolla birkaç dolar tasarruf edebilirdiniz.

Para Konuşur

Amortisman

Sermaye eskidikçe değeri düşer çünkü bozulur ve sonunda değiştirilmesi gerekir.

---

* *Wall Street* adlı ABD yapımı filmde Michael Douglas'ın canlandırdığı Gordon Gekko karakterinin ünlü repliği.

GİDERLERİN TİPLERİ

Ekonomistler, giderleri farklı kategorilere ayırırlar:

1. Giderlerin ilk kategorisi, sabit giderler veya genel giderlerdir. Bir firmanın sabit giderleri, üretimin düzeyi ne olursa olsun, değişmeyen giderlerdir. Kira, emlak vergisi, yönetim kademesinin maaşları ve amortisman bunların örnekleridir. Bir fabrika tam kapasite çalışmakta da olsa, boş da kalsa genel giderler aynı kalır.
2. Firmalar ayrıca değişken giderlerle de karşı karşıyadır. Değişken giderler firmanın üretim düzeyine göre değişir. Yan gereksinimler (elektrik, su, gaz, vs.), saatlik ücretler ve birim başına vergiler değişken giderlerin örnekleridir. Firmanın üretimi arttıkça değişken giderleri de artar.
3. Toplam giderler, firmanın sabit giderleri ile değişken giderlerinin toplamıdır.

Daha önce, ekonomistlerin, kârlılığı hesaplarken fırsat maliyetini de göz önünde bulundurduklarını söylediğimizi hatırlarsınız. Şimdilik onu unutun. Maliyetlerin bu şekilde incelenmesi amacıyla kâra, tam olarak muhasebecilerin yaptığı gibi bakıyoruz: Kazanç - Maliyet (Sabit ve Değişken) = Kâr.

Uzun Vadede Giderler

Uzun vadede, tüm giderler değişkendir. Zaman içinde firmalar sermaye ekleyebilir ya da çıkarabilirler, yeniden kira pazarlığı yapabilirler ve yönetimin maaşlarını değiştirebilirler. Sabit ve değişken giderler arasındaki ayrım, geçen zaman içinde yok olur.

Marjinal Üretim Maliyeti

Marjinal üretim maliyeti, ekonomistlerin özel ilgi alanındadır. Marjinal maliyet, üretilen her birim için toplam maliyetteki değişimdir.

Marjinal maliyeti, bir birim daha üretmenin ilave maliyeti olarak düşünün. Bir firmanın ürettiği ürünün her bir ilave birimi için daha fazla değişken maliyet doğar ve toplam maliyet artar. Bu, marjinal maliyetinin de arttığı anlamına gelir. Örneğin, her yeni Big Mac'in maliyeti bir önceki Big Mac'in maliyetinden daha fazladır çünkü McDonald's, ilave Big Mac yapmak için daha çok malzeme almak ve çalışanlarına daha çok fazla mesai ödemek zorundadır.

Marjinal Kazanç

McDonald's gibi firmalar, marjinal maliyetin marjinal kazanca eşit olduğu noktada üretim yaptıklarında kârlarını maksimize ederler. Diğer bir deyişle, bir firma yapabileceği en büyük kârı gerçekleştirmek isterse, bir birim daha üretmenin ilave maliyetinin bir birim daha üretmenin getirdiği ilave kazançla aynı olduğu noktada üretim yapar.

"Bir hamburger daha" yapmanın ilave maliyeti (örneğin) 99 sent ise ve bu hamburger 99 sente satılabiliyorsa marjinal maliyet ile marjinal kazanç eşittir. Burası, ekonomistlerin hayalini kurduğu mutlu yerdir. "Bir hamburger daha" yapmanın ilave maliyeti 1,29$ olup, onun satışı da ancak 99 sent gelir getiriyorsa McDonald's, hissedarlarına bir açıklama yapmak zorunda kalacak ve muhtemelen kısa süre içinde yeni bir CEO arayışına girecektir.

KISA VADEDE TAM REKABET

Varmış Gibi Yapalım!

Tam rekabet tek boynuzlu atlar ve deniz ejderleri gibidir; onu sadece masal âleminde görebilirsiniz. Yine de ekonomistler tam rekabet denen bu varsayımsal durumdan söz etmeyi sever. Tam rekabet, belirli bir sektördeki tüm işletmelerin eşit koşullarda oynaması şart koşulduğunda, firmaların belli şekillerde davranacağına dair uydurma bir fikirdir. Tam rekabet kuramı, ekonomistlerin, insanlar sadece onları dinlediklerinde neler olacağını tarif etmelerini sağlar. Bu ekonomi dersleri, çoğunlukla karmaşık formüller içeren grafikleri kapsar fakat biz onları dahil etmiyoruz. (Teşekkür ettiğinizi duyar gibiyim.) Bir şey değil.

DÖRT ADIMDA TAM REKABET

Yukarda bahsedilen eşit şartları oluşturanlar nelerdir? Yeni başlayanlar için açıklayalım:

- Üreticiler ve tüketiciler tam bilgiye sahiptir –ürün ve piyasa hakkında bilinecek her şeyi bilirler– ve mantıklı kararlar verirler. Bu, tüketicilerin faydayı (yani mutluluk puanlarını), üreticilerin ise kârı maksimize etmeye çalışmaları ve her iki grubun da bunları yapabilmek için ihtiyaçları olan bütün bilgilere sahip olmaları demektir.
- İşletmeler piyasaya engeller olmadan girip çıkabilirler. Burada, işletmeler, başlangıç finansmanı sağlamak ya da tasfiye satışlarını düzenlemek için risk sermayedarlarına yalvarmak zorunda değillermiş gibi davranıyoruz.
- Tüm üreticiler aynı malları ("çıktılar" veya mamul mallar) üretirler ve hepsinin de girdileri (örneğin işgücü) aynıdır. Tam Rekabet Dünyasında, bir çift Keds veya bir çift Dolce & Gabba-

na ayakkabı, tam olarak eşdeğerdir ve üretmek için tam olarak aynı öz kaynakları gerektirir.

- Aynı alanda birçok üretici rekabet etmektedir, yani hiçbir üreticinin (işletmenin) fiyatlandırma gücü yoktur; hiçbiri bunu başaracak kadar büyük ya da tekel değildir. Herkes malını diğer üreticilere bakarak fiyatlandırır. Mavi Gök Kahve Şirketi, arabika kahve çekirdeğinin yarım kilosunu 20$'a satıyorsa Yeşil Yer Kahve Şirketi de arabika kahve çekirdeğini hemen hemen aynı fiyattan satmak zorunda kalacaktır yoksa işletmenin hiç müşterisi olmaz. Bu senaryoda tüm çıktıların aynı ve tüm tüketicilerin de tam bilgiye sahip olduklarını, dolayısıyla Mavi Gök kahvesinin Yeşil Yer kahvesinden geri kalmadığını bildiklerini unutmayın.

Diğer bir deyişle, işletmeler birbirleriyle, hiçbir avantajları (ya da dezavantajları!) olmadan rekabet etmelidir. Sonuçta fiyatı, tek tek işletmeler yerine sektör belirler ve talep tam olarak esnektir. (Bir malın kabul edilebilir birçok ikamesi varsa talebin fiyata duyarlı olduğunu, yani başka bir ifadeyle talebin esnek olduğunu hatırlayın.)

REKABET VE KISA VADE

Bir sektör için kısa vade, firmaların piyasaya girip çıkamadıkları dönemdir çünkü bu dönemde sabit sermayelerini değil, sadece işgüçlerini değiştirebilirler. Demek ki, talep dibe vurursa işletmeler sabit giderlerini çabucak düşüremezler; talep fırlarsa daha fazla üretmek için çabucak büyüyemezler. Kısa vadede, tam rekabetin mevcut olduğu bir sektörde firmaların ekonomik kârlar elde etmeleri de, tüm sektörün çıktılarında arz ve talep değiştiği için zararla çalışmaları da mümkündür.

Örneğin, üstü kaplı donat sektörünün tam rekabet içinde olduğunu farz edin. Yeni Zelanda'daki bilim insanlarının, üstü kaplı donatların kahveyle birlikte tüketildiklerinde, tüketicinin sağlığına son derece yararlı olduğunu keşfettiklerini tasavvur edin. Bu güzel haberin sonucu olarak donata talep artar. Bu, yeni bir denge fiyatı oluşmasını sağlar. Piyasa fiyatının, firmanın marjinal gelirini yansıttığını hatırlayın, dolayısıyla donat sektöründeki firmaların geliri, toplam ekonomik maliyetlerinden daha fazla artmıştır. Bu, üstü kaplı donat firmalarının ekonomik kârlar elde ettikleri anlamına gelir.

Altı ay sonra California'daki bilim insanları, önceki Yeni Zelanda araştırmasının hatalı olduğunu ortaya çıkarırlar, aslında üstü kaplı donatları kahveyle birlikte tüketmek, tüketicinin sağlığına zararlı olabilir. Önce inkâr edilir sonra tüketiciler yavaş yavaş, 25 kilo daha aldıklarını ve uyumakta zorlandıklarını fark ederler. Bu noktada, üstü kaplı donat talebi ilk dengesinin de altına düşer. Donat sektöründeki birçok firma için, piyasa fiyatındaki bu düşüş, kısa vade zararıyla üretim yapmaları demektir çünkü toplam gelirleri, toplam üretim giderlerinden azdır.

UZUN VADEDE TAM REKABET

Aşağı Çeken Rekabet

Kısa vadede olanın tersine uzun vadede firmalar piyasaya girip çıkabilirler. Ekonomik kârların varlığı karşısında yeni firmalar piyasaya girer, eski firmalar ise zararlar karşısında piyasadan çıkarlar. Bir önceki bölümde verdiğimiz donat örneğine devam edersek, Yeni Zelanda araştırmasının ışığında, üstü kaplı donat sektöründeki ekonomik kârlar, sektöre yeni firmalar çeker. Yeni firmalar girdiği için rekabet artar, bu da sektörün üstü kaplı donat arzını artırması demektir. Artan arz, donutların denge fiyatını düşürür ve ekonomik kâr yok olur.

California araştırması ele alındığına, ekonomik zararla karşılaşan bazı firmalar durma noktasına gelecek ve sektörden çekileceklerdir. Bu, rekabeti azaltır ve sektörün üstü kaplı donat arzını azaltır. Azalan arz, piyasadaki denge fiyatını yükseltir. Sonunda sektör sıfır ekonomik kârla uzun vade dengesine dönerken sektörde daha az sayıda firma kalır.

TAM REKABETTEN EKSİK REKABETE: BİR SÜREKLİLİK

Tam rekabet gerçekte mevcut değildir. Tam rekabetin gerektirdiği tüm koşulları karşılayan bir sektör bulmanız olası değildir. Yine de, tam rekabet, var olan piyasa yapılarını kıyaslamak için bir örnek oluşturur. Gerçek olmamasına rağmen, iyi bir referans çerçevesi sağlar.

Piyasaların Evrimi

Piyasa yapılarının sürekliliği, piyasaların evrimi olarak görülebilir. Firmalar çok rekabetçi bir piyasada başlayabilir ve zamanla tekel haline gelebilirler. On dokuzuncu yüzyıl sonları ile yirminci yüzyıl başları, bir zamanlar rekabetçi olan sektörlerden doğan tröstlere tanık olmuştur. Bazıları, "yıkıcı rekabetin" son bulmasını bile istemiştir.

Çoğu firma, sektöre girişte maliyet ya da devletin getirdiği gereklilikler açısından engellerle karşılaşır. Firmalar, kendilerini rekabetten ayrı tutmaya ciddi biçimde yatırım yaptıkları için tam aynı ürünlerin ticaretini nadiren yaparlar. Bu farklılaşma becerisi, firmalara, fiyatları etkilemek için bir miktar imkân verir. ABD gibi olgun piyasalarda firmalar büyük olma eğilimindedir ve bağımsız olmaları da gerekmez. Son olarak, bilgiye erişim eşit paylaşılmaz ve sonuçta tam rekabet koşulu da var olmaz. Elinizde kalan tam rekabet değil, eksik rekabettir.

Ekonomistler, piyasaları rekabet seviyelerine göre sınıflandırırlar. Yelpazenin bir ucunda, hayali olmakla birlikte, tam rekabetçi piyasalar bulunur. Diğer ucunda ise tekel bulunur. İkisinin arasında en aşina olduğunuz piyasa yapılarını, tekelci rekabeti ve oligopol piyasasını bulursunuz.

Tekelci Rekabet

Tekelci rekabet, tam rekabete çok benzeyen bir piyasa yapısıdır. Birçok alıcı ve satıcı vardır, engeller asgari seviyededir ya da en azından tüm firmalar için eşittir ve bilgiye kolayca ulaşılabilir. Bununla birlikte tekelci rekabette, firmalar aynı ürünleri sunmaz, ürünlerini rakiplerininkinden farklılaştırırlar. Ürün farklılaşması, üreticilerin tüketicileri, kendi ürünlerinin diğer üreticilerin ürünlerinden farklı olduğuna ikna edebildikleri süreçtir.

Tekelci rekabeti düşündüğünüzde akla gelmesi gereken sektör fast food sektörüdür. Fast food sektöründe, birçok farklı tüketicinin cebindeki dolarlar için yarışan birçok farklı üretici vardır. Gerekli ruhsatlar için ödeme yaptığı takdirde herkes fast food restoranı açmakta serbesttir. Çoğu üretici, neye girdiklerini iyi bilir ve müşteriler de ürünleri oldukça iyi anlar. Fast food sektöründe neden tekelci rekabet mevcuttur? Ürün farklılığı nedeniyle. Her firma farklı bir menü sunar. Taco Bell, Chick-fil-A, McDonald's ve Subway, hepsi de müşterilerine çeşitli seçenekler sunarken fast food piyasasında birbirleriyle rekabet ederler. Bu acımasız sektörde yeni girenlerin ayakta kalabilme nedenlerinden biri ürün farklılığıdır. Yeterince farklıysanız bir şansınız olabilir.

Bir süpermarketin sebze-meyve reyonunda kaç çeşit elma olduğuna bir bakın. Elmaların sadece kırmızı veya yeşil olduğu o günleri hatırlıyor musunuz? Red Delicious, Pink Lady, Granny Smith, Gala, Fuji ve Honeycrisp günümüzde mevcut çeşitlerin birkaçı. Ayrıca küçük, orta ve büyük tipleri de var. Organik ve ilaçlı olanları da var. Bazıları tek tek satılıyor, bazıları ise paketlenmiş halde. Elma üreticileri, ürünlerini farklılaştırmışlar. Neden? Rekabet eden firmaların fiyata nasıl etki ettiklerini hatırlayın. Üreticiler ürünlerini farklılaştırıp da başarılı oldukları zaman, rakiplerinden daha yüksek fiyat isteyebilirler.

Tekeller ve Kâr

Tekelci rekabet firmaları uzun vadede ekonomik kârlarını koruyabilirler mi? Hayır. Zamanla rekabetin mevcudiyeti, sonunda tekelci rekabet firmalarının kârlarını eritecektir. Sonunda, fazla kapasiteye, yüksek maliyete sahip ve hiç ekonomik kârı olmayan bir sektör kalır.

Ürün farklılaştırmadaki sorun, bunun hiç sonu gelmeyen bir süreç olmasıdır. Firmalar farklılaşmak için sürekli yeni yollar bulmak zorundadır. Bu, firmaların reklama neden bu kadar büyük paralar harcadıklarını açıklar. Reklamların çoğu, yeni müşteriler kazanma çabasından ziyade marka sadakati oluşturma çabasıdır. Bununla birlikte firmaların öz kaynakları sınırlıdır, dolayısıyla bu öz kaynakları reklam kanalıyla ürün farklılaştırmakta kullanırlarsa bu miktar kadarını üretim için kullanamayacaklar demektir. Sonuç olarak tekelci rekabet sektörleri, tam rekabetçi olmuş olsalardı üretebilecekleri kadar çıktıyı üretemeyeceklerdir. Tüketiciler neler olmuş olabileceğini kaçırıyorlar. Endişelenmeyin, tüketiciler, tekelci rekabetin getirdiği çeşitliliği çok tercih ediyorlar, dolayısıyla faydaları en azından maliyetlerini eşitleyebilir.

OLİGOPOLLER VE EKSİK REKABETÇİ PİYASALAR

Ya Dünya Hâkimiyeti Ya Ölüm! 1

En aşina olduğunuz şirketlerin birçoğu tam rekabetçi piyasaların, hatta rekabetin yoğun olduğu piyasaların bile içinde değildir. Büyük otomobil üreticileri, havayolları, telekomünikasyon şirketleri, yiyecek üreticileri ve ucuzcu mağazalar, bir oligopol (takım tekeli) piyasası, yani birkaç üreticinin olduğu bir piyasa yapısı içinde rekabet ederler.

Kullandığınız kamu hizmetlerinin çoğu yerel düzeyde tekeldir. Oligopol ve monopol (tekel) ABD'de yaygın olan piyasa yapılarıdır. Evvelki bölümde tekelleri detaylı bir şekilde açıkladık. Şimdi oligopollere bakalım. Amerikan ekonomisinin nasıl çalıştığını öğrenmek için, bu eksik rekabetçi piyasa yapılarını iyi anlamanız gerekir.

OLİGOPOL (TAKIM TEKELİ)

Oligopol, birkaç büyük üreticinin hâkim olduğu bir piyasayı tanımlar. Rekabetçi ve tekelci rekabetin olduğu piyasaların aksine, oligopolist firmaların fiyatlandırma gücü daha fazladır. Oligopolün bir başka özelliği de firma ölçeklerinin büyük oluşunun bu piyasaya girmek isteyen firmaların önüne büyük bir engel olarak çıkmasıdır. Oligopol çoğunlukla, bir zamanlar rekabetçi olan piyasaların olgunlaşmasının sonucudur. Tekelci rekabetçi firmalar büyüyüp başka firmalarla birleştikçe sonuçta piyasada daha az sayıda firma kalır. Sektörlerde rekabeti korumaya ve uygulatmaya çalışan devletin düzenlemelerden sorumlu yetkilileri oligopollerle yakından ilgilenir.

Rekabetin Kaybolması

Firmaların birleşmesi, sektörlerin olgunlaşması ve piyasaların oligopolleşmesi neden önemlidir? Rekabet azalınca birtakım olumsuz etkiler meydana gelir. Fiyatlar yükselir, toplumun yararına olan üretim ve dağıtım etkinliği kaybolur. Bunların, tüketicilerin üreticilerden hoşlanmadığı sektörler olduğuna dikkat edin. (Havayolu şirketini, çikolata parçacıklı kurabiyeyi sevdiği gibi seven biri olmuş mudur hiç?) "İlginç bir tesadüf," demez miydiniz?

Bir piyasanın oligopol şartlarını sağlayıp sağlamadığını belirlemek için ekonomistler piyasanın Herfindahl-Hirschman Endeksini (HHI) hesaplar. Endekste görece düşük bir değer piyasayı rekabetçi olarak, görece yüksek bir değer ise oligopol olarak tanımlar. Federal Ticaret Komisyonu ve Adalet Bakanlığı, endeks değerlerini, bir sektördeki şirket birleşmelerine onay verip vermeyeceklerini belirlemek için kullanırlar. Birleşme, HHI'yi belirgin bir şekilde yükseltecekse, birleşmenin durdurulması kuvvetle muhtemeldir çünkü aksi takdirde rekabet azalacaktır.

Düzenleyiciler ile ekonomistler, bir piyasanın oligopol olup olmadığına karar vermek için, yoğunlaşma oranlarını da kullanırlar. Az sayıda firmanın elinde ne kadar çok pazar payı varsa yoğunlaşma oranı da o kadar yüksektir. Örneğin, dört firmaya yığılma oranı %80 ise, en büyük dört firma pazar payının %80'ine sahip demektir. 2002 nüfus sayımına göre, elektrik süpürgesi sektörünün dört firmaya yığılma oranı %78, sekiz firmaya yığılma oranı %96,1 idi. Elektrik süpürgesi sektörünün bir oligopol örneği olduğunu söylemek yerinde olur. Karşılaştırma yoluyla tam rekabetçi bir sektörde dört firmaya yığılma oranı %0, tekel hâkimiyetindeki bir sektörde ise, tek firmaya yığılma oranı %100'dür.

Bir Sektörü Tanımlayan Nedir?

Bir sektörü yoğunlaşma oranlarını belirleme amacıyla tanımlayan şey nedir? Duruma göre değişir. Günümüzde sektörün tanımı bulanıklaşmaktadır. Eskiden gazete sektörü tek başına bir sektördü.

Günümüzde ise, medya olarak bilinen daha geniş bir sektörün parçasıdır. Yerel bir gazete, yerel gazete pazar payının %100'üne sahip olabilse bile diğer medya türleri, onun sektörün geneli içindeki etkin payını düşürür.

Oligopolistlerin sahip olduğu büyük pazar payı, piyasayı onların görüşlerine göre şekillendirir. Daha rekabetçi piyasa yapıları içinde birbirlerinden bağımsız hareket eden firmaların aksine, oligopolistlerin aralarında karşılıklı olarak bağımlı bir ilişki vardır. Oligopolistler, çok büyük bir pazar payını kontrol altında tuttukları için, bireysel kararlarının piyasa fiyatları üzerinde hatırı sayılır bir etkisi olur. Durumun böyle olduğu bilinciyle bir oligopolist, rekabetin daha çok farkında olmaya çalışır, dolayısıyla üretim ve fiyatlandırma kararlarını verirken bunu hesaba katar.

GİZLİ ANLAŞMA VE KARTEL

Ya Dünya Hâkimiyeti Ya Ölüm! 2

Rekabetin nimetlerinden biri, tüketicilerin piyasada daha düşük fiyatlar bulmasına yol açmasıdır. Oysa bu nimet, üretici için bir lanettir. Düşük fiyat çoğunlukla düşük kâr demektir. Rekabet ile işbirliği arasında bir tercih imkânı verildiğinde kâr maksimize eden firmalar çoğunlukla işbirliğini tercih ederler. Anaokulunda ne öğrenmiş olursanız olun, alışveriş yaptığınız işletmelerin işbirliğine gitmelerini istemezsiniz çünkü bu firmalar, çikolatanın yarım kilosunun 100$'a satılmasına veya yapay bir kıtlık yaratmak için üretimini kısmaya karar verebilirler. İşletmelerin, tüketicinin çok hoşuna giden bu çok düşük fiyatları oluşturmalarını sağlayan bir rekabet ortamı içinde olmaları sizin yararınızadır. Modern kapitalizmin babası Adam Smith, işletmelerin bir araya gelmelerinden hayırlı bir şey çıkmayacağı konusunda uyarıda bulunmuş, tarih de, onu haklı çıkarmıştır.

Para Konuşur

Kartel

Birbirleriyle rekabete girmek yerine işbirliği yapmak konusunda anlaşan bir grup üreticidir. Karteller, üyelerinin daha yüksek kârlar elde etmeleri için, topluca üretimi azaltarak fiyatları yükseltmeye çalışırlar.

Gizli Anlaşma

ABD'de firmaların fiyatları ve üretimi belirlemek için işbirliği yapmaları yasaklanmıştır. On dokuzuncu yüzyıl sonu ve yirminci yüzyıl başındaki tröstlerin suiistimalleri, Başkan Theodore Roosevelt'in "tekellerle mücadelesi" için itici güç olmuştur. Hükümet, Sherman Antitröst Yasası ve sonraki Clayton Antitröst Yasası ile gizli anlaşmaları ve rekabeti azaltıcı tüm iş faaliyetlerini tamamen yasaklamıştır.

Para Konuşur

Gizli Anlaşma

Ekonomistlerin gözünde, şirketlerin kendi aralarında gizli anlaşmalar yapması, rekabeti yapay bir şekilde azaltarak tüketicileri (ve diğerlerini) aldatma veya dolandırma niyetini de ifade eden eylemlerdir.

Yasayı ihlal etmekte olsalar da, işletmeler zaman zaman fiyatları belirlemek için gizli anlaşmalar yapacaklardır. Gizlice anlaşan şirketler, piyasayı, kendilerine yararlı olacak şekilde bölebilirler. Rekabetten kaçan firmalar, daha yüksek fiyatlar belirler ve işletme giderlerini düşürürler. Gizli anlaşma, yasadışı olduğu ve para cezası veya hapisle cezalandırılabildiği için, firmaların üst düzey yöneticileri bu uygulama ile ilgilenmek istemezler. Gizli anlaşma suçlamasından kaçınmak için yöneticilerin toplantıları hemen her zaman avukatlar eşliğinde yapılır.

Kartel Oluşturma

Gizlice anlaşan şirketler kartel oluşturabilirler. Kartel, piyasanın kaldırabileceği herhangi bir fiyatı isteyebilen tek bir üretici ya da tekel gibi etkin bir şekilde işleyen şirketlerin oluşturduğu bir gruptur. Muhtemelen en iyi bilinen modern kartel, Petrol İhraç Eden Ülkeler Teşkilatı OPEC'tir. OPEC, petrol ihraç eden on üç ülkeden oluşur, dolayısıyla ABD'nin antitröst yasalarına tabi değildir. OPEC, çıktıyı kısıtlayarak yüksek petrol fiyatlarını ve üyelerinin kârlarını korumaya çalışır. Kartelin her bir üyesi, sonuçtaki çıktıyı azaltıp, fiyatları artıran bir üretim kotasına razı olur. OPEC, ucuz benzin sevenler için kötü haberdir.

Neyse ki, tüketiciler lehine, kartellerin de bir Aşil topuğu mevcuttur. Bir kartelin münferit üyelerinin, anlaşmayı atlatma dürtüsü de vardır. Karteller, işbirliği ve rekabet dönemlerinden geçerler. Fiyatlar ve kârlar düşükken kartel üyelerinin işbirliği yapıp, üretimi sınırlama dürtüsü mevcuttur. Aldatma dürtüsünü uyandıran kartelin başarısıdır. Kartel başarılıysa malın piyasa fiyatı artar. Kendi çıkarını gözeten her bir üye, üretim kotasını hafifçe aşmak ve fazlalığı, arz kanununa boyun eğerek, artık yükselmiş olan fiyattan satmak dürtüsü duyacaktır. Sorun, bütün üyelerde bu dürtünün olması ve hepsi, topluca üretim kotasını aşacakları için sonunda fiyatların düşecek olmasıdır. Karteller, üyelerin karteli, dolayısıyla birbirlerini aldatmasının önlenmesi için yollar bulmak zorundalardır. Uyuşturucu kartelleri, suikast ve adam kaçırma yöntemlerini uygular ama OPEC biraz daha uygar bir yöntem kullanır. Kartelin tek başına en büyük üreticisi Suudi Arabistan'dır. Aynı zamanda, en düşük üretim gideri de Suudi Arabistan'ınkidir. Üyenin biri ya da üyeler karteli aldatmaya kalkarsa Suudi Arabistan, engin petrol rezervlerini serbest bırakıp, yine de kârlı olarak diğerlerinden daha ucuza satmak suretiyle grubu yola getirebilir. Birkaç ay boyunca ya da hatta yıllarca zarar ettikten sonra diğer ülkelerin işbirliği yapıp, üretimi bir kez daha sınırlandırma dürtüleri oluşur.

OYUN KURAMI

Bir Sessiz Harf Satın Alabilir miyim?

Ekonomistler, Oyun kuramının oligopolistlerin davranışlarını anlamak için yararlı olduğunu keşfetmişlerdir. Oyun kuramı, başkalarının tercihlerine bağlı olan kararların sonuçlarını inceler. Oyun kuramı, birbirine bağımlı karar verme sürecini inceleyen bir etüttür.

TUTUKLUNUN AÇMAZI

Özellikle oligopolün incelenmesine uygulanabilecek bir oyun, tutuklunun açmazıdır.

Adam ile Karl adlı iki kişi, polis tarafından soygunculuk şüphesiyle tutuklanmıştır. Baş dedektif, elinde bu adamlara karşı çok az delil olduğunu bilmektedir ve onlara soygunculuktan dava açabilmek için içlerinden en az birinin itirafta bulunmasına bel bağlamaktadır. Aksi takdirde onları sadece yasadışı izinsiz giriş nedeniyle kovuşturabilir.

Polis merkezine girince adamlar hemen birbirlerinden ayrılıp, sorgulama için farklı odalara alınırlar. Sorgulamayı yapan polis Adam ile Karl'ı ayrı ayrı bilgilendirir: İçlerinden biri sessiz kalırken diğeri suçunu itiraf eder ve ortağını ele verirse, itirafçı iki yıl hapis cezası alacak, diğeriyse kötü şöhretli bir hapishanede infaz edilmek üzere on yıl hapis cezası alacaktır. Her ikisi de itiraf ederse, muhtemelen üçer yıl hapis cezası alacaklardır.

Adam ve Karl için en iyi strateji hangisidir? Bir araya gelip gizlice anlaşabilmiş olsalardı muhtemelen ikisi de sessiz kalıp, izinsiz girişten bir yıl hapis yatmayı tercih ederlerdi. Fakat gizlice anlaşmaları mümkün olmadığı için her biri kendi seçeneklerini düşünmek zorundadır. Adam, "İtiraf edersem ya iki ya da üç yıllığına hapse girerim. Sessiz kalırsam ya bir yılımı hapiste geçiririm ya da on yıl yatarım," diye düşünür. Karl da tam olarak aynı şeyi düşünür. Birbirlerinden ayrıldıkları ve diğerinin ne yaptığı konusunda bir fikirleri olmadığı için her ikisi de muhtemel on yıllık hapis cezasından kurtulmak amacıyla suçlarını itiraf eder. Sonuçta ikisi de üç yıl yatar. Bu mantıklı sonuca dominant strateji denir.

İŞ HAYATINDA OYUN KURAMI

İşteki bazı kararlar da aynı mantığı izler. Küçük, izole bir kasabada sadece iki benzinci olduğunu ve birbirlerinin görüş alanının dışında bulunduklarını farz edin. Yasaya göre fiyatlarını sadece günde bir kez değiştirme izinleri vardır. Her firmanın iki fiyat seçeneği mevcuttur. Yüksek ya da düşük fiyat isteyebilirler. Geçmiş deneyimlerinden, her ikisi de yüksek fiyat istediklerinde her birinin 1000$ kâr ettiklerini bilmektedirler. Biri yüksek, diğeri düşük fiyat istediğinde yüksek fiyat isteyen istasyon 300$ kâr ederken düşük fiyat isteyen 1200$ kâr elde etmektedir. Her ikisi de düşük fiyat istediklerinde 750$ kâr elde etmektedirler.

Gizlice anlaşma fırsatları olsaydı her ikisi de hangi stratejiyi seçerlerdi? Gizli anlaşma düşünüldüğünde her ikisi de yüksek fiyat belirlemekte anlaşıp, günde 1000$ kazanırlardı. Gizlice anlaşmaları mümkün değilse ne yapmalıdırlar? Düşünüş yolu şöyledir: "Yüksek fiyat istersem ya 1000$ ya da 300$ kazanırım. Düşük fiyat istersem ya 1200$ ya da 750$ kazanırım." Firmalar birbirlerinin görüş alanının dışında oldukları ve ötekinin fiyatlandırma stratejisini bilmelerinin yasal bir yolu olmadığı için, en uygun eylem planları veya dominant stratejileri, en az 750$'ı garantileyip, 1200$ kazanma şanslarının da olduğu düşük fiyatı istemektir. Tıpkı tutuklunun açmazında olduğu gibi, oyuncular anlaşma imkânına sahip olmadıklarında mutlaka kârı maksimize etmesi gerekmeyen sonucu veren stratejiyi seçerler.

Tek seferlik bir oyun olan tutuklunun açmazı durumunun aksine, firmalar birbirleriyle her gün rekabet ederler. "Oyunu" defalarca oynama fırsatı olduğundan sonuçtaki duruma gizli anlaşma denir. Firmalar, kısasa kısas oyununu oynayarak nihayetinde her ikisinin de yüksek fiyat belirleyip, kârı maksimize edecekleri bir noktaya ulaşabilirler. Bu durum nasıl işler?

1. İlk gün her iki benzincinin de yüksek fiyat istediğini varsayın. Her ikisi de 1000$ kâr eder.
2. İkinci gün, istasyonlardan biri yüksek fiyat isterken, diğeri aldatıp, düşük fiyat ister ve 1200$ kâr eder.
3. Tahmin edileceği gibi üçüncü gün, diğer istasyon misilleme yapıp, fiyatını düşürür ve her biri 750$ kazanır.
4. Nihayetinde her iki istasyon da, yüksek fiyat verip, birbirlerini aldatmazlarsa uzun vadede her ikisinin de daha yüksek kârlar elde edeceğini anlarlar. Aldatırlarsa ertesi günkü ilave kârlarının, sonuç olarak ortaya çıkacak düşük kârları telafi etmeyeceğini öğrenirler.

FİYATLANDIRMA DAVRANIŞLARI

Para, Para, Para

İşletmeler, kârlarını artırmak için birçok fiyatlandırma (ve fiyat dışı) rekabetiyle uğraşırlar. Seçtikleri fiyatlandırma davranışları, içinde bulundukları piyasanın tipine, oligopol mü, tekel mi olduğuna bağlıdır.

FİYATLANDIRMA VE OLİGOPOLLER

Karşılıklı bağımlılık, oligopolistleri stratejik davranmaya iter. Oligopollerde meydana gelen stratejik fiyatlandırma davranışları, fiyat önderliğini ve fiyat savaşlarını içerir. Bu fiyatlandırma davranışlarına ek olarak, oligopoller, fiyat dışı rekabetle de uğraşırlar. Yine de, bu fiyat ve fiyat dışı davranışların amacı hep aynıdır, yani oligopolist firmaların kârlarının maksimize edilmesidir.

Fiyat Önderliği

Fiyatlandırma kararını, piyasanın geri kalanı için baskın bir firma aldığında, bu duruma fiyat önderliği denir. Bu kararlar, yeni fiyatın yürürlüğe girmesinden çok önce ilan edilir ve bu da gizli bir anlaşma olduğunu yansıtır. Sektördeki küçük firmalar, genellikle aynı şeyi yapıp, fiyat önderinin belirlediği fiyata uyum sağlarlar. Fiyat önderliği, firmalara, doğrudan fiyat üzerinden rekabet ettikleri durumdakinden daha yüksek bir fiyat yakalama fırsatını sunar. Tüketiciler, fiyat önderliği durumunda, firmaların kartel oluşturduğu duruma kıyasla daha iyi, yüksek rekabetin olduğu duruma kıyaslaysa daha kötü fiyatlar bulurlar.

Fiyat Savaşları

Firmalar, fiyat önderliği modelinin dışına çıkıp, birbirlerinin fiyatlarını düşürmeye başladıklarında fiyat savaşları meydana gelir. Kulağa kötü gelse de, süreç içinde rekabetçi fiyatlar oluşacağından fiyat savaşları, çoğunlukla tüketiciler için yararlı olur. Bazı firmalar, piyasanın bir kısmında fiyatlarını düşürebilmek için diğer kısmında fiyat yükseltmek suretiyle fiyat savaşlarını finanse etmekle suçlanmışlardır. Bir fiyat savaşı, firmalar bir kez daha gizli bir anlaşmaya varıp, fiyat önderliği modeline geri dönene kadar devam eder.

Ürün Farklılaştırması

Fiyat önderliği tarzında çalışırken firmalar, fiyatın aksine, ürün farklılaştırmasına dayalı rekabete girerler. Firmalar, kendi ürünlerinin farklılıklarını ve benzersizliklerini vurgulayarak pazar paylarını birbirlerinden çekip almaya çalışırlar. Tekelci rekabet piyasasında olduğu gibi, fiyat dışı rekabetle uğraşan oligopolistler, reklama yüklü miktarlar harcarlar. Örneğin, önemli Amerikan birası markaları, fiyat üzerinden rekabet etmeyip, birbirlerinden pazar payı kapabilmek için reklam yoluyla fiyat dışı rekabete girerler.

FİYATLANDIRMA VE TEKELLER

Tam rekabetle başlayan yelpazenin karşı ucunda tekel bulunur. İsminden de anlaşılacağı gibi tekel, tek bir satıcının egemen olduğu piyasadır. Birleşik Devletler'de tekellerin mevcudiyetine genelde izin verilmez ve hükümetin FTC'deki düzenleyicileri bunların oluşmasını engellemek için her şeyi yaparlar. Bu yasağın nedeni, tekellerin hem tüketiciler hem de piyasadaki olası rakipler için sorun yaratmasıdır. Tekellerin istenmediği gerçeğine karşın bazılarının var olması için birkaç iyi neden de vardır. Birleşik Devletler'deki çoğu tekelin varoluş nedenleri aşağıdaki gibidir:

- Ölçek ekonomileri
- Coğrafya
- Devlet koruması
- Devlet talimatı

Fiyat Artışları

Rekabetçi bir firma bütün rekabeti ortadan kaldırdığında tekel meydana gelir. Kilit kaynakların kontrolünün ele geçirilmesi, şirket birleşmeleri ve hatta hükümetin de bir parça yardım etmesiyle, önceden rekabetçi olan firmalar kendilerini, imrenilecek bir tekelci pozisyonuna gelmiş halde bulabilirler. Bir tekel için tipik bir fiyatlandırma davranışı, fiyatları mümkün olduğu kadar artırmaktır.

John D. Rockefeller'ın Standard Oil Trust'ı, muhtemelen en tanınmış Amerikan tekelidir. Öz kaynağı kontrol etmekle, rekabeti satın almakla ve politik nüfuza sahip olmakla gücünün doruğunda bulunan Standard Oil, esas itibariyle Birleşik Devletler'deki tüm petrol üretimini kontrolü altında tutmuştur. Bu durum, Bay Rockefeller için iyidir çünkü onu dünyanın en varlıklı adamı haline getirmiştir fakat tüketiciler ve potansiyel rakipler için, Standard Oil Trust'ın doğurduğu sonuç, yüksek fiyatlar, verimsiz bir üretim ve piyasaya girişte belirgin engeller olmuştur. Sonunda Standard Oil Trust'ı yıkmak için Sherman Antitröst Yasası kullanılmış ve devlet, o tarihten beri başka tekellerin de oluşmasını önlemekte etkin bir rol oynamıştır.

Fiyat Ayrımcılığı

Rekabet olmadığı için tekeller, diğer firmaların iş yapmasını zorlaştırmak amacıyla fiyat ayrımcılığı yapabilirler. Fiyat ayrımcılığı, aynı mal ya da hizmet için farklı müşterilere farklı fiyatlar uygulama gücüdür. Örneğin, demiryolu tekeli, aynı miktarda yükü taşımak için farklı müşterilerden farklı fiyatlar isteyebilirdi. Günümüzde Clayton Antitröst Yasası sayesinde fiyat ayrımcılığı, genelde yasadışıdır.

Bazı fiyat ayrımcılığı biçimleri hâlâ mevcut çünkü kabul edilebilir olarak görülüyorlar.

Sinemaya son gidişinizde veya uçağa son binişinizde fiyat ayrımcılığından yararlanmış olabilirsiniz. Tiyatrolarda çoğunlukla yaşlı, öğrenci ve askeri personel indirimleri uygulanır. İş için seyahat edenlerle tatilciler, aynı uçuşlar için her ikisi de ekonomi sınıfında uçmalarına rağmen çoğunlukla çok farklı bilet fiyatları öderler. Bu nasıl olur da, havayollarının yanına kâr kalır? Bu savunulabilir çünkü tatilcilerle iş seyahatine çıkanların uçak bileti için talep esneklikleri farklıdır. Tatilcilerin bilete talepleri esnektir çünkü seyahatlerini aylar öncesinden ayarlayabilirler ve çoğunlukla geri ödenmeyen biletleri tercih ederler. İş seyahatine çıkanların talepleri o kadar esnek değildir, o yüzden geri ödemeli biletler için daha yüksek bir fiyat ödemeyi ve biletleri kısa süre içinde ayırma ayrıcalığına sahip olmayı tercih ederler. Temelde aynı bilet için farklı fiyatlar uygulamaya izin verildiğinden havayolu şirketi, bilete ihtiyacı olanlarla bilet isteyenler arasında daha iyi bir bilet dağılımı yapabilir.

TEKEL (MONOPOL): İYİ, KÖTÜ, ÇİRKİN

Sadece Bir Masa Oyunu Değil

Monopol (tekel) her zaman kötü bir şey değildir. Ama her zaman iyi bir şey de değildir. Tekel bazen düpedüz çirkindir, tabii bir tekelin gururlu asıl patent sahibi değilseniz. Tekelin var olmasına izin verilirse bu, iyi bir sebebi olmasındandır. Yine de, sebebi iyi olsa bile tekellerin bazı olumsuz etkileri olabilir. Tarih, tekellerin denetimsiz bırakıldıklarında ekonomiye zarar verebildiklerini göstermiştir.

İYİ

İyi tekeller, üretilen çıktının (mal, madde, hizmet) tipine bağlı olarak çeşitli biçimlerde olurlar.

Doğal Tekel

Bunlardan ilki, doğal tekeldir. Fabrika büyüdüğü için ortalama üretim gideri düştüğü zaman ölçek ekonomileri mevcut olur. Ölçek ekonomileri üretimin tek bir üretici tarafından yapılmasını teşvik ettiğinde doğal tekel var olur. En yaygın şekilde sözü edilen doğal tekel örneği, size kullandığınız elektriği satan üretim ve dağıtım şirketidir. Doğal tekeli teşvik eden elektrik santrallerinin bir özelliği, santralin boyutu büyüdükçe elektriğin kilovat saat maliyetinin düşmesidir. Küçük bir jeneratörünüz olabilir. Evinizin elektrik ihtiyacını karşılamak için kullanacağınız bu jeneratörün veya birkaç küçük jeneratörün işletme masrafını düşünün. Şimdi bir şehirdeki her hanenin kullanacağı birkaç taşınabilir jeneratörün masrafını düşünün. Jeneratörlerin topluma getirdiği toplam sabit masraf epeyce yüksektir, benzinli veya mazotlu jeneratörlerin değişken işletme gideri ise astronomik olur.

Bu durumu, şehrinizdeki mevcut durumla kıyaslayın. Bütün şehrin elektriğini çoklu jeneratörler yerine çok daha düşük bir maliyetle termik santraller üretebilir. Kamu hizmeti veren kurumların tekel olduklarını hatırlayın. Bu kurumları elektriğe tekel fiyatı uygulamaktan alıkoyan nedir? Hükümetler, kurumların elektrik tüketicilerine uygulayabilecekleri fiyatları düzenler. Hükümet, fiyatları denetim altında tutmakla, kurumun üretimden muhasebe kârı sağlamasına imkân tanırken düşük maliyetli üretimi teşvik eder.

Teknolojik Tekel

Teknolojik tekel, bir diğer teşvik edilen tekel biçimidir. Bir firma yeni bir ürün ya da yöntem icat edip, patent koruma hakkı aldığında firma, bu belirli ürünün teknolojik tekelcisi haline gelir. ABD Patent ve Marka Ofisine göre, patent koruması, ilk başvuru tarihinden itibaren yirmi yıl süresince devam eder. Bu süre içinde, başka bir firma bu teknolojiyi geliştiremez veya ithal edemez. Patent sahibi, teknolojiyi geliştirebilir veya bu teknolojiyi geliştirme haklarını yasal tekelci olarak faaliyet gösterecek başka bir firmaya satabilir.

Patent koruması esnasında patent sahibi, bir tekelci olarak, tekel fiyatı uygulayıp, ekonomik kârlar elde edebilir. Tekel fiyatları, rekabetle oluşan fiyatlardan yüksekse bu neden teşvik edilir? Patent koruması yeniliği, icatları ve araştırma-geliştirmeyi teşvik eder. Koruma olmadığı takdirde, firmaların, hiç yatırım yapmadan komşu firmanın sadece ürünü kopya ederek kâr sağlayabileceğini bilerek milyarlarca dolar yatırım yapmak için pek sebepleri kalmaz. Amerikalı ve Avrupalı ilaç firmalarının, hayat kurtaran birçok ilaç geliştirmeleri, patent koruması ve tekel kârları sayesindedir. Patent koruması olmadığı takdirde ilaç endüstrisinin araştırmaları sürdürmek için pek nedeni kalmaz.

KÖTÜ (?)

Bazen devlet de mal ya da hizmet sağlamak için piyasaya müdahil olur. Devlet tekelinin bir örneği, ABD Posta İdaresidir (USPS).

ABD Posta İdaresi'nin Tekeli

Başka teslimat şirketleri de varken USPS'in neden bir tekel olarak görüldüğünü merak edebilirsiniz. Ya UPS ile FedEx? Sadece USPS'in bir kâğıda yazılıp, kâğıt bir zarfta verilen "mektubu" teslim etme yetkisi vardır. UPS ile FedEx, paket teslimi hizmetini verirler, o paket, bir kâğıda yazılıp, yassı kâğıt karton bir zarfta verilmiş bir mektup bile olabilir.

Devlet tekelinin diğer örnekleri arasında yürütme organının çeşitli departmanları ve acenteleri bulunur. Yaptıkları ve sağladıkları şeylerin büyük çoğunluğunu özel sektör de yapabilir fakat birçok nedenden ötürü devlet, bunları devletin fonksiyonları olarak saymıştır.

Devlet tekellerinin lehinde ve aleyhindeki tartışmalar çoğunluk itibariyle felsefi zemindedir. Birçok muhafazakâr ve özgürlükçü kişi, devletin savurgan ve verimsiz olduğu gerekçesiyle, özel kuruluşların işlevlerini yerine getirmesine karşı çıkarlar. Daha popülist bakış açısına sahip olanlar ise, devletin daha tutumlu ve daha verimli olduğu gerekçesiyle özel kuruluşların bazı işlevlerini devletin yerine getirmesini bir ihtiyaç olarak görme eğilimindedirler. Siz karar verin.

ÇİRKİN

Katıksız, denetimsiz tekel çirkindir. Bir mal ya da hizmetin yegâne sağlayıcısı olan bir firma, rekabeti önleyebilir. Tüketicinin ödeyeceği her fiyatı uygulayabilir. Topluma en zararlı olan tekel budur. "Ganimet galibindir," denebilse de, tekelci hale gelen bir zamanların rekabetçi firmaları, kurallarla kontrol altına alınmalı ya da rekabetçi şirketler halinde parçalara ayrılmalıdır. Rekabet, çeşitli mal ve hizmetleri, üretim giderlerini isabetli bir şekilde yansıtan rekabet fiyatlarıyla tüketiciye sunarak topluma yararlı olur. Katıksız tekel, bu durumun tersidir. Katıksız tekel, bir malı, gerçek üretim maliyetini hiçbir şekilde yansıtmayan bir fiyatla piyasaya sürmek demektir.

De Beers'in elmas tekeli, kötüye gitmiş bir tekelin klasik örneğidir. Gücünün doruğundaki De Beers, kurallarını elmas sektörüne zorla kabul ettirmiştir. Kaynağı kontrol ederek toptancıları ve kesicileri kendi taleplerine uymaya zorlamak suretiyle aldatıcı bir kıtlık görüntüsü yaratmış, sonuçta elmas piyasası De Beers'in 100 yıldan fazla süredir ekonomik kârlar elde etmesini sağlamıştır. Şimdi duyduğunuz tiksintiyle elmaslarınızı satmadan önce, elmas almanız için baskı görmediğinizi hatırlamalısınız. Elması aldınız çünkü yararı bedelinden ağır basıyordu. Alıcının sorunu, bu bedelin ne kadarının De Beers'in kârı olduğunu bilmemesidir.

DEVLET PİYASADA: TAVAN FİYATLAR VE TABAN FİYATLAR

Ama Niyetleri İyiydi

Zaman zaman halk, devletin piyasaya müdahil olması ve pazarda algılanan yanlışları düzeltmesi için talepte bulunur. Bu sık sık beklenmeyen sonuçlara yol açar. İnsanların teşviklere nasıl karşılık verebileceği göz önüne alınmadığında iyi niyetli politikalar doğru yoldan sapabilir. İnsanlar, insan gibi davranmayı bırakmayacakları için hükümetler, hareketlerinin ters dürtüler yaratıp yaratmayacağını hesaba katmak zorundadır. Benzer şekilde, piyasanın mal tedarik edemediği ya da fiyatları doğru tayin edemediği zamanlar da vardır. Bu durum, teşvikleri piyasanın daha iyi işleyeceği şekilde sağlamak ya da yeniden yönlendirmek için devletin müdahale etmesini gerektirir. Hükümetlerin kullandığı iki yaklaşım, tavan fiyat ile taban fiyattır.

TAVAN FİYATLAR

1970'lerin başlarında, Amerika, giderek artan gıda fiyatlarıyla karşılaştı. Sonuç olarak, halk, devletin piyasaya müdahil olup, artışları durdurması için feryat etti. Hükümet, sorunun kaynağına ineceği ve bu konuda bir şey yapacağına, semptomları tedavi etmeye kalktı. Nixon hükümeti, ailelerin çilesini hafifletme gayretiyle fiyat kontrollerini yasalaştırdı. Bu tür bir fiyat kontrolü, gıda maddelerine uygulanan etkin bir tavan fiyattı. Perakendeciler, hükümetin şart koştuğu tavanın üzerinde bir fiyat uygulayamadılar.

Tavan fiyat, bir mal, hizmet ya da öz kaynak için belirlenen azami yasal fiyattır. O zamanlar, teori, hükümet gıda maddeleri üzerinde bir tavan fiyat uygularsa fiyatların yükselişinin duracağı ve herkesin istediği gıda maddesini istediği fiyata alacağıydı. Elbette bu, insanların insan gibi davranmadığını varsayar. Fiyatların arz talep dengesinin sonucu olduğunu hatırlayın. Ayrıca bu iki gücün tamamen insan tabiatı tarafından şekillendirildiğini de unutmayın.

Tüketici davranışını yönlendiren talep kanunu, fiyatlar düştükçe tüketicilerin satın alma dürtüsünün artacağını, fiyatlar yükseldikçe satın alma dürtülerinin azalacağını söyler. Üretici davranışını yönlendiren arz kanunu, fiyatlar yükseldikçe üreticilerde daha fazla üretme dürtüsü olacağını, fiyatlar düştükçe daha az üretme dürtüsüne sahip olacaklarını söyler.

Gıda piyasasında tavan fiyatın etkisi nedir? Teşviklere bakalım. Tavan fiyat, tüketicileri satın almaya teşvik eder ama üreticilerin üretme hevesini kırar. Halihazırda etin yarım kilosunun 5$'dan satıldığını farz edin. Tüketiciler fiyatı çok yüksek bulurlar ve hükümetin yarım kilo et için 3$ tavan fiyat uygulamasını talep ederler. Temsilciler, senatörler ve başkanlar tekrar seçilmek istedikleri için tüketicilere hitap edip, tavan fiyat uygulamasını yürürlüğe koyarlar. 3$'lık fiyat, tüketicilere daha çok almaları için işaret verirken üreticilere daha az üretmeleri için işaret verir. Tavan fiyatın sonucu yarım kilosu 3$ fiyatlı etin yetersizliğidir. Bu fiyattan ete olan talep etin arzından daha fazladır. Tüketiciler 3$'lık tavan fiyatı elde etmişler ama birçok tüketici hiç et alamamıştır.

Fiyat Denetimleri Neden Etkisizdir?

Fiyat denetimleri, çeşitli nedenlerle etkisizdir. Hesaba katmaya değer bir neden, gözetim ve yaptırım ihtiyacının artmasıdır. Bu da, hiç de ucuza gelmeyen devlet bürokrasisinin artması demektir. Artan devlet harcamaları, daha çok vergiye ya da daha çok borçlanmaya eşittir.

Sonunda Amerika fiyat denetiminden vazgeçti fakat altında yatan enflasyonu kontrol altına almak on yıl sürdü. Bugün bile insanların, hâlâ hükümetin çeşitli malların fiyatlarına sınır getirmesini talep ettiklerini duyarsınız. 2007'de insanlar benzine fiyat sınırı getirilmesini istiyorlardı. İnsanlar, insan gibi davranmayı sürdürürler ve hâlâ düşük fiyatlar isterler. Hükümetin ve tüketicilerin, geçmişin hatalarından ders alacak kadar akıllı olup, piyasayı kontrol etme girişimlerinin istenmeyen sonuçlar getirdiğini kavramalarını isterdim.

TABAN FİYATLAR

Arz ve talebin temel ilkelerini göz ardı edenler sadece tüketiciler değildir. Üreticilerin de taban fiyat istedikleri zamanlar olur. Taban fiyat bir mal, hizmet ya da öz kaynağa uygulanabilecek asgari yasal fiyattır. Muhtemelen en iyi bilinen taban fiyat, asgari ücrettir. İşgücü piyasasında bu öz kaynağı haneler arz ederken işletmeler talep eder. Vasıfsız işçi nüfusunun yoğun olduğu bölgeleri temsil eden politikacılara çoğunlukla asgari ücretin artırılması konusunda baskılar gelir. Asgari ücretteki bir artışın haklı gerekçesi olduğuna çünkü işverenlerin daha yüksek ücret ödeyip, aynı işçi sayısını muhafaza edeceklerine inanılır. Oysa bu, ancak insanların insan gibi davranmadıklarını varsaydığınız takdirde yürür.

Örneğin, seçmenlerden gelen baskı sonucu büyük bir şehrin belediye meclisinin asgari ücreti federal standardın üzerine, saati 10$'a çıkardığını farz edin. Ayrıca, şehir içindeki yoksul semtlerde denge ücretin saat başına 8$, banliyöde ise saat başına 11$ olduğunu da varsayın. Şehir içinde ne olur, banliyölerde ne olur? Şehir içinde daha fazla üretici (işçi) işgüçlerini yüksek fiyattan arz etmek isteyecek fakat daha az sayıda tüketici (işveren) bu işgücünü yüksek fiyattan almak isteyecektir. Sonuçta vasıfsız işçi fazlalığı, yani işsizlik ortaya çıkar. Banliyölerde, denge ücret 11$ olduğu için asgari ücret artışının etkisi olmaz. Sonunda, işlerini koruyabilen yoksullara yardımcı olma niyetindeki politika, işten çıkarılıp, işgücü piyasasına girerek saati 10$'a iş arayanların işsiz kalmasıyla sonuçlanır.

İlginç bir şekilde, asgari ücretin artırılmasını en çok savunanlar, çoğunlukla artıştan en çok zararı görenler olur. Artık politikacılar bunu öğrenmiştir, dolayısıyla çoğu zaman asgari ücretteki artışları, yeni asgari ücretin vasıfsız işçinin ortalama denge ücretinden az olmasını sağlayacak şekilde yapacaklardır. Örneğin, vasıfsız işçi için piyasadaki ortalama denge ücret saat başına 8$ ise, politikacılar, ekonomiye çok az etkisi olduğunu bilerek asgari ücreti memnuniyetle 6$'dan 7,5$'a çıkaracaklardır. Buna rağmen, asgari ücreti "yükselttikleri" için bunu övünülecek bir başarı olarak göreceklerdir.

DEVLET PİYASADA: VERGİLER VE SÜBVANSİYONLAR

Hayatta Kesin Olan Pek Az Şeyden Birkaçı

Devlet, işletmeleri kıskandıran bir güce sahiptir. Bu, ödemeye mecbur tutma, yani vergilendirme olarak bilinen güçtür. Verginin tersi sübvansiyondur. Sübvansiyon, destek olmak amacıyla devlet tarafından bir sektöre ya da işletmeye para verilmesidir. Devlet, vergilerle sübvansiyonları sadece geliri artırmak ya da yeniden dağıtmak amacıyla değil, insanların dürtülerini şekillendirmek ve piyasayı değiştirmek için de kullanır.

VERGİLENDİRME PİYASAYI NASIL ŞEKİLLENDİRİR?

Bütün etkin hükümetlerin elinde vergi gücü vardır. Vergiler, mikro-ekonomik politikanın bir aracı olarak kullanılabilirler. Örneğin, hükümet, belli bir ürünün üretimini düşürmek isterse üreticiye vergi uygulayabilir. Bu, üretim giderlerini yükseltir ve piyasadaki arzı düşürür. İçsavaş'tan önce, ulusal bir para olmadığı için binlerce değişik para dolaşımdaydı. Savaş, ulusal bir para dürtüsü yarattı. Kongre, yeni doların başarısını garantilemek için tüm diğer para cinslerine vergi uyguladı böylece onların ortadan kalkmasını sağladı. Nasıl mı? 1$ size 1,5$'a patlasaydı tedavüle dolar çıkarır mıydınız?

Hükümet, vergilendirmeyi, üretimi düşürme amacı gütmeden geliri yükseltmek için de kullanabilir. Örneğin, pahalı mal ve hizmetlere uygulanan lüks tüketim vergileri, piyasayı etkilemesi gerekmeksizin geliri yükseltir. Pahalı bir otomobil alacaksanız, 500.000$ mı yoksa 501.000$ mı harcayacağınız, kararınızı pek değiştirmez.

"Günah" vergisi (sigara ve alkol gibi gereksiz fakat popüler ürünlere uygulanan vergiler) denilen vergilerin amacı, gelir yaratmak olduğu kadar (yasadışı olmadığı halde) sakıncalı görülen ürünlerin tüketimini de düşürmektir. Bu tür ürünlere uygulanan yüksek vergiler, bu ürünlerin karaborsasına yol açabilir (bu konuda kitabın ileriki bölümlerinde daha fazla açıklama bulacaksınız).

SÜBVANSİYONLAR PİYASALARI NASIL ŞEKİLLENDİRİR?

Hükümet, sübvansiyonları belli mal ve hizmetlerin üretimini caydırmak yerine teşvik etmek için kullanır. Sübvansiyonların etkisi, mal ve hizmetlerin arzını artırıp, fiyatını düşürmek şeklinde olur. Birçok çiftçi ve hayvan yetiştiricisi, devlet tarafından sübvanse edilir. Çiftlik ürünlerini sübvanse etmek, daima yeterli miktarın üstünde gıda maddesi bulunmasını garantiler ve yerli çiftlik ürünlerinin ihracatında fiyat üstünlüğü sağlar. Bazen, çiftlik sahipleri, *üretmemeye* teşvik etmek için sübvanse edilir. Bu, tarım ürünlerinde fiyatları suni olarak yüksek tutmak (bu, çiftçiler için iyi, tüketiciler için o kadar iyi değildir) için suni bir üretim azalması sağlar. Çiftlik sübvansiyonlarını eleştirenler, bunun verimsizlik yarattığını ve kıt kaynakların yanlış dağılımına sebep olduğunu öne sürmektedir.

Sübvansiyonlar Rekabeti Engeller

Birçok yoksul ülkenin bel bağladığı esas ihraç malı, tarım ürünleridir. Dünya Ticaret Örgütü'nün görüşmelerinde uzlaşmayı engelleyen çekişmeli bir konu, sanayileşmiş ülkelerin, yoksul ülkelerden kendilerini serbest ticarete açmalarını istemelerine rağmen kendilerindeki tarım sübvansiyonlarına son vermemeleridir. Bu sübvansiyonlar, yoksul ülkelerin zengin ülkelerle rekabet etmesini zorlaştırmaktadır.

Devlet sübvansiyonlarının büyük çoğunluğu tarımla ilgili olmasına rağmen hepsi de değildir. Örneğin, ihracat sübvansiyonları yerli piyasaların uluslararası arenada rekabet etmelerini sağlar. Kalkınma sübvansiyonları, üreticileri belirli coğrafi alanlara yerleşmeye teşvik eder.

Bazı devlet destekleri dolaylıdır (vergi muafiyeti ve düşük faizli kredi garantisi gibi) ama yine de ekonomi politikalarını uygulamak ve piyasayı etkilemek için kullanılırlar. (Vergi sübvansiyonları, gelir vergisi kanununun bu kadar karmaşık olmasının sebeplerinden biridir.)

Üniversite Kredisi ile Sübvansiyon

Bazı ekonomistler, üniversite öğrencilerinin kredi ve burslarla sübvanse edilmesinin sorunun çözümü değil parçası olduğunu iddia etmektedirler. Mali yardım sistemi iyi niyetle olsa da, üniversitelere talebi artırmaktadır. Bildiğiniz gibi, talep artışı fiyat artışlarına yol açar.

Diğer sübvansiyonlar, üreticiler yerine tüketicilere yönlendirilmiştir (dar gelirliler için kira desteği gibi). Tüketici sübvansiyonları, arz/talebi etkilemekten ziyade zarar görenleri korumayı amaçlar fakat bu destekler piyasayı da etkiler.

TÜKETİCİ SÜBVANSİYONLARI VE KARABORSA

Karaborsa, yasadışı ticaretin oluşmasını sağlar. İhtiyaç sahibi ailelere yapılan gıda yardımları bile karaborsa faaliyetlerine maruz kalır. Gıda yardımı alanların bir kısmı, 1$ nakit karşılığında 2$'lık gıda yardımını başkalarına vermeye hazırdır. Bundan yararlanırlar çünkü artık canlarının istediğini almakta özgürdürler. Satın alan da bakkaliye malzemelerini yarı fiyata almakla yarar sağlar. Sistemdeki sorun, verimsiz olması ve gıda yardımı alıcılarına fayda getirmemesidir. Bir nakit ödeme sistemi içerisinde vergi mükellefi kazançlıdır çünkü aynı değerdeki hizmeti maliyetinin çok altında verir. Alıcı da kazanır çünkü bakkaliye malzemelerini, gıda puluyla ödemek gibi utanç verici bir durumla karşılaşmadan alabilir ve isterse daha çok önem verdiği başka bir şeyi de satın alabilir.

Bu tür bir sisteme karşı çıkılmasının nedenlerinden biri, bazılarının gıda yardımıyla yiyecek almak yerine sigara, alkol hatta uyuşturucu alabilmeleridir. Şu örneği düşünün: Gıda yardımı alan bir kişinin aynı zamanda sigara bağımlısı olduğunu varsayın. 100$'lık gıda pulu alıp onları anında karaborsada satar, böylece 50$'lık sigara alabilir. Sonuçta 50$'lık sigarası vardır fakat yiyecek bir şeyi yoktur. Şimdi gıda yardımı alan birinin 100$'ı nakit olarak aldığını farz edin. Bunun 50$'ıyla sigara alır fakat hâlâ yiyecek almak için 50$'ı kalmıştır. Şimdi o da, vergi mükellefi de daha iyi durumdadır. Ayrıca nakit ödeme sistemi, karaborsayı ortadan kaldırır ve uygulaması çok daha ucuzdur.

PİYASA BAŞARISIZLIKLARI

Gel Vatandaş Gel, Yetişen Alıyor!

Piyasa bazen gerekli mal veya hizmeti sağlayamaz ya da fiyatını isabetli tayin edemez. Ekonomistler, bunu piyasa başarısızlığı olarak adlandırırlar. Devletin bu duruma müdahale etme kapasitesi ve çeşitli baş etme yöntemleri vardır.

KAMU MALLARI

Bazen piyasa insanların istediği bir mal ya da hizmeti sağlayamaz. Bir mal, rakipsiz ve hariç tutulamayan bir malsa serbest piyasa muhtemelen onu sağlamayacaktır.

- Bir mal ya da hizmeti bir kişinin tüketmekte olması başka birinin tüketmesini engellemiyorsa o mal ya da hizmet rakipsizdir. Örneğin, sinema salonunda başka bir kişinin daha bulunması sizin o hizmeti almanızı engellemez, tabii eğer o kişinin kucağında ağlayan bir bebek yoksa. Bir şeker, rakipli mala örnektir. Şekeri siz yiyorsanız başkası yiyemez.
- Eğer bir malın üreticisi, kullanmak için ödeme yapmak istemeyenlerden onu esirgeyemiyorsa bu mal hariç tutulamayan bir maldır. Umuma açık yollar, rakipsiz, hariç tutulamayan mallar/hizmetlerdir. (Sinema, rakipsiz fakat hariç tutulabilen bir mala/hizmete örnektir.) Özel bir şirketin kendi cebinden karşılayıp, umuma açık bir yol yapmak için pek sebebi yoktur. Demek ki, bu tür malları sağlamak, devlete kalmaktadır.

OLUMLU DIŞSALLIK

Bazen bir mal ya da hizmetin üretimi, üreticisi de tüketicisi de olmayan başka birine dışsal ya da amaçlanmamış bir yarar doğurur.

Bu tür bir dışsal yarar, olumlu dışsallık olarak adlandırılır. Tipik bir Amerikan semtinde yaşadığınızı düşünün. Komşunuz, evinin değerini belirgin biçimde artıracak şekilde bahçe düzenlemesi ve evde tadilat yaparsa bundan siz de yararlanırsınız. Sizin evinizin de değeri artar ama siz bu artışı sağlayacak bir harcama yapmamış olursunuz. Grip aşıları da olumlu dışsallık yaratırlar. Gribe yakalanma endişesi duyuyorsanız doktora gider ve grip aşısı olmak için ödeme yaparsınız. Grip aşısı olma kararınız, çevrenizdeki kişiler için dışsal yararlar oluşturur. Onlar bunun için ödeme yapmamış olmalarına rağmen sizin bağışıklığınız, onların da bu hastalığa yakalanma ihtimallerini düşürür. Ekonomistler bu kişilere bedavacı derler.

Bir mal ya da hizmetin üretimi olumlu bir dışsallık yaratır ama bu asla yeterli olmaz. İstenilen mal ya da hizmeti artırmak için devlet, onun üretimini desteklemeyi tercih edebilir. Hükümet, devlet okullarını bu nedenle sübvanse eder. Özel okullar var olsa bile, tüm nüfusu eğitmeye yetecek kadar çok sayıda özel okul yoktur. Eğitimli bir nüfus, olumlu dışsallık yaratır, o yüzden devlet bütün çocukların eğitimini sübvanse eder. Amerika'daki işletmeler işçilerine çalışanlar için hazırlanmış elkitaplarını okumayı veya çalışanların karşılarına çıkan matematik problemlerini çözmeyi öğretmek zorunda değillerdir.

OLUMSUZ DIŞSALLIK

Bir mal ya da hizmetin üretimi veya tüketimi topluma dışsal maliyetler getirdiğinde olumsuz dışsallık meydana gelir. Çevre kirliliği, üretim sürecinin olumsuz dışsallığına bir örnektir. Örneğin, bir ayakkabı imalatçısı, ayakkabı üretir fakat aynı zamanda fabrikadan salınan hava kirliliğini de oluşturur. Firma, müşterilerine ayakkabıları satar fakat ayakkabı fiyatında kirliliğin maliyeti hesaba katılmaz. Fabrikanın yakınında yaşayan insanlar, üretim maliyetinin bir kısmını kirlilik şeklinde üstlenirler fakat fabrikanın ürettiği ayakkabılar için bir ödeme almazlar. Bir firmanın üretimi olumsuz bir dışsallık yarattığında üretilen maldan çok fazlası vardır. Bunun gibi bir durumda, devlet, ürettiği ayakkabıların ve kirliliğin miktarını azaltması için üreticiye vergi uygulayabilir.

KARABORSA

Hükümet ne zaman fiyatları kontrol etmeye çalışsa ya da arz ve talep güçlerine müdahale etse karaborsa (yasadışı ticaret) ortaya çıkar. Bir ürün arz ve talep edildiği zaman piyasalar oluşur. Ürünün ne olduğunun önemi yoktur. Biri bir şey yapar ve insanlar da onu isterse onun piyasası oluşur. Ayrıca devlet fazlalık ya da eksiklik yaratırsa birtakım girişimci kişiler işe karışıp, devleti alt etmenin ve piyasayı dengelemenin yolunu bulacaktır.

Tavan Fiyatların Bozulması

Devlet bir azami fiyat belirlediğinde mal ya da hizmette bir eksiklik oluşur. Piyasa, bu eksikliğe çözüm bulur. New York şehrinde, başlangıcı İkinci Dünya Savaşı'na dayanan bir kira denetim sistemi hâlâ yürürlüktedir. Sonuç olarak çok beğenilen apartman daireleri aşırı düşük fiyatlarla kiralanabilir. Fakat çok az sayıda düşük fiyatlı daire mevcuttur. Kayda değer geliri olan kişiler bu dairelerin bir kısmını kiralamak isteyebilirler ama bunu yasal biçimde yapamazlar. Piyasa buna karaborsada devren kiralama şeklinde tepki vermiştir. Kira denetiminden yararlanan bir kiracı geri dönüp, bu daireyi çok daha fazla (ama yine de ortalamadan düşük) kira ödemeye hazır birine devren kiralar. Gönüllü ticaretin varlık yarattığını unutmayın, dolayısıyla ilk kiracı da yeni kiracı da bu alışverişten fayda sağlar. Ayrıca ev sahibi de devren kiralamadan önceki halinden daha yoksul değildir. Bununla birlikte, New York belediyesi bu yasadışı kiralamaları takip eder. Şehir her sene, bu fiyat denetim sistemini uygulamak için kıt öz kaynaklarını kullanır. Bunun çözümü, kira denetimini kaldırıp, kira bedellerini piyasanın belirlemesine izin vermektir.

Spor etkinlikleri de, fiyat denetimlerinin yarattığı etkisiz sonuçlara örnektir. Bir etkinliği izlemeyi kim daha çok ister, 50$ ödemeye hazır olan mı, 1000$ ödemeye hazır olan mı? Bilet fiyatları sınırlandırılmış olunca daha fazla ödemeye hazır olanlar, aslında etkinliği izlemekten daha az fayda sağlayacak olan kişilerle rekabet etmeye mecbur kalırlar.

Taban Fiyatların Bozulması

Taban fiyatları bozmak için de piyasalar oluşur. Asgari ücretten daha düşüğe çalışmaya hazır işçiler, sözleşmeli işçi olarak veya yasadışı nakit ödeme alarak çalışmaya başvurabilirler. İşçilerin düşük ücretleri kabul etmeye zorlanmaları veya sınır dışı edilme durumuyla karşılaşmaları ne karşılıklı olarak yarar getirir ne de buna gönüllü olurlar. Bir işlemin taraflarından biri, bu işlemde yer alıp almayacağını seçmekte özgür değilse istismar baş gösterir. İşlemin gönüllü yapıldığı varsayıldığında hem işçi hem de işletme fayda sağlar. İşlem her iki taraf için de faydalı değilse gerçekleşmez.

MALİ PİYASALAR VE BORÇ VERİLEBİLİR FONLAR TEORİSİ

Perdenin Arkasındaki Nedir?

Haberlerde birileri, "Dow Jones Sanayi Endeksi Ortalaması, yoğun alış satış sonucu günü 30 puan yukarıda kapadı. S&P 500 de yükseldi. NASDAQ karıştı. Fed'in yakın gelecekte sıfıra yakın faiz oranlarını koruyacağını açıklaması üzerine yabancı piyasalar düşükten açıldı. On yıllık hazine bonolarının getirisi düşerken birçok tahvil gerilediği için özel sektör tahvillerinin değeri düştü," dediğinde neden bahsettiğini hiç merak ettiniz mi?

Eğer *Wall Street Journal* veya *Financial Times*'a aboneyseniz ya da CNBC, Bloomberg veya Fox Business kanalını düzenli olarak izliyorsanız muhtemelen bu jargonu anlarsınız. Oysa diğer birçok Amerikalı gibiyseniz mali piyasalar sizin için tam bir muammadır. Çok karmaşık görünseler de mali piyasalar, parası olanlarla para isteyenlerin bir araya getirilmesi amacına hizmet ederler.

BORÇ VERİLEBİLİR FONLAR TEORİSİ

Ekonomistler, mali piyasaların ve gerçek faiz oranlarının nasıl belirlendiğinin anlaşılması için basit bir model önermektedirler. (Gerçek faiz oranının, enflasyon oranı hesaba katıldıktan/çıkarıldıktan sonra kalan nominal faiz tutarı olduğunu hatırlayın.) Ekonomistlerin ortaya attıkları birçok parlak fikir gibi bu model de tamamen hayalidir fakat mali piyasalarda neler olduğunu açıklamak için yararlıdır. Tanımladıkları varsayımsal piyasaya borç verilebilir fonlar piyasası denir. Bu piyasa "tasarruf sahipleri" ile "borçlananları" bir araya getirmek için vardır. Tasarruf sahipleri arz eder, borçlananlar ise talep eder. Gerçek faiz oranı, tasarruf edilen tutarın, borçlanılan tutara eşit olduğu noktada ortaya çıkar.

Arz kanununa göre, üreticiler, ancak daha yüksek fiyat tahsil edebildikleri zaman daha çok tedarik etmeye istekli olurlar çünkü giderek artan giderlerle karşılaşmaktadırlar. Borç verilebilir fonlar piyasasında fiyat, gerçek faiz oranıdır. Tasarruf sahipleri yani borç verilebilir fonların üreticileri, oran arttıkça daha çok fon, oran düştükçe daha az fon sunarak fiyata karşılık verirler. Borçlananlar, borç verilebilir fonların tüketicileridir; onların davranışları talep kanunuyla açıklanır. Faiz oranı yüksekken daha az isteklidirler ve daha az borçlanabilirler, faiz oranları düşükken daha isteklidirler ve daha çok borçlanabilirler.

Para Konuşur

Yatırım

Yatırım teriminin kullanımı, çoğunlukla ekonomiye yeni başlayanların kafasını karıştırır. Yatırım, ekonomide, fiziksel sermaye satın almak için borçlanma anlamına gelir. Konu menkul kıymetler ise, yatırımın anlamı büyük ölçüde tasarrufla aynıdır. Tasarruf sahipleri, borçlananların sermaye yatırımına girişebilmesi için gerekli fonları sağlayan mali yatırımlarla ilgilenirler.

Borç verilebilir fonlar teorisinin genişletilmiş bakış açısına göre, tasarruf sahiplerini aileler, işletmeler, devletler ve yabancı sektör temsil eder. Borçlananlar da yine aynı sektörlerdir. Ekonominin çeşitli sektörlerinin tasarruf ve borçlanma davranışlarındaki değişikliklerin sonucu, gerçek faiz oranında ve takas edilen borç verilebilir fonların miktarında olan değişikliklerdir. Örneğin, yabancı tasarruf sahiplerinin ABD'de daha çok tasarruf yapma kararı, ülke için daha düşük gerçek faiz oranı ve takas edilen daha fazla borç verilebilir fon miktarı şeklinde sonuçlanır. ABD hükümetinin borç alıp bütçe açığını kapatmaya çalışma kararı, borç verilebilir fonlara talebi artırır ve bu da daha yüksek gerçek faiz oranı ile takas edilen borç verilebilir fon miktarının artmasıyla sonuçlanır. Faiz oranı belirlemesine ilişkin borç verilebilir fonlar teorisi, uzun vadeli faiz oranlarındaki değişimleri anlamak için yararlıdır.

LİKİDİTE TERCİHİ

John Maynard Keynes'in likidite tercihi teorisi, kısa vadeli nominal faiz oranlarını açıklar. Keynes, faiz oranlarının belirleyicisi olarak tasarruf ve borçlanma davranışlarına bakmak yerine, kısa vadeli faiz oranlarının, tüketicinin likidite tercihinin veya nakit tutma eğiliminin fonksiyonu olduğunu öğretmiştir. Keynes'in teorisine göre, faiz oranlarının açıklanmasında borç verilebilir fonlar piyasasının aksine, para piyasası esastır.

Para piyasası, merkez bankasının para arz ettiği ve ailelerin, işletmelerin ve devletin çeşitli nominal faiz oranlarıyla para talep ettiği piyasadır. Merkez bankaları, faaliyetleri yasalarla düzenlenmiş tekeller gibi davranır ve faiz oranından bağımsız olarak para basarlar. Likidite tercihi, para talebidir. Yüksek nominal faiz oranlarında insanlar tercihen, tahvil gibi, faiz getiren ayni varlıkları tutarlar. Fakat faiz oranları düşünce insanlar nakdi varlık tutmayı tercih ederler çünkü bunu yaparken fazla bir faiz getirisinden fedakârlık etmiş olmayacaklardır.

Ekonomi Teorileri de Rekabet Eder

Faiz oranlarının belirlenmesi konusunda neden iki teori vardır? Ekonomistlerin, birçok ekonomik olay için rakip teorileri vardır. Faiz oranları, ekonomistlerin bakış açılarının farklılık gösterdiği birçok kavramdan biridir. Borç verilebilir fonlar teorisi, klasik ekonomiyle birlikte anılırken para piyasası teorisi, Keynesçi ekonomi ile bağdaştırılır.

Fed, yatırımı ve tüketimi teşvik etmek için nominal faiz oranlarını düşürmek isterse para arzını artırır, yatırım ve tüketimi kısmak için nominal faiz oranlarını yükseltmek isterse mevcut para arzını azaltır. Nominal gayrisafi yurtiçi hasıladaki artış veya azalışlar para talebinin artmasına veya azalmasına neden olur.

Fed'in para arzını sabit tuttuğu varsayılırsa para talebindeki artışlar daha yüksek bir nominal faiz oranıyla sonuçlanırken para talebindeki düşüşler, nominal faiz oranını düşürür.

PARA PİYASASI

Bir Patates Kızartması Bir de Hazine Bonosu Alayım Lütfen

Daha önce de tanımlandığı gibi para piyasası, merkez bankasının para arzında, ailelerin, işletmelerin ve devletin ise çeşitli nominal faiz oranlarıyla para talebinde bulunduğu yerdir. Firmalar, bankalar ve devlet, para piyasasından kısa vadeli finansman sağlayabilirler. Bir yıldan kısa vadeli menkul değerler (hisse senedi ve bono gibi finansal araçlar) bu piyasada bulunur.

FİNANSMAN BONOSU

İtibarı yüksek işletmeler, kısa vadeli bir borç senedinden başka bir şey olmayan finansman bonolarını çıkarıp, ihraç ederek para piyasasında kolayca borçlanabilirler. Örneğin, Behemoth Corporation müşterilerinden ay sonunda bir ödeme alacağını beklemekte fakat çalışanlarına o tarihten önce maaş ödemesi gerekmektedir. Bu durumda Behemoth Corporation, çalışanlarına ödeme yapmak için alacağı nakit karşılığında finansman bonosu ihraç edebilir. Müşteriler Behemoth Corporation'a ödeme yapar yapmaz şirket, finansman bonosunu elinde tutanlara geri ödemesini yapabilir. Finansman bonosu, şirketin, nakit akışını uzun vadeli bir borcun yapabileceğinden daha ucuza sağlamasına olanak verirken borç verenin de fazla nakdinden bir miktar faiz kazancı elde etmek için likit ve görece güvenli bir yol izlemesini sağlar.

Finansman bonosu teminatsız bir borçtur, yani herhangi bir tür sermaye payını temsil etmez ve karşılığında hiçbir maddi teminat sunmaz. Nakit akıştan geri ödemenizi alırsınız (verilen örnekte olduğu gibi müşteriler ay sonunda Behemoth Corporation'a ödemelerini yaptıklarında siz de baştaki yatırımınızla birlikte faizinizi geri alırsınız). Firma borcunu vadesinde ödemezse seçeneksiz kalıp sıkışırsınız. Bu, mahallenin tefecisini yollayıp, ofis mobilyalarına el koymaya benzemez.

İtibarı çok yüksek olmayan şirketler, alışılmış riskten daha fazlasını göze alan birini bulmak için daha yüksek faiz oranları ödemek zorunda kalırlar. Yüksek oranlı finansman bonolarına talep daha fazladır. Finansman bonoları genelde büyük miktarlar (örn. beher nüsha için 100.000$) halinde satılır, faiz vergilendirilebilir ve SEC (ABD Sermaye Piyasası Kurumu) bunların satışını düzenlemez. Para piyasası *fonlarının*, özel yatırımcılar (sizin ve benim gibi küçük adamlar) arasında popüler olmasının nedeni budur. Bunlar, riski birkaç farklı finansman bonosuna dağıtarak çeşitli kâğıtlara yatırım yapma imkânı sağlarlar.

HAZİNE BONOLARI

Şirketler gibi hükümetin de bazen yönetim çarklarının düzgün işlemesi için elinde bir miktar nakit bulundurmaya ihtiyacı olur. Bu durum oluştuğunda kısa vadeli nakit ihtiyaçlarını karşılamak için hazine bonolarını açık artırmaya sunar. Hazine bonolarının bir yıldan kısa olan vadeleri çeşitlidir. Yatırımcılar, hazine bonolarını severler çünkü bir yandan başka amaçlar için acilen nakde ihtiyaçları olması durumunda likiditelerini korurken risksiz faiz elde ederler. Hükümet de fayda sağlar çünkü hazine bonoları hükümete, devlet harcamaları için nakde kolay erişim sağlar, hangi hükümet kolayca erişilen nakdi sevmez ki?

İskonto Nasıl İşler?

Hazine Bonoları, nominal değere uygulanan bir iskonto ile satıldıkları için diğer devlet tahvili türlerinden farklıdır. Hazine bonolarının nominal değeri 1.000$'dır fakat alıcılar bundan daha az öderler. Nominal değer ile ödenen meblağ arasındaki fark, bir faiz ödemesini temsil eder. Örneğin, Zengin Adam 52 hafta vadeli 1.000$'lık hazine bonosunu 950$'a alırsa vade sonunda 50$ faiz alacaktır ki, bu da 950$'lık yatırımın % 5,26'sına eşdeğerdir.

FEDERAL FONLAR

Diğer işletmeler gibi bankalar da bazen, kasalarına tıktıkları nakitten daha fazlasına ihtiyaç duyarlar. Kısa vadeli finansman ihtiyaçlarını karşılamak için fed fonu olarak da bilinen federal fonları borç alıp verirler. Bankalar, yasal rezerv şartlarına uymak veya akdi takas bakiyelerini kapatmak için federal fon piyasasında birbirlerinden borç alabilirler. Para piyasasının bu bileşeni, bankanın likiditesini muhafaza edebilmesi için önemlidir. Ayrıca mevcut fazla rezervlerinin tümünü çalıştırarak getiri elde etmelerini teşvik edip, verimliliği artırır. Bankalar, rezervlerinin çoğunu merkez bankasında emanette tuttukları için bankalar birbirleri arasında rezerv bakiyelerini takas ederken bu federal fonların takası da anında gerçekleşir. Merkez bankası, fed fonu oranlarını değiştirerek bu piyasayı etkiler, bu oranlar bankaların federal fon kullanımı için birbirlerine uyguladıkları gecelik faiz oranıdır.

TAHVİL PİYASASI

Bu Bono Şarkı Söylemiyor!

Devlet ve firmalar, uzun vadeli finansman sağlamak için tahvil piyasasında borçlanabilirler. Yatırımcılar tahvil satın aldıklarında anapara artı faiz ödemesi alacakları beklentisiyle satıcıya borç vermiş olurlar. Tahvil piyasası, tahvil çıkaranlara yüksek meblağlar borç alabilmeleri için iyi bir imkân verir. Alıcıya ise, faiz geliri getiren görece sağlam bir finansal yatırım imkânı verir.

FEDERAL DEVLET TAHVİLLERİ

Muhtemelen iki tür tahvil size tanıdık gelir:

- Kuponlu tahviller nominal değerinden ya da ona yakın bir değerden satılır ve garantili faiz ödemeleri getirirler.
- Sıfır kuponlu tahviller, nominal değerinden iskontolu olarak satılır ve vade sonunda nominal değeri kadar getiri sağlarlar.

Her iki tür de, anaparalarını korurken faiz getirisi elde etmek isteyen kişiler için çekici yatırımlardır. Tahvilleri ikincil piyasada satabilme imkânı onları görece likit hale getirir ki, bu da yatırımcılar için önemlidir.

ABD hükümeti, vadeleri bir yıldan uzun olan çeşitli türden tahviller çıkarır. Federal bütçenin finansmanında başlıca kaynaklar Orta Vadeli Hazine Tahvilleri ve Uzun Vadeli Hazine Tahvilleridir.

- Orta vadeli hazine tahvilleri, vadeleri iki ila on yıl arasında olan orta vadeli tahvillerdir
- Uzun vadeli hazine tahvilleri, vadesi otuz yıl olan tahvillerdir.

On yıl vadeli hazine tahvilinin faiz oranı önemlidir çünkü hem şirket tahvilleri hem de mortgage için gösterge faiz oranı görevi görür. On yıl vadeli hazine tahvilinin faiz oranı dalgalandığı için şirket tahvili ve mortgage faiz oranları da dalgalanır.

Hazineye ilaveten ABD hükümetinin bağımsız kurumları da tahvil çıkararak borçlanabilirler. Hazine tahvillerinin geri ödeme garantisinden yoksun olmalarına rağmen kurum tahvilleri hükümet tarafından desteklenir ve böylece esas itibariyle garantili görülürler. Federal National Mortgage Association (Fannie Mae), Federal Home Loan Mortgage Corporation (Freddie Mac) ve Student Loan Marketing Association (Sallie Mae), faaliyetlerini finanse etmek için tahvil çıkaran tanınmış kurumlardır. Kurum tahvilleri, devlet tahvilinin güvencesinin yanı sıra daha yüksek faiz getirisi peşinde olan yatırımcılar için bir alternatif oluştururlar.

EYALET VE YEREL YÖNETİM TAHVİLLERİ

Eyalet yönetimleri ve yerel yönetimler de tahvil piyasasında borçlanabilirler. Belediye tahvilleri çoğunlukla okulları, yolları ve diğer kamusal projeleri finanse eder. Belediye tahvillerinde ödenen faiz, federal gelir vergilerinden muaftır ki, bu da bu tahvillerin yatırımcıya cazip gelmesini sağlar. Faiz vergiden muaf olduğundan belediye tahvillerinin yatırımcıyı çekmek için yüksek faiz ödemesi gerekmez. Sonuçta eyaletler ve yerel yönetimler, özel sektöre göre daha ucuza borç alabilirler.

ŞİRKET TAHVİLLERİ

Firmalar da şirket tahvili ihraç etmek suretiyle tahvil piyasasında borçlanabilirler. Şirket tahvilleri, firmaların bankadan finansman sağlamaksızın sermaye yatırımı için gerekli parayı bulmalarını sağlar. Şirket tahvilleri ayrıca, işletmelerin, şirket içindeki mülkiyetin etkisini azaltmadan fon elde etmesine imkân verir. Tahvillerin başlıca avantajı, şirketlere finansal kaldıraç temin etmesidir. Örneğin, eğer bir şirketin sermaye yatırımı için 1.000$'ı varsa ve %10'luk bir getiri bekliyorsa, şirket bu yatırımdan 100$ kazanır. Öte yandan firma 1.000.000$ borç alır ve yılda %10 getirisi olan sermaye yatırımı yaparsa kendi parasını riske atmadan 100.000$ kazanabilir. Firmaların tahvilleri geri ödemek için vergi koyma yetkisi olmadığından (bu yüzden de bazen borcunu ödeyemediğinden) yatırımcılar, riski telafi etmek amacıyla hazine ve belediye tahvillerine oranla daha yüksek faiz talep ederler.

TAHVİLLERİN RİSKLERİ

Tahvillerin olumsuz yönleri de vardır. Yatırımcılar, yatırım riskiyle, enflasyon riskiyle, faiz oranı riskiyle ve erken çağrı (erken çağrı, tahvilleri çıkaran kurumun onları beklenen vade sonundan önce geri çekmesi –tedavülden kaldırması– demektir) riskiyle karşı karşıya kalabilirler.

- Yönetimlerin veya firmaların borç aldıkları parayı ödeyememe ihtimalleri olduğu için bütün tahvil sahipleri yatırım riskiyle karşı karşıyadır.
- Bir tahvilin vadesi dahilinde enflasyon artarsa, enflasyon yatırımcının getirisini dengeler.
- Bir tahvilin vadesi dahilinde faiz oranları yükselirse, tahvilin değeri, gerçek getirisi yeni yüksek faiz oranına eşit olacak seviyeye kadar düşer. Bu, tahvil sahipleri için vadesinden önce satmaya çalışırlarsa anaparayı kaybedebilecekleri anlamına gelir.
- Bir tahvilin vadesi dahilinde faiz oranları düşüşe geçerse, tahvil çıkaran kurum eski tahvilleri dolaşımdan çekmeyi veya geri çağırmayı tercih edebilir ve düşük olan yeni faiz oranıyla yeniden finanse edebilir. Bu, tahvil sahipleri için vade sonunda alacak oldukları yüksek faiz getirisinde kayba uğramaları demektir.

Olası yatırımcılar, tahvillerin kalitesinin belirlenmesinde derecelendirme kuruluşlarına güvenirler. Moody's, Standard & Poor's ve Fitch tahvilleri "sağlam" seviyesinden başlayarak "plasman", "çürük" ve "temerrüt" seviyelerine kadar derecelendirirler. Bir tahvilin derecesi düştükçe ihraç eden, yatırımcıyı, ilave riski telafi etmek için daha yüksek bir faiz oranıyla ödüllendirmelidir. Derecelendirme kuruluşları tüketiciye çok yaralı bir hizmet ve çok gerekli bilgiler sağlar.

Yine de tüketiciler sadece tahvil derecelendirmelerine güvenmemelidir. 2008 mali krizinde derecelendirme süreci hakkında ciddi sorular doğdu. O zaman zarfında, birçok tahvilin derecesi o kadar hızla düştü ki, ellerinde yüksek dereceli sağlam tahvil tuttuğuna inanan yatırımcılar, çok kısa bir süre içinde, çürük tahvil tuttuklarını keşfettiler.

FAİZ ORANLARININ YENİDEN DEĞERLENDİRİLMESİ

Faiz oranları birkaç bileşenden meydana gelir: gerçek oran, beklenen enflasyon primi, temerrüt riski primi, likidite primi ve vade riski. Gerçek oran ve beklenen enflasyon primi, risksiz getiri oranını oluşturur. Risksiz getiri oranı, bütün diğer faiz oranlarının dayandığı gösterge görevini görür. Günümüzde ABD Hazinesinin ihraç ettiği çeşitli tahviller, risksiz getiri oranının temsilcileridir.

Hazine tahvillerinin bu ayırt edici özelliği vardır çünkü ABD 220 yılı aşkın tarihinde asla borcunu ödeyememe durumuna düşmemiştir ve ABD Hazine tahvillerinin ikincil piyasasının "derin" olduğu düşünülür çünkü ABD'ye duyulan tam bir güven ve sahip olduğu itibar tarafından desteklenir. Hazinede ikincil piyasa küçümsenemez. Çok fazla sayıda yönetim, banka, işletme ve kişi, ABD Hazine tahvillerini paralarını tutacakları risksiz bir yer olarak gördükleri için tahvillerin likiditesi konusunda kuşku doğurmayan bir ortam oluşur. Hazine tahvili sahiplerinin kayda değer yegâne riski, vade riskidir. Tahvilin vadesi ne kadar uzunsa, faiz oranlarının satın alım anındaki mevcut orandan farklılaşması ihtimali de o kadar fazladır. Tahvilin vadesi sırasında faiz oranları beklenmedik şekilde artarsa tahvilin değeri düşer. Yeni tahvil fiyatları düşeceği için tahvillerin efektif faiz oranı artar, bu da önceden ihraç edilmiş tahvillerin cazibesini azaltır. Dolayısıyla bu durum, onları daha değersiz kılar.

HİSSE SENEDİ PİYASASI (BORSA)

Şirketlerin Değerlendirilmesi

Tüm mali piyasalar içinde hiçbiri medyada hisse senedi piyasası kadar yer almaz. Yatırımcıların hükümetlere ve firmalara borç verdiği tahvil piyasalarının aksine hisse senedi piyasası, yatırımcıların, aksiyon hisseleriyle temsil edilen firmaların kısmi mülkiyetini satın alabildikleri yerdir.

HİSSE SENETLERİ (BASİTLEŞTİRİLMİŞ HALDE)

Özel şirketler halka açık alımlar için hisse senedi ihraç etmezler. Hisseler küçük bir grup mal sahibinde, çoğunlukla kurucularda kalır. Oysa dış yatırım isteyen ya da ihtiyacı olan şirketler için borsalardan birinde alım satım yapmak bu amaca hizmet eden iyi bir yöntemdir.

- Firmalar, sermaye yatırımı için gereken parayı ilk halka arz sırasında hisse senedi çıkararak toplayabilirler.
- Yatırımcılar, hisse senetlerini şirketin temettü dağıtacağı ya da sermaye kazancı elde edecekleri beklentisiyle alırlar. Bir şirket kârının bir kısmını, bütün hisse sahiplerine hisseleri oranında bölüştürdüğünde yatırımcılar temettü (kârdan pay) alırlar. Örneğin, bir şirketin 100 hissesi varsa ve 1.000.000$ kâr elde edip, kârının yarısı ile yeniden yatırım yapar ve diğer yarısını da hissedarlarına dağıtmaya karar verirse, beher hisse, 500.000$ / 100 = 5.000$ temettü elde eder.
- Hisse senedi, alındığı fiyattan daha yüksek bir fiyata satılırsa sermaye kârı kazandırır. General Motors hisselerinde 37,75$'a bir hisse aldığınızı ve birkaç ay sonra GM'nin benzin yerine güneş enerjisiyle çalışan havalı yeni bir araba çıkaracağını

duyurduğunu farz edin. GM'nin bu arabanın satışından çok para kazanması muhtemel görünür, o yüzden insanlar bu şirketin hisselerinden almak isterler. Talep, hisse fiyatını yükseltir. Fiyat 50,25$'a ulaştığında satmaya karar verip, 14,50$ sermaye kârı elde edersiniz.

Para Konuşur

Hisse senedi opsiyonları

Hisse senedi opsiyonları, aksiyon hisselerinin önceden belirlenmiş bir fiyattan alımına izin veren bir türevidir. Şirketler çoğunlukla hisse senedi opsiyonlarını, önemli çalışanlarının gösterdikleri performansa ödül olarak çıkarırlar. Alıcılar, opsiyon sözleşmelerini ya opsiyon borsasında satışa çıkarır ya da bekleyip hisse senedinin pay bedeli artınca opsiyonu uygulamaya koyarlar.

Hisse senedi alım satımlarının çoğunluğu ikincil piyasada gerçekleşir. Bir hisse senedi için alım emri verdiğinizde büyük olasılıkla önceden başka bir kişinin sahip olduğu hisseleri almaktasınızdır. Tina, piyasadan Coca-Cola hissesi alırsa, bunu Coca-Cola'dan değil, başka bir kişiden almaktadır. Coca-Cola'nın iki hissesi için 150$ öderse bu hisseleri satmış olan kişi 150$ alacak ama Coca-Cola hiçbir şey almayacaktır. Firmanın, hisse senedi alımından para aldığı yegâne zaman, ilk halka arzın gerçekleştiği ya da firmanın önceden yeniden satın almış olduğu hisseleri sattığı zamandır.

HİSSE SENEDİ TİPLERİ

Şirketler, adi hisse senetleri ve tercihli hisse senetleri olmak üzere iki tip hisse senedi çıkarırlar. Adi hisse senetleri, sahiplerine firmanın kısmi sahipliğini sağlar ve firmanın başkanlık seçiminde oy hakkı tanır. Tercihli hisse senedi de firmada bir sahiplik sağlamakla birlikte oy kullanma imtiyazı vermez. Tercihli hisse senedinin bu şekilde anılmasının nedeni temettü dağıtılırken tercihli hisse sahiplerinin, adi hisse sahiplerinden öncelikli olmasıdır. Her ikisinin de muhtemel dezavantajları olması firmanın adi ya da tercihli hisse senedi çıkarma kararını etkiler. Adi hisse senedi, hissedarlara şirket yönetiminde söz hakkı tanıdığı için yeni adi hisse sahipleri hisselerin çoğunluğunu kazanırlarsa firmanın esas kurucuları kendilerini azledilmiş bulabilirler. Tercihli hisse senetleri hissedarlara temettüyü garantilediği için bu yükümlülük, kârları yeniden yatırıma yönlendirerek büyümeye çalışan firmalara engel teşkil edebilir.

PEKİ, NE FARK EDER?

Sonuçta, bu piyasaların fonksiyonu tasarruf sahipleriyle borç alanların bir araya gelmesini sağlamaktır. Sermaye yatırımlarını büyütmek isteyen işletmeler, tahvil piyasasıyla hisse senedi piyasasına ihtiyaçları olan fonların kaynağı olarak bakarlar. Firmalar, işletme giderlerinin gayet bilincindedirler o yüzden yatırımı finanse edecekleri isabetli hisse senedi ve tahvil kombinasyonunu ya da sermaye yapısını bulmaları, hem işletmenin kendisi hem de ekonominin bütünü için önemlidir.

Faiz Oranı ve Yatırım

Faiz oranıyla yatırım arasında ters bir ilişki vardır. Faiz oranı ne kadar düşükse sermayenin maliyeti o kadar düşüktür ve firmalar da o kadar çok fiziksel sermaye yatırımı yapabilirler. Benzer şekilde, faiz oranları arttıkça sermaye maliyeti artar ve firmalar fiziksel sermaye yatırımı yapmaya o kadar isteksiz hale gelirler.

Düşük faiz oranları yatırımı teşvik etmek için yeterli midir? Ne yazık ki hayır. Bir firmanın sermayeye yatırım yapma kararı, beklenen getiri oranına da bağlıdır. Firmalar daha yüksek getiri oranları beklerlerse, her faiz oranında yatırım yapmaya istekli olurlar. Kâr elde etme fırsatının çok az olduğunu düşünürlerse sermayeye yatırım yapmaya pek istekli olmazlar.

İşte, bir işletmede faiz oranlarıyla beklenen getiri oranlarının etkisine bakış şekli. Beklenen getiri oranının, bir arabanın gaz pedalına uygulanan baskı, faiz oranının da fren pedalına uygulanan baskı olduğunu tasavvur edin. Artan kâr fırsatları, gaz pedalına daha fazla basmak, azalan kâr fırsatları da ayağınızı gazdan çekmek şeklinde temsil edilir. Benzer şekilde artan faiz oranları frene basmak, düşük faiz oranları ise frene daha az basmak şeklinde temsil edilir, sıfır faiz oranı da fren pedalına hiç basmamaya benzer. Faiz oranları düşük, beklenen kârlar yüksekse işletme yatırım yapar ve büyür. Ama faiz oranı, beklenen getiri oranından yüksekse firma durağan kalır. Sonuçta beklenen getiri oranındaki artışlar yatırımı hızlandıracakken faiz oranındaki artışlar yatırımı yavaşlatacak ya da hatta durma noktasına getirecektir.

DÖVİZ VE DÖVİZ KURLARI

İşte Hayat Böyle Bir Şey!

İster inanın ister inanmayın, döviz günlük hayatımızın bir parçasıdır. Döviz, aldığınız ürünlerden çıktığınız tatillere kadar yaptığınız şeylerin çoğunu etkiler. Ülkeler arasındaki döviz akışı, aynı zamanda bir kayıt tutma meselesidir. Ödemeler dengesi bir ülkeye giren ve çıkan tüm dövizleri kaydeder. Net ihracat, net faktör geliri ve net transferlerin toplamı cari işlemler dengesini gösterirken net dış yatırım ve resmi rezerv hesabı finansman hesabını gösterir.

DÖVİZ KURLARI

Elmaların fiyatını ne belirler? Arz ve talep diye cevapladıysanız doğru cevap vermişsinizdir. Bir doların döviz kurunu ne belirler? Yine, arz ve talep dediyseniz on ikiden vurmuşsunuzdur. Bir döviz diğerine çevrildiğinde döviz kuru oluşur ve bir kur bedeli ödenir. Döviz kuru, bir ülke parasının diğer bir ülke parası cinsinden güncel fiyatıdır. 1$ karşılığında örneğin 0,73€, 0,64£, 89,41¥ veya 1,07S_{Fr} alabilirsiniz.

Döviz kurları, dünyanın en büyük piyasası olan döviz piyasasında belirlenir. Yıllık ticaret hacmi, günde yirmi dört saat boyunca yapılan işlemlerle, 1 katrilyon dolara (bin trilyon dolara) yaklaşır. Ticaretin büyük çoğunluğunun ABD Doları cinsinden yapıldığı döviz piyasasına İngilizler, Amerikalılar ve Japonlar yön verir. Euro (€), pound sterlin (£), Japon yeni (¥) ve İsviçre frangı (S_{Fr}) en çok alışverişi yapılan diğer kuvvetli paralardır.

Bu işin içinde kimler var?

- Döviz piyasasındaki esas oyuncular, birbirine bağlı aracı kurumlardan oluşan bir sistem vasıtasıyla bir araya getirilen büyük bankalardır. Bankalar, işlerini yürütmek için dövize ihtiyacı olan hem kurumsal hem de bireysel müşterilerine hizmet verirler.

- Döviz piyasasında, döviz kurlarını manipüle etmek veya ülkelerinin cari ve finansman hesapları arasındaki dengesizlikleri düzeltmek amacıyla merkez bankaları da yer alır.
- Son olarak, arbitraj fırsatlarından kâr sağlamaya çalışan spekülatörler de bu uçsuz bucaksız piyasada yer alırlar.

İyi Kur Bulmak

Seyahat ederken en iyi kurları çoğu kez kredi kartınızda veya bir ATM'de bulabilirsiniz. Bankalar döviz piyasasındaki esas oyunculardır ve müşterilerine en rekabetçi bazı kurları verebilirler.

Döviz kurları arz ve talebin güçlerine tabidir. Kurlar arttıkça insanlar, ellerindeki dövizi satmaya daha hevesli olurlar fakat alıcılar ise daha isteksizdirler ve tersi de geçerlidir. Bir döviz kuru arttığında değer kazanır, düştüğünde değer kaybeder. Döviz kurlarındaki değişiklikler, işletmelerde ve ekonominin bütününde zarara yol açabilir. Bu yüzden ekonomistler ve politika üretenler, döviz kurları üzerindeki hareketlerinin olası sonuçlarını iyi tartmalılardır. Beğeniler, faiz oranları, enflasyon, nispi gelir ve spekülasyon, döviz kurlarını ve sonucunda da bir bütün olarak ekonomileri etkiler.

Beğeni ve Tercih

Tüketicilerin ithal mallarla ilgili beğenileri değiştikçe ülkeler arasındaki döviz kuru da değişir. Güney Kore malı elektronik eşya ve arabaların Amerikalı tüketiciler arasındaki popülaritesinin artması Güney Kore parası won'a (₩) talep doğurur. Amerikalı ithalatçıların Güney Kore mallarını alabilmesi için dolar arz edip, won talep etmeleri gerekir. Beğenilerdeki bu değişimin sonucunda dolar değer kaybeder, won değer kazanır.

Bir ülke parasının değerlenmesi zaman içerisinde, görece pahalılaşmaları nedeniyle mallarının popülaritesini azaltabilir. İnsanların çoğunlukla daha ucuz malları tercih ettiği düşüncesiyle

ABD'ye mal ihraç eden imalatçılar mallarını kendi paraları yerine doğrudan dolar olarak fiyatlandırmayı tercih edebilirler. Bu, imalatçıyı döviz bozdurmaktan kurtarır ama malının Amerikan pazarında rekabet gücünü düşürebilir. Alman araba imalatçıları, euro'nun dolar karşısındaki nispi kuvvetinin etkisini telafi etmek için bu yola başvururlar.

Faiz Oranları ve Enflasyon

Gerçek faiz oranlarındaki değişimler de döviz piyasasını etkiler. Nispeten istikrarlı bir eğilimde olan ticaret akışlarının aksine, değişen faiz oranları döviz kurlarında ani dalgalanmalar yaratabilir. Yüksek faiz oranları, tasarruf sahiplerini çeker, dolayısıyla bir ülkedeki gerçek faiz oranları diğer bir ülkeninkine oranla yükselirse tasarruflar yüksek faizin olduğu yere doğru akar. Her şey eşitken Amerika'da faizlerin Japonya'daki faizlere oranla yüksek olması yen arzının ve dolar talebinin artmasına neden olur çünkü Japon tasarruf sahipleri daha yüksek Amerikan faizlerini almak isterler. Sonuç, doların değer kazanması ve yenin değer kaybetmesidir. Nihayetinde doların yen karşısında değerlenmesi, faiz oranı farkından oluşan kazançları dengeleyecektir. Buna, faiz oranı paritesi adı verilir.

Dövizin Maliyeti

Dövizin, kendine bağlı belirli bir maliyeti vardır. Döviz piyasasında yer almak isterseniz döviz alırken ve satarken farklı kurlarla karşılaşacağınızı bilin. Dolayısıyla bir Fransız bankasında tasarruf hesabı açıp daha yüksek bir faiz oranından yararlanmadan önce eurolarınızı alıp satmanın maliyetini göz önünde bulundurun.

Bir ekonomide enflasyonun varlığı, insanları, paralarını daha istikrarlı bir dövize çevirmeye teşvik eder. Zimbabwe'de enflasyon ülke parasının değerini bir kâğıt parçasının değerinin de altına düşürmüştür. Ellerindeki parayı korumaya çalışan mantıklı

Zimbabweliler, Güney Afrika rand'ı gibi dövizler karşılığında Zimbabwe doları vermeye istekli olacaklardır. Enflasyonun getirdiği sonuç ülke parasının değerinin sadece yurtiçinde değil, döviz piyasasında da düşmesidir.

Nispi Gelir ve Spekülasyon

Muhtemelen en mantığa aykırı sonuç, ekonomik büyüme farklarının ürünü olandır. Bir ekonominin geliri, bir başka ülkenin gelirine oranla arttıkça aralarındaki döviz kuru değişir. Örneğin, Kanada'nın geliri ABD'ninkine oranla artarsa Kanada doları ABD doların oranla zayıflar. Neden? Kanadalılar daha çok gelir elde ettikleri için ithalat istekleri de artar. Başka bir deyişle, zenginleştikçe daha sık alışverişe gidip, daha çok döviz cinsinden para arz edersiniz. Mantığa aykırı olan sonuç, ekonomi güçlendikçe parasının zayıflaması, ekonomi zayıfladıkça parasının güçlenmesidir.

Güçlü ve Zayıf, İyi ve Kötü

Bir yıllık süre içinde uzmanların ticaret açığının boyutu konusunda yakındıklarını, bu arada başkalarının da zayıf dolardan şikâyet ettiğini duymuş olabilirsiniz. Aslında zayıf dolar, ticaret açığı için bir ilaçtır. Değer kaybetmiş dolar, ihracatı teşvik edip, ithalat hevesini kırar. Güçlü ve zayıf kelimeleri yanıltıcı olabilir. İlle de iyi ve kötü anlamına gelmeleri gerekmez.

Dövizden kâr sağlamaya çalışan bankalar, şirketler ve kişiler piyasada spekülasyon yapacaklardır. Örneğin bir spekülatör, Avrupa'daki faiz oranlarının Amerika'dakinden daha hızlı yükseleceğinden şüphelenebilir, dolayısıyla euro alıp, kâr getirecek şekilde değerlenene kadar elinde tutabilir. Yine de çoğu kişi için döviz piyasasında spekülasyon yapmak, Las Vegas'ta kumar oynamak kadar kazançlıdır.

Spekülasyon yapmak riskli olmasına rağmen spekülatörler, kur riskini taşımakla önemli bir ekonomik fonksiyonu yerine getirirler.

Dövizle ilişkili riskten kaçınan şirketler, işlemleri gerçekleştirirken hangi kuru ödeyeceklerini veya elde edeceklerini tam olarak bilmeyi tercih ederler. Bu şirketler, işlemin kârlılığını azaltacak ani kur değişimlerinden sakınmak amacıyla belli bir kuru garanti eden bir vadeli işlem sözleşmesi satın alırlar.

Tek Fiyat Kanunu ve Satın Alma Gücü Paritesi

Uzmanlaşma ve dış ticaret, mukayeseli üstünlüğe, sermaye ve işgücü farklarına ve tüketimdeki çeşitliliğe dayalıdır. Bununla birlikte döviz kurları uzmanlaşmayı belirlememelidir. Ekonomideki tek fiyat kanununa ya da satın alma gücü paritesine göre, döviz kuru açıklandıktan sonra benzer ürünlerin fiyatları, nereden alındıklarına bakılmaksızın aynı olmalıdır.

ABD Doları ile İsviçre Frangı arasındaki paritenin 1$ = 1,10 S_{Fr} olduğunu varsayın. Uzun vadede, ABD'de ortalama 500$'a satılan bir çift kayak, İsviçre'de ortalama 550 S_{Fr}'a satılmalıdır. Peki ya İsviçre'de kayaklar 600 S_{Fr}'a satılsaydı ne olurdu? İsviçreli tüketiciler, kayakları Amerika'dan ithal etmekle, döviz kuru, satın alma gücü paritesini yansıtana kadar döviz piyasasında S_{Fr} arz edip, ABD doları talep etmekle kârlı çıkarlardı.

İHRACAT VE DIŞ TİCARET DENGESİ

Çembere Değmeden Giren Basket

Birleşik Devletler'de üreticilerin çoğu, yerli piyasanın taleplerini karşılamaya odaklanır. Yine de bir kısmı yabancı pazarlara ihraç etmek üzere mal ve hizmet üretirler. Diğer işletmeler de, talep olan ya da Birleşik Devletler'de üretilmeyen mal ve hizmetleri ithal ederler. Birleşik Devletlerin ticaretinin yarısı Kanada, Meksika, Japonya, Çin, Almanya ve Birleşik Krallık ile gerçekleşmektedir.

DIŞ TİCARET DENGESİ

Net ihracat ya da dış ticaret dengesi (bilançosu), tüm ihracatın değeri eksi tüm ithalatın değerine eşittir. ABD'de net ihracat eksi çıkar çünkü ithalat değeri ihracat değerini geçer. Buna dış ticaret açığı denir.

Çin, Almanya, Japonya gibi ülkelerin dış ticaret fazlası vardır çünkü ihracatlarının değeri ithalatlarının değerini geçer. Şaşırtıcı biçimde, dış ticaret açığı olmasına rağmen ABD, yine de, küresel ticaretin sadece %6,4'üne sahip olan Çin ile kıyaslandığında, %12'lik küresel payıyla dünyanın en büyük ihracatçısıdır.

Dış ticaret dengesi, mal ticareti dengesi ve hizmet ticareti dengesi şeklinde ikiye ayrılabilir. ABD'de dış ticaret açığına mal ticareti dengesi katkıda bulunur. Amerikalıların tercihi, yabancı tüketim malları ve öz kaynaklarıdır. Öte yandan, ABD bir hizmet ihracatçısıdır. Nakliye hizmetlerini, lojistikle ilgili teknik bilgisini, mühendislik hizmetlerini, yasal konular ile diğer konulardaki teknik hizmetlerini dünyanın geri kalan yerlerine ihraç eder.

Ekonomik Analiz Bürosu (BEA)

ABD Ticaret Bakanlığının Ekonomik Analiz Bürosu, dış ticaret dengesini ölçmekle sorumlu devlet kuruluşudur. BEA'ya göre 2008'de dış ticaret açığı yaklaşık 696 milyar dolar olarak ölçülmüştür. Toplam dış ticaret açığı, 840 milyar dolarlık mal ticareti açığı ile 144 milyar dolarlık hizmet ticareti fazlasının birleşiminden oluşmuştur.

Net Yabancı Faktör Geliri

Toprak, emek, sermaye ve girişimcilik, kullanıldıklarında kira, ücret, faiz ve kâr gibi gelirler elde ederler. Faktörlerin ülke içinden ya da dışından kullanılıp kullanılmaması önemli değildir. Üretim faktörleri yurtdışından kullanıldığında veya bu faktörlerin sahipleri yurtdışında ikamet etmekteyse faktör, ödemelerin döviz cinsinden yapılmasını gerektirir. Yabancı faktör gelirinin ülke içine girmesi ya da yabancı faktör ödemesinin ülke dışına çıkmasına bakılmaksızın her halükârda döviz gereklidir.

Net Transferler

Dış ticaretin yanı sıra başka hareketler de döviz gerektirir. Para havalesi denen transfer ödemeleri ve dış yardımlar, döviz piyasasında zengin ülkelerden yoksul ülkelere doğru bir para akışı oluşturur. Para havaleleri, alıcı tarafından kazanılmış olduğu için yabancı faktör gelirinden farklıdır. Nakit ödeme şeklindeki dış yardım da döviz ihtiyacı yaratır. ABD'nin Pakistan, İsrail ve Mısır'a yaptığı dış yardımlar bunun örnekleridir.

Net Dış Yatırım

Tek seferlik değişimler gerektiren net ihracat, net yabancı faktör geliri ve net transferlerin aksine net dış yatırım, tekerrür eden ödemeler ile gelirler doğurur. Bir ülkenin vatandaşları, başka bir ülkenin reel ya da finansal varlıklarını aldıklarında buna net dış yatırım denir. Net dış yatırım, portföy yatırımını da kapsar. Yabancılar bir ülkenin finansal varlıklarından satın aldıklarında portföy yatırımı gerçekleşir. Son mali krizde, yabancı yatırımcılar ABD Hazine bonolarının, orta ve uzun vadeli tahvillerinin güvencesini aradıkları için dolar hızla değer kazandı. Yabancı şirketlerden aksiyon hissesi almak da portföy yatırımının bir diğer biçimidir. Gelişmekte olan ülkelerde çoğunlukla daha yüksek büyüme oranları ve faizler olduğu için finans yatırımcıları bu ülkelerden tahvil ve hisse alabilirler.

Zayıf mı, Güçlü mü?

Zayıf dolar mı daha iyi, güçlü dolar mı? Duruma göre değişir. İthalat mı yapıyorsunuz, ihracat mı? İthalatçıların işine güçlü bir dolar yarar çünkü bu, yabancı malları nispeten ucuz kılar. İhracatçıların işine zayıf bir dolar yarar çünkü bu, Amerikan mallarını daha ucuz kılar. Yurtdışında bir tatile çıkıyorsanız orada bulunduğunuz süre içinde doların güçlü olmasını, dönerken de zayıflamasını umut edin ki, döndüğünüz zaman kurdan kâr edebilesiniz.

Dış yatırım, ev sahibi ülke için önemli bir birikim kaynağıdır. Bu birikimler, fiziksel sermayeye yatırım yapmakta ve ülke ekonominin büyümesinde kullanılabilir. Bu önemli bir noktayı gündeme getirir. Cari hesap bakiyesi, finans hesabı bakiyesi tarafından tamamen dengelenir.

Dış yatırımın olumsuz bir yönü de vardır. Tasarruflar, portföy yatırımı kanalıyla ülkeye akabildiği kadar kolaylıkla ülkeden dışarı da akabilir. Tasarrufların aniden dışarıya akması, o ülkede bir döviz krizine, enflasyona ve yüksek faiz oranlarına neden olabilir. Bu durum daha önce gerçekleşti. 2001 Arjantin krizi, bunun kayda değer bir örneğidir. Arjantin, dış borçlarını ödeyemedi ve kısa sürede tasarruflar yurtdışına aktı bu da, mali sorunlara ve politik kargaşaya yol açtı.

Sermaye Denetimi

Sermayenin dışa akmasından korkan ülkeler çoğu kez sermaye denetimi yasaları çıkarırlar. Sermaye denetimi yasaları, tasarrufların ülkeden dışa akışını sınırlandırır. 1990'ların sonlarındaki Asya mali krizi sırasında Hindistan tasarrufların dışarı akmasını sermaye denetimi yasasıyla sınırladığı için başarılı denebilecek şekilde bu sorunu aştı. Sermaye denetimlerinin olumsuz yönü, yabancı yatırımcıların birikimlerini o ülkeye yatırmaktan kaçınmalarına neden olmasıdır. Sermaye denetiminin yalnızca bahsi bile, bazen sermayenin dışa akmasını sağlayabilir.

RESMİ REZERVLER VE KUR POLİTİKASI

Neden Euro Diye Bir Şey Var?

Ödemeler dengesinin finansman hesabı, dış yatırıma ilaveten resmi rezervleri de içerir. ABD Federal Rezerv Sistemi gibi merkez bankaları, döviz rezervi yani, resmi rezerv bulundururlar. Resmi rezervin amacı, kur piyasasında istikrar sağlayıcı bir etki yaratmaktır. Ödemeler dengesinde bir açık meydana gelirse Federal Rezerv, bakiyeyi sıfırlamak için döviz rezervlerini düşürür. Ödemeler dengesinde fazlalık olması durumunda Federal Rezerv, bakiyeyi sıfırlamak için ilave döviz rezervi edinir.

DÖVİZ REZERVİ OLARAK ABD DOLARI

Çoğu ülkenin döviz rezervi stoku ABD doları olduğundan Birleşik Devletler, çoğu ülke için dolar basmak gibi benzersiz bir konuma sahiptir. Çin'in ve Japonya'nın resmi rezervleri finans camiasında birçokları için endişe kaynağıdır. 2015 itibariyle bu Asya ülkelerinin, 5 trilyon dolar tutarında rezervleri mevcuttur. Birtakım politikacılar, ekonomistler ve finans uzmanları, Çin veya Japonya dolar stoklarını düşürecek olurlarsa döviz piyasasında dolar arzının ani artışının bir çöküş yaratabileceğinden korkmaktadırlar. Diğerleri ise, bunun tamamen Çinliler ve Japonlar için zararlı olacağını, dolayısıyla böyle bir şey yapmak istemeyeceklerini öne sürmektedirler.

SABİTLEMEK Mİ DALGALANMAYA BIRAKMAK MI? İŞTE MESELE BU

İkinci Dünya Savaşı'nın sonunda, uluslararası işbirliğini ilerletmek ve savaşa teşvik eden ekonomik unsurları azaltmak isteyen ülkeler Bretton Woods, New Hampshire'da toplanarak dolara sabitlenmiş sabit bir döviz kuru sistemi oluşturdular. Böyle bir sistemin yararı, işletmelerin, dalgalanan kurlar sonucu para kaybetmekten korkmadan dış ticaretle uğraşabilmeleriydi. Ayrıca yabancı devletler, kendi para birimlerini istikrarlı bir para birimi olan dolara sabitleyerek, düşüncesizce para basıp enflasyon yaratmamak gibi akıllıca ekonomik politikalar izlemeye mecbur kalıyorlardı. Bretton Woods sistemi, önce çok başarılı oldu fakat 1971'de çöktü.

Günümüzde kurlara yaklaşımlar çeşitlidir. Bazı ülkeler paralarını dalgalanmaya bırakırken diğerleri paralarını dolara sabitler ve bir kısmı da tek bir para birimini ortaklaşa kullanır.

ABD ve İngiltere, paralarını döviz piyasasında dalgalanmaya bırakırlar ki bu da, kurları korumak için resmi rezervlerini kullanmamaları demektir.

Bu sistemin yararı, politika üretenlere, yurtiçi büyümeyi teşvik etmek veya kurları düşünmeden enflasyonu yavaşlatmak amacına yönelik faiz politikaları uygulamalarına imkân vermesidir.

Çin, Japonya ve Hong Kong ise, döviz rezervi stoklarının etkin bir şekilde ticaretini yaparak paralarını ABD dolarına sabitler. Bu, ülkelerine Amerikan pazarında diğerlerine karşı rekabet üstünlüğü sağlar. Çin'in kur politikası Çin mallarının görece ucuz olmasını sağlar. Amerika'nın dalgalanan kur politikası altında Çin mallarına olan talebi kuru yükselmeye sevk edecek, böylece sonunda Çin mallarının bu kadar arzu edilmemesini sağlayacaktır. Çin'in dezavantajı, kuru sabit tutmak için harcanan bütün paranın muhtemelen daha yararlı bir şekilde kullanılabilecek olmasıdır. Ayrıca, kuru kontrol etmek, giderek dolara bağlı daha çok finansal varlık edinmek demektir, bu da Çin'i Amerika'nın ekonomik sıkıntılarına karşı daha korunmasız bir hale getirir.

Bu yüzyılın başlangıcında yeni bir kur politikası yaklaşımı gördük. Avrupa, ekonomisini tek bir para birimi yani euro altında birleştirdi. Örneğin, Fransa ve Almanya, artık kuru dikkate almadan serbestçe ticaret yapabiliyorlar. Euro'nun gelişi, dünyanın dolardan sonra ikinci büyük para birimini yarattı. Tüm faydalarına karşın euro, önemli bir sorun yaşamaktadır: Ülkeler kendi başlarına onu kontrol edememektedir.

Para Konuşur

Para politikası

Bir ülkenin merkez bankasının fiyatları dengede tutmak, tam istihdamı desteklemek ve uzun vadeli ekonomik büyümeyi teşvik etmek amacıyla para arzını ve faiz oranlarını kontrol etmek yoluyla gösterdiği çabalardır.

Yunanistan 2010'da kredi notu düşürüldüğünde mali bakımdan ciddi bir darbe aldı. Bağımsız bir para politikası uygulayamayan Yunanlar, harcamalarını düşürmeye ve vergileri yükseltmeye veya temerrüt riskine düşmeye mecbur bırakıldılar. AB'nin bu krize tepkisi euro'nun dünyaya hükmeden bir para olma ihtimalini ya zayıflatacak ya da destekleyecektir.

ÖZEL SEKTÖR VE KAMU SEKTÖRÜ

İşleri Oluruna Bırak

Ekonomik bir sistem içerisinde insanların kişisel çıkarları, piyasalarda ve siyasi süreçte açığa çıkar. Bu ikisi iç içe geçmiştir, birbirlerini etkiler; bir ekonomistin siyasi sürecin herhangi bir kısmına, piyasaları nasıl etkileyeceğini düşünmeden bakması olası değildir. Döngüsel akım modeli denen bir model, hane halkı, işletmeler, devlet ve yabancı sektör arasındaki ilişkiyi gösterir. Bunların hepsi de ürün (örn. mallar), faktör (örn. işgücü) ve finans (örn. hisse senedi, tahvil, bono) piyasalarında birbirleriyle etkileşim içindedirler. Bu piyasalar da, kuşkusuz, önceki incelemelerden anladığınız gibi, birbirleriyle ilişkilidirler, bu teori, bu karşılıklı ilişkileri gösterir ve tanımlar.

ÖZEL SEKTÖR

Ekonominin bütününü anlamanın başlangıç noktası, haneler ve işletmeler ile ürün piyasası ve faktör piyasası arasında nasıl bir etkileşim olduğunu örnekleyen çok basit bir modeldir. Özel sektör, bir ekonomideki haneler ile işletmelerden ibarettir. Haneler, ürün piyasasındaki firmalardan mal ve hizmet alır.

Faktör piyasası

Hane, mal ve hizmet alacak parayı nereden bulur?

- Hane, kendi emeğini ve girişimciliğini (faktör piyasası yoluyla) maaş ve kâr karşılığında firmalara satar.
- Hane, firmalara kira karşılığı öz kaynak da satar.
- Bir başkası için çalışıyorsanız faktör piyasasında emeğinizi satmaktasınızdır, böylece ürün piyasasından istediğiniz ve ihtiyacınız olan mal ve hizmetleri satın alabilirsiniz.

- Bir işletme sahibi ya da girişimciyseniz, firmanın kârı karşılığında girişimcilik yeteneğinizi satarsınız.

Firmalar, mal ve hizmet sağlamak için toprak, emek, sermaye ve girişimcilik kullanırlar.

Faktör Akımı ve Piyasa Akımı

Hane halkları ile firmalar arasında iki takım akım vardır. Mal ve hizmetler ürün piyasasında bir yönde akarken toprak, emek, sermaye ve girişimcilik faktör piyasasında diğer yönde akar. Tüketim harcamaları, mal ve hizmetlerin aksi yönünde akar. Kira, maaşlar, faiz ve kârları kapsayan faktör ödemeleri, üretim faktörlerinin aksi yönünde akar.

KAMU SEKTÖRÜ

Basit özel sektör modelinin, devletin yaptığı şeyleri görmezden geldiğine dikkat edin. O yüzden, özel sektör kadar kamu sektörünü de dikkate almalıyız. Kamu sektörü, yerelden federale yönetimin tüm kademelerini belirtir. Kamu sektörü, üretim faktörlerinden bazılarını (toprak ve emek) faktör ödemeleri (maaş, kira veya faiz) karşılığında satın alarak hane halkıyla etkileşimde bulunur. Kamusal yönetim, ürün piyasasında mal ve hizmet alarak firmalarla da etkileşim içindedir.

Kamusal yönetim, özel sektöre kamu mallarını ve hizmetlerini sağlamak için üretim faktörleriyle firmalardan aldığı mal ve hizmetleri kombine eder. Milli savunma, polis, itfaiye, okullar, kütüphaneler ve yollar, kamu sektörünün sağladığı kamu malları ile hizmetlerinin örnekleridir.

Faktör ve Ürün Piyasalarındaki Vergiler

Hükümet, hanelerden üretim faktörlerini, firmalardan da malları almak için gereken geliri nereden elde ediyor? Hem ürün piyasasındaki hem de faktör piyasasındaki vergiler, kamu sektörünün kaynaklarıdır. Kişisel gelirler ile şirket kârları üzerindeki vergiler, faktör piyasasından toplanır. Satış vergisi, ürün piyasasından toplanan bir vergidir. Bazen kamusal yönetim, firmaları sübvanse eder, bu da kamudan firmalara para akışını yansıtır. Sübvansiyon alan firmalar gibi, birçok hane de Sosyal Güvenlik ödemeleri şeklinde transfer ödemeleri alır.

YABANCI SEKTÖR

Dünya Çok Ama Çok Küçük

ABD kendi küçük ekonomik baloncuğunda yüzerken yerli ekonomi tabii ki bir başına var olamaz. ABD, çok daha büyük olan dünya ekonomisinin bir parçasıdır. Yabancı sektör, dünyanın geri kalanını ifade eder.

SEN POTATO DERSİN, BEN PATATES

ABD ekonomisi, dünyanın diğer taraflarıyla (kitapta ileriki konularda ele alınacak olan finans piyasalarına ek olarak) hem ürün hem de faktör piyasalarında etkileşim halindedir. Döngüsel akım teorisi, piyasaların etkileşimini, sadece yerli ekonomi açısından değil, baştan sona daha geniş bir dünya ekonomisi içerisinde açıklar.

İthalat ve İhracat

Ürün piyasasında mal ve hizmetlerin tümü ülkenin kamu sektörüne veya hanelere akmaz. Ülke içinde üretilen bazı yerli mal ve hizmetler, başka ülkelere ihraç edilir. Aynı şekilde, hanelerin ve hükümetlerin satın aldığı mal ve hizmetlerin hepsi de ülke içinde üretilmez. Amerikalılar, dünyanın başka yerlerinden mal ve hizmet ithal ederler.

Yabancı Faktör Ödemeleri ve Geliri

Amerikalılar, dünyanın başka yerleriyle sadece mal ve hizmet ticareti yapmakla kalmaz, üretim faktörlerinin de ticaretini yaparlar. Toprak, emek, sermaye ve girişimcilik, yabancı sektör ödemeleri karşılığında dünyanın diğer yerlerinden ülkeye akar. Üretim faktörleri, yabancı faktör geliri karşılığında Amerika'dan dünyanın diğer yerlerine de akar. Bir ABD vatandaşı, gelirini yurtdışında sağlıyorsa bu, yabancı faktör geliridir. Üretim faktörlerinin kullanımı için yabancılara yapılan ödemeler, bir yabancı faktör ödemesi doğurur. Yerli üretim faktörleri yurtdışında kullanıldığında yabancı faktör geliri elde ederler. Yurtdışında Amerikalı çalışanlara yabancı işverenlerin ödediği ücretler yabancı faktör gelirlerine örnektir.

Faiz ve Yabancı Faktör Geliri

Yabancı sermaye kullanımı, faizlerin menşe ülkeye ödenmesini gerektirir. Bu, bir yabancı faktör ödemesini temsil eder. Buna ilaveten, yabancı şirketlerin aksiyon hisselerine sahip Amerikalıların elde ettikleri temettüler de yabancı faktör geliri kapsamındadır.

Yabancı Transferler

Kayda değer miktarda para da, mal ve hizmet ödemeleri haricinde aile bireylerini desteklemeye yardımcı olması için diğer ülkelere transfer edilir. Para havalesi veya bağış denen bu tür transferler ekonomiyi etkilemekle birlikte piyasada doğrudan bir değiştokuş sağlamaz. Hindistan, geniş bir göçmen topluluğuna bağımlı ülkeler için birincil örnektir. Yurtdışında yaşayan birçok Hintli, Hindistan'da kalan sülalelerine para gönderirler. Benzer şekilde, Meksika da ABD'de çalışan göçmenlerin gönderdiği paralara bağımlıdır.

Para Havalelerinin Boyutu

Para havaleleri, Meksika'nın petrol ihracatından sonra ikinci en büyük gelir kaynağıdır. 2006'da Meksika ve Hindistan'ın her biri, çoğu ABD'den kaynaklanan yıllık 25 milyar dolar para havalesi almışlardır.

Dış Yatırım

Dış yatırımın amacı, faiz ve kâr şeklinde yabancı faktör geliri elde etmektir. Amerikalı girişimcilerin İzlanda'da arazi alıp bir Temalı

Park kurma kararı, en iyi fikir olmasa da, Amerika'ya yabancı faktör geliri olarak kron akışını sağlamak amacıyla İzlanda'ya dolar akışı yaratır.

Dış yatırım, ABD'de olan durum gibi, bir ticaret açığını finanse etmek için de kullanılabilir. Halihazırda ABD, Çin'den ABD'ye akan tasarrufları dengelemek için Çin'e yaptığı ihracattan fazla miktarda ucuz Çin malları ithal etmektedir. Çin'den yapılan ithalata harcanan her bir dolara karşılık bir gelir akışı vardır çünkü Çinliler aynı dolarları hem Amerika'nın ihraç ettiklerini hem de Amerikan finansal varlıklarını satın almak için kullanmaktadırlar.

FİNANS SEKTÖRÜ VE MALİ PİYASALAR

Her İşte Parmağı Var

Döngüsel akım teorisini tartışırken şimdiye kadar aracı finans kurumlarını tamamen resmin dışında bıraktık. Finans sektörü ya da banka, kredi birliği, sigorta şirketi ve borsa gibi aracı kurumlar, bu incelemede sözü edilen işlemleri kolaylaştırmaya yardım ederler. Aracı finans kurumlarının önemi küçümsenemez. Neredeyse tüm işlemlerin tam ortasında dururlar. En modern piyasalar bile onlarsız işlev göremez. Aracı kurum, çarkların düzgün dönmesini sağlayan yağ, kapıyı açan anahtar, kanatlarınızın altındaki rüzgârdır.

ARACI FİNANS KURUMLARI

Ürün piyasasında yürütülen işlemlerin çoğu, ya çek, bankamatik kartı, kredi kartı, ATM'den çekilen nakit ya da ithalat ve ihracat durumunda döviz kullanımını gerektirir. Tüm bu hizmetler aracı kurumlar tarafından sağlanır fakat elbette bunu iyi kalpli olduklarından yapmazlar. Bilakis, her işte olduğu gibi, kâr potansiyeli nedeniyle yaparlar, dolayısıyla hizmetleri için bir ücret alırlar.

Aracı Finans Kurumları ve Ürün Piyasası

Finans sektörü, tamamen insanların para harcamasını kolaylaştırmak içindir. Kasanın önünde telefonunuzu salladığınızda kahvenin parasını ödemenizi sağlayan bir uygulamaya sahipseniz neden bahsettiğimi tam olarak bilirsiniz. Finans sektörü her yerdedir:

- Bir hisse almak ya da satmak istediğinizde finans sektörü işe dahil olur.
- Paris seyahati yapmayı planlayıp, gitmeden önce bir miktar doları euro'ya çevirmeyi isterseniz finans sektörü işe dahil olur.
- Köpek bakımevi açmak ister de, başlangıç finansmanına ihtiyacınız olursa finans sektörü işe dahil olur.

- Elektrik faturanızı otomatik ödemeye bağlamak isterseniz... anladınız... finans sektörü işe dahil olur.

Aracı Finans Kurumları ve Faktör Piyasası

Bankalar gibi aracı kurumların ürün piyasasına nasıl dahil oldukları gayet açıktır; kendi alışkanlıklarınıza kısa bir bakış atmanız bunu size gösterecektir. Amazon.com'a cüzdanınızdaki 20$'ı çıkarıp vermek zordur ama kredi kartı numaranızı vermek çocuk oyuncağıdır. Bununla birlikte aracı kurumlar faktör piyasasına eşit derecede dahildirler. Bu, toprak ve işgücü kullandıklarından değildir (kullanıyor olmalarına rağmen). Bunun nedeni, faktör piyasasındaki işlemlerin çoğuna değilse de bir kısmına dahil olmalarıdır. Amerikalı çalışanların çoğu, nakit değil, maaş çeki alır. Maaş çeki, bir kavanoza konup, arka bahçeye gömülmez, bir bankaya ya da kredi kooperatifine yatırılır. Toprak (bir faktör) alıp satmak, neredeyse her zaman aracı finans kurumlarını gerektirir. Sermayenin kendisi de bir üretim faktörüdür. İnsanlar nereden sermaye bulur? Evet! Finans sektöründen.

Finans Sektörü ve Tasarruflar

Finans sektörü, mortgage ve kredi faizleri şeklinde önemli miktarda getiri sağlar. Bu olgu, döngüsel akım teorisinin henüz incelemediğimiz bir boyutuyla, ekonominin harcamalar değil de birikimler kısmıyla bağlantılıdır.

MALİ PİYASALAR

Bu noktaya kadar, hanelerin, firmaların, kamusal yönetimlerin ve dünyanın geri kalanının elde ettiği gelirler, döngüsel akım modelinde harcandı. Giren dolar = çıkan dolar. Oysa özel sektör, kamu sektörü ve yabancı sektör, sadece para harcamaz, aynı zamanda biriktirirler de. Farklı ekonomik sektörlerin gelirlerinin bir bölümünü tasarrufa ayırmaları olgusunu açıklamak için döngüsel akım modeli, üçüncü boyuta girer.

Üçüncü boyut, finans piyasalarıdır. Hane halkı geleceği için tasarruf yapar, kamusal yönetim bir bütçe fazlasını işletir, işletmeler kazançlarını ileriki yatırımları için elde tutarlar, yabancı sektör de ABD'deki reel ve portföy yatırımlarıyla ilgilenir. Bütün bu tasarruflar nereye gider? Tasarruflar aracı finans kurumlarına, oradan da (krediler şeklinde) ekonominin tüm sektörlerine akar:

- Hane halkı birikim yaptığında aksiyon hisseleri, tahvil, bono veya mevduat sertifikası alabilir.
- Devlet, çeşitli hazine bonoları ihraç ederek vergileri aşan harcamalarını finanse eder.

GAYRİSAFİ YURTİÇİ HASILA (GSYİH)

Skor Tutmak

Skor tutmak önemlidir. Birkaç kilo fazlanızı vermeye çalışıyorsanız ara sıra tartıya çıkmak, performansınızı değerlendirmenizi sağlar. Okulda öğretmenler, öğrencilerin bilgilerini değerlendirmek için not verirler. Beyzbolda, oyunun hemen her safhasının istatistiği, top atıcıların kim olacağına ve topa kimin vuracağına karar vermek için kullanılır. Veriler ve istatistikler, bilgiye dayalı kararlar vermek için önemlidir. İkinci Dünya Savaşı esnasında ABD hükümeti, ekonominin savaş için gereken malzemeleri üretebilme yeteneğini daha iyi anlamak istedi. Bu, gayrisafi yurtiçi hasılanın, ekonomik sonuçları ölçmenin bir yolu olarak gelişmesine yol açtı. Günümüzde GSYİH, ekonomik performansın genel bir göstergesi olması açısından önemlidir.

SERVET VE GELİR

Gayrisafi yurtiçi hasıla (GSYİH), bir yıllık süre içinde bir ülkede gerçekleşen tüm nihai üretimin toplam değerini ölçer. GSYİH, aynı zamanda, yıllık yeni yerli üretim harcamalarının bir ölçüsü olduğu gibi, yerli üretimden elde edilen gelirin de miktarıdır. GSYİH'yı daha iyi anlamak için şu örneğe bakın. Frank ile Louise'den oluşan basit bir ekonomi düşünün. Son zamanlarda Frank havaların soğuk olmasından şikâyet etmektedir, onun için battaniye örmesi karşılığında Louise'e 1$ teklif eder. Louise, para kazanmak için bu teklifi hemen kabul eder ve yeni bir battaniye örmeye başlar. Bitirince 1$'ı alıp battaniyeyi verir. Bu basit örnekte ekonominin gideri, geliri ve sonucu nedir? Cevap 1$. Frank'in harcadığı 1$, battaniye örmesi karşılığında Louise tarafından kazanılmıştır. 2015'te ABD'nin GSYİH'sı 18,12 trilyon dolardır, bir örgü battaniyeden çok daha fazlası üretilmiştir.

GSYİH'ya karşı GSMH

Kullanılan ekonomik performansın yegâne ölçüsü GSYİH değildir. GSMH'yı yani gayrisafi milli hasılayı hatırlayın. GSYİH ile GSMH arasındaki kilit fark, tek bir kelimedir. GSYİH, ülkede bir yıl içinde gerçekleşen tüm yeni üretimlerin ölçüsü iken GSMH, bir yıl içinde o millet tarafından gerçekleştirilen tüm yeni üretimlerin ölçüsüdür. Texas'ta üretilen Toyotalar, ABD GSYİH'sının bir parçası oldukları halde GSMH'nın parçası değildir.

GSYİH sabit değildir. GSYİH bir akıştır. Akan bir musluğu olan, gideri açık bir banyo küveti düşünün. Musluktan akan su GSYİH, küvette biriken su milli servet ve giderden akıp giden su da amortisman gibi bir dışa akıştır. GSYİH servetin dışa akışını geçtiği sürece milli servet büyür. Esasen GSYİH, yeni üretimi ölçer, birikmiş servetin ölçüsü değildir.

GERİ DÖNÜP DÖNGÜSEL AKIMA BİR BAKALIM

Döngüsel akım modelinde ekonomide başlıca üç sektör vardır: özel, kamu ve yabancı. Özel sektör kendi içinde haneler ve işletmeler şeklinde ayrılır. Her sektör, GSYİH'ya katkıda bulunur. Hane halkları, işletmelerin mal ve hizmet üretmesi için gereken üretim faktörlerini sağlar. Buna ilaveten kamusal yönetimler, özel sektörün tedarik etmediği kamu mallarını sağlarlar. Ayrıca yabancı sektör de mal ve hizmet tedarikçisi olduğu kadar üretim faktörü sağlayıcısı olarak da iş görür. Yabancı sektör, yerli ürünler için bir pazar görevi de görür.

GSYİH, döngüsel akım modelinde üç şekilde temsil edilir. İşletmelerle kamusal yönetimin sağladığı mal ve hizmetler, tüm yerli üretim değerini yansıtır. Özel, kamu ve yabancı sektörün döngüsel akıma kattığı harcamalar, toplam harcamaları yansıtır. Ve faktör piyasasında elde edilen kira, ücretler, faiz ve kârlar da ulusun geliridir.

SAYILIR MI SAYILMAZ MI?

GSYİH, çoğu ekonomik faaliyeti kapsamakla birlikte hepsini içermez. GSYİH, bir üretim ölçüsü olarak, finans işlemlerini tam olarak içermez. Borsada hisse aldığınızda sadece aracı kurum komisyonu GSYİH'ya sayılır. Bunun nedeni, hisse alımının, sahipliğin bir hissedardan diğerine geçişini yansıtması ve hiçbir mal ve hizmet üretilmemiş olmasıdır. Benzer şekilde GSYİH'da Sosyal Güvenlik de hesaba katılmaz. Sosyal Güvenlik ödemeleri, yeni bir mal ya da hizmet üretimi karşılığında yapılmaz, vergilendirilmiş bir ücret alan kişiden alıcıya yapılan bir transferi yansıtır.

Hiçbir mali işlemin gerçekleşmediği üretim de GSYİH'dan hariç tutulur. Evde oturup, çocuklara bakan, yemek pişiren, temizlik yapan, günlük işleri yürüten bir ebeveyn kesinlikle çok değerli bir şey üretmektedir fakat parasal bir ödeme yapılmadığı için bu değer belirsizdir ve hariç tutulur. İlginçtir ki, tüm bu faaliyetleri yapması için bir kişiye para ödenmesi GSYİH'dan sayılır. Evinize bir veranda inşa etmeniz, kendi çimlerinizi biçmeniz ve kendi yağınızı değiştirmeniz, hepsi de satın alınabilen hizmetlerdir fakat bunları kendiniz yaptığınızda GSYİH'dan sayılmaz.

Daire ve ev kirası tüketimin içinde, dolayısıyla GSYİH'ya dahil edilir. Ev sahipleri ve mortgage ödeyenler kira ödemez o yüzden BEA evlerine yaklaşık bir kira ödemesi değeri koyar. İster ev sahibi olun ister kiracı, iş GSYİH'ya geldi mi, herkes kiracıdır.

GSYİH'yı şişirmemek için ikinci el satışlar ve yarı mamuller hesaba katılmaz. Çoğu ev satışı GSYİH'da yer almaz. Konutların ikinci el satışı, yeni bir üretimi yansıtmaz ve hariç tutulur. Konutların satış tutarı sadece ilk kez satıldıkları zaman GSYİH'ya dahil edilir. İkinci el satışın sayılmamasının esas nedeni, çifte sayımdan kaçınmaktır. Yeni olmayan konutlar önceki senenin GSYİH'sında hesaba katılmıştır. Taze ekmek üreten bir fırına yapılan un, yağ ve şeker satışını ele alın. Bileşenlerin alımı da ekmeğin satışıyla birlikte GSYİH'ya dahil edilseydi GSYİH şişirilmiş olacaktı. Bundan kaçınmak için GSYİH, sadece ekmeğin nihai üretimini yani bitmiş ürünü kapsar. Ekmeğin fiyatı, içindeki bileşenlerin alımından doğan maliyeti zaten içermektedir.

GSYİH: ÖZEL HARCAMA VE YATIRIM

Çünkü Buna Değersin

GSYİH, yeni yerli ürünleri üretmek için yapılan tüm masraflar toplanarak da bulunabilir. Hane halkları, işletmeler, kamusal yönetimler ve başka ulusların hepsi de ekonomi içinde para harcarlar ve her biri GSYİH'da farklı harcama değişkenleriyle temsil edilirler. Her tip gider, çeşitli etkilere tabidir ve her biri ekonomik faaliyetler hakkında önemli bilgileri ortaya koyarlar.

KİŞİSEL TÜKETİM GİDERLERİ

Hane halkı, kişisel tüketim giderleriyle ilgilenir. Kişisel tüketim gideri ya da sadece tüketim, mal ve hizmet satın alma eylemidir. ABD'nin GSYİH giderlerinin üçte ikisinden fazlası tüketim başlığı altında bulunur. Diğer bir deyişle, Amerikalılar, her sene 9 trilyon dolar civarında yeni yerli ürün alırlar.

Ailelerin tüketim yeteneği, vergiler ödendikten sonra kalan gelir, yani net gelir tarafından sınırlanır. Bu olgu, devlete hane halkının tüketim kapasitesi üzerinde kayda değer bir baskı gücü sağlar. Mevcut net gelir söz konusu olduğunda, tüketiciler bu geliri ya ürün piyasasında harcar ya da finans piyasasında tasarruf etmeyi seçerler. Böylece, tüketimin artması tasarrufun azalmasıyla, tasarrufun artması da tüketimin azalmasıyla sonuçlanır.

Net Gelir Değişkenleri

Tüketim, tüketicilerin varlıklarındaki, faiz oranlarındaki ve geleceğe dair beklentilerdeki değişimlere de duyarlıdır. Tüketicilerin varlıklarındaki artış, tüketimi teşvik ederken varlıklardaki azalış tüketim hevesini kırar. Son zamanlarda konut fiyatlarında meydana gelen iç patlama tüketicilerin varlığında olumsuz etki yapmıştır. Sonuç olarak tüketim azalmış, tasarruflar artmıştır çünkü tüketiciler öz varlıklarını yeniden oluşturmaya çalışmaktadırlar. Konut fiyatlarına ek olarak, tüketicilerin varlıklarının çoğu emeklilik hesapları şeklindedir. Dolayısıyla borsanın Dow Jones Sanayi Endeksi ve S&P 500 gibi kilit göstergeleri, genellikle hane halkının varlığını, dolayısıyla da tüketimi gösterir.

Araba, ev aletleri ve mobilya gibi dayanıklı mallar genellikle borç parayla alınır. O nedenle faiz oranları, dayanıklı mal tüketimiyle ilgili denklemin bir parçasıdır. Yüksek faiz oranları, dayanıklı malların tüketiminde caydırıcı olurken, düşük faizler dayanıklı malların alımını teşvik eder. Dayanıklı mal tüketimini teşvik etmek için hazırlanan planlarda %0 finansman, 36 ay vadeli sıfır faizli kredi ve geri ödemelerin bir sonraki yıl başlaması gibi seçenekler bulunur.

Tüketimi belirleyen beklentiler kolayca anlaşılabilir. İnsanlar gelecekten korkunca büyük bir alım yapmayıp, para biriktirme eğilimine girerler. Aksi durumda ise, gelecek konusunda iyimser olanlar, tasarrufa daha az meyledip, daha çok alışverişe yönelirler.

Otonom Tüketim

Ekonomistler, bazı tüketimin, net gelirden bağımsız olduğunu kabul eder ve buna otonom tüketim adını verirler. Durgunluk dönemlerinde, dayanıklı malların tüketimi kısılırken gıda, kira, giyim ve sağlık gibi zaruri tüketim nispeten etkilenmeden kalır. 12 Eylül 2001'de nasıldı hatırlıyor musunuz? Ne tür tüketim gerçekleşti, ne tür gerçekleşmedi? Muhtemelen gerekli ve dayanıksız malların otonom tüketimi hafiflemeden devam etmiş, dayanıklı malların (silah ve mühimmat hariç) azalmış ve keyfi harcamalar durma noktasına gelmiştir.

GAYRİSAFİ ÖZEL YATIRIM

Haneler ve işletmelerin, gayrisafi özel yatırım adı verilen bir başka gideri daha vardır.

- Gayrisafi özel yatırım, işletmelerin sermaye ve envanter için yaptıkları alımlar ile ailelerin yeni konut alımlarını kapsar. Gayrisafi özel yatırım ayrıca, net yatırım ve amortisman olarak ayrılır.

- Net yatırım, ekonominin üretim kapasitesini artıran yeni sermaye alımlarıdır.
- Amortisman, eskimiş sermayeyi değiştirmek için yapılan yatırım harcamasıdır.

Yatırımın ne olmadığını belirtmek önemlidir. GSYİH hesaplanırken menkul kıymetler yatırım olarak hesaba katılmaz. Bu, finansman yatırımı veya tasarruftur. Burada ele alınan ise, reel (gerçek) yatırımdır. Bununla birlikte ekonomideki bu gerçek yatırım, mali piyasalardaki finans yatırımları tarafından yapılır.

Gelecek Beklentileri

Gelecekteki iş durumu ve faiz oranlarına ilişkin beklentiler, ekonomideki yatırım düzeyini etkiler. Olumlu beklentiler yatırımı artırırken olumsuz beklentiler azaltır. İşletmeler, ürünlerine olan talebin gelecekteki beklentilerini karşılayacak doğru üretim kapasitesine sahip olmak için bu şekilde karşılık verirler. Yatırım kararında faiz oranları da önemli bir faktördür. Faizler yükseldikçe yatırımın kârlılığı düşer. Yatırım kararı, güncel faiz oranıyla beklenen gelir oranını karşılaştırır. Beklenen gelir oranı, faiz oranını aştığı müddetçe işletmeler, kâr beklentisiyle yatırım yapacaklardır. Artmış faiz oranları, daha az sayıda yatırımı kârlı kılar.

Planlı ve Plansız Yatırım

Yatırım, planlı ve plansız yatırım şeklinde ikiye ayrılır. Ekonomik "normallik" dönemlerinde işletmeler, daha fazla kâr etmek için sermaye ve envanter yatırımı yaparlar. Bu planlı yatırımda, iş koşullarının üreticinin beklentilerine göre devam edeceği varsayılır. Plansız yatırımın gerçekleşmesi, kötü şeylerin gelmekte olduğunun işaretidir. Araba satıcıları tüketicilere satmak üzere fabrikadan stoklarına araba sipariş ederler. Stok birikmeye başlarsa tüketiciler alım yapmıyor demektir. Satıcılar sipariş vermeyi keser ve fabrika üretimi durdurur. Üretimdeki bu kesinti yayılırsa toplu işsizlik ve ekonomide durgunluk baş gösterir.

George Segal'in Washington DC'de Franklin Delano Roosevelt Anıtı'nda bulunan, Büyük Buhran'ın mücadelelerini sembolize eden *Büyük Buhran Ekmek Kuyruğu* adlı heykeli.

Washington DC'deki Amerika Birleşik Devletleri Maliye Bakanlığı.

Hazine çeki.

Washington DC'de bulunan Merkez Bankası.

Arturo Di Modica'nın New York finans merkezinde bulunan ve Amerika'nın finansal gücünü sembolize eden *Saldıran Boğa* adlı heykeli.

Arz talep grafiği.

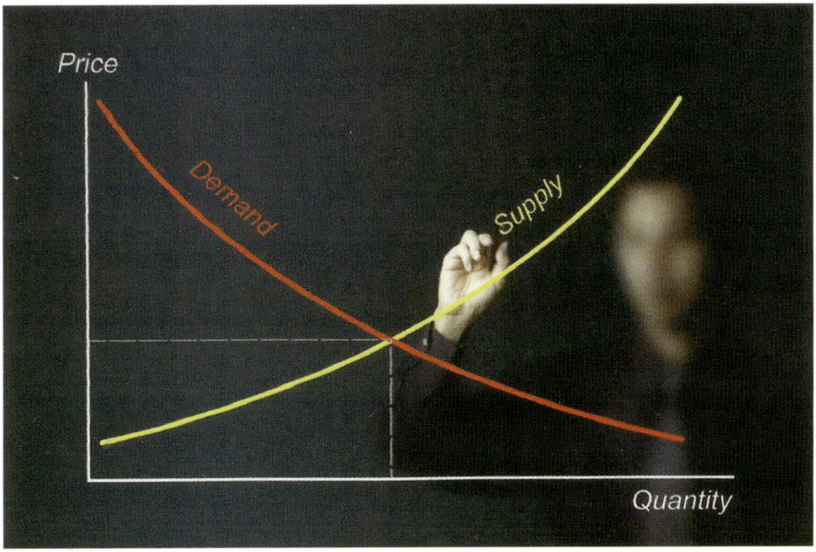

THE UNITED STATES OF AMERICA

CERTIFICATE FOR LESS THAN 100 SHARES
COMMON STOCK
NUMBER
A265068
SHARES
The Baltimore and Ohio Railroad Company
FIVE
SHARES $100 EACH

Bu sayfa, yukarıdan aşağıya:

Borsa. Elektronik pano.

New York Borsası.

Karşı sayfa, yukarıdan aşağıya:

ABD parası.

Dünya paraları.

19. yüzyıl hisse senedi.

Washington DC'de bulunan Dünya Bankası Kuzey Bölgesi İdare Merkezi.

Altın standardına göre para, sabit miktardaki altınla desteklenir ve bu da bir ülkenin onu destekleyecek miktarda sahip olduğu altın kadar para basabilmesine olanak verir.

1913'te Federal Rezerv Yasasını imzalayarak Federal Rezerv Sistemini oluşturan Başkan Woodrow Wilson.

Büyük Durgunluk'la ilgili gazete manşetleri.

Edinburgh'de modern ekonominin babası olarak kabul edilen İskoç düşünür Adam Smith'i anmak için yapılmış olan anıt, İskoçya.

Devletin harcamalarının ekonomik teşvik olarak görüldüğü düşünce okulunu etkileyen İngiliz ekonomist John Maynard Keynes.

1987'den 2006'ya kadar ABD Merkez Bankası Başkanı olarak görev yapmış olan Amerikalı ekonomist Alan Greenspan.

GSYİH: KAMU HARCAMALARI VE İHRACAT

Varsa Harcarsın

GSYİH, sadece haneler ile işletmelerin iç piyasada yaptıkları özel harcamaları ve yatırımları toplayarak ölçülmez. Kamu harcamaları ve uluslararası ticaret de GSYİH'yı etkiler.

KAMU HARCAMALARI

Kamu harcamaları, sermaye, altyapı ve işçi tazminatlarına dair federal, eyalet ve yerel yönetimlerin giderlerini içerir. Askeri harcamalar, yol yapımı ve öğretmen maaşları da buna dahildir. Kamu harcamaları vergilendirme ve borçlanmayla finanse edilir. Kamu harcamalarının fırsat maliyeti, vazgeçilen tüketim ve gayrisafi özel yatırımlardır (örneğin, yeni bir televizyon için 500$ harcayabilirdiniz ama onun yerine bu parayı Sam Amca'ya yollamak zorunda kaldınız). Transfer ödemeleri (Sosyal Güvenlik yardımları ve işletmelere verilen belli sübvansiyonlar gibi) GSYİH'nın hesaplanmasında kamu harcamaları olarak yer almaz.

Kamu harcamaları, ABD'de GSYİH'nın %40'ıdır. GSYİH'nın yüzdesi olarak ifade edilen kamu harcamaları dünyada çok değişkenlik göstermektedir. Bu oran Bangladeş ve Orta Afrika Cumhuriyeti gibi ülkelerde %16 gibi düşük bir oranken Küba ve Lesotho gibi ülkelerde %65'e kadar çıkar. Çoğu gelişmiş ülkede GSYİH'nın kamu harcamaları içindeki payı %35-50 civarındadır.

Kamu Harcamalarındaki Sınırlar

Kamu harcamaları, vergi gelirinin tutarı ve borçlanma yetisi ile sınırlanır. Birleşik Devletler gibi bir ülke için bu pek sınırlayıcı bir etken değildir çünkü vergi zorunludur ve ABD hükümetinin borcu, finansman yatırımı olarak gözde bir araçtır. İktidardaki siyasi parti hangisi olursa olsun kamu harcamaları yükseliş eğilimindedir.

Eve Ekmek Götürme Politikası

ABD'de politika yerel bazda yapılır. Yani temsilciler ve senatörler, yeniden seçilme desteği almak için federal harcamaları kendi bölgelerine ve eyaletlerine yönlendirmeye isteklidirler. Politikacının eve ekmek götürememesi çoğunlukla yerine yenisinin seçilmesine neden olur.

Kamu harcamaları, sıklıkla durgunluk dönemlerinde tüketimi canlandırmak için kullanılır çünkü ekonominin diğer sektörleri harcama yapmazken çoğu zaman kamu sektörünün harcama yeteneği ve arzusu bulunur. Bu harcama çoğunlukla bir bütçe açığına neden olur çünkü kamu sektörü elde ettiği vergi gelirinden fazlasını harcar. Harcamanın verimliliği, ekonomik düşünce ekolleri arasında hararetle tartışılır. John Maynard Keynes'in eserinden etkilenen ekonomistler, kamu harcamalarını ekonominin uyaranı olarak desteklerler. Bu görüşe göre, kamu harcamalarının çarpan etkisi vardır: Devletin harcadığı bir dolar, GSYİH'nın bir dolardan fazla artmasına yarar. Klasik ya da özgürlükçü önyargılara sahip ekonomistler çoğunlukla kamu harcamalarının, özel harcamaları daha etkin bir şekilde dengelediğini ve uyarıcı bir araç olarak kullanılmaması gerektiğini iddia ederler (örneğin, devlet vergiler yoluyla paranızı elinizden alarak kendinize yeni bir televizyon satın almanızı engellememelidir).

NET İHRACAT

Net ihracat, yani ihracat eksi ithalat, GSYİH ölçümünde kullanılan son harcama değişkenidir. Yeni yerli üretimin ihracatı GSYİH'ya katkı yapar. Öte yandan ithalat GSYİH'yı eksiltir. Birleşik Devletler'in tipik olarak ticaret açığı bilançosunda çoğu sene net ihracat GSYİH'ya eklenmek yerine çıkarılır. Son yıllarda ihracattaki büyüme GSYİH'ya destek olmuştur. Çoğu ülkeye kıyasla ABD'nin net ihracatı, ekonomik faaliyetin çok ufak bir yüzdesini yansıtır. Hiçbir ülke ABD kadar uluslararası ticaret hacmine sahip olmasa da, Birleşik Devletler dünyanın ticarete en az bağımlı olan ülkelerinden biridir.

İhracat ve Ekonomik Büyüme

Net ihracat, Amerika'da çok önemli bir mesele olmayabilir fakat gelişmekte olan ülkeler için net ihracat ekonomik büyümenin yoludur. Çin, büyümesi net ihracata bağımlı ülkeler için önemli bir örnektir. Çin ekonomisi olgunlaştıkça sanayisi, yerli üretime daha çok yönlenmiş bir hale gelebilir.

Net ihracat hem döviz kurlarından hem de –tüketim ve yatırım gibi– faiz oranlarından etkilenir. Doların değerlenmesi, Amerikan mallarını nispeten pahalılaştırır, dolayısıyla ihracat düşer, ithalat artar. Öte yandan doların değer kaybetmesi Amerikan mallarını nispeten ucuzlatır, dolayısıyla ihracat artar, ithalat düşer. Faiz oranları, net ihracata, döviz kurları üzerindeki etkisi yoluyla tesir eder. Yüksek faiz doların değer kazanmasına yol açarak net ihracatı düşürür, düşük faiz ise doların değer kaybetmesini sağlayarak net ihracatı teşvik eder.

GSYİH YAKLAŞIMLARI

Yalanlar, Daha Büyük Yalanlar ve İstatistikler

Şimdiye kadar GSYİH'ya giderler toplamı olarak baktık: Tüketici giderlerini, özel yatırımları, kamu harcamalarını ve net ihracatı toplayın, işte size GSYİH! Oysa ekonomik büyümeyi ölçmenin yegâne yolu bu değil. Ekonomistler, gelir yaklaşımını (gelirlerin toplanması) veya üretim yaklaşımını da (hasılanın toplanması) kullanabilirler. Bu yaklaşımların her birinin aynı cevabı (GSYİH) verdiğine dikkat edin. Farklı şeyler hesaplamamaları gerekiyor. Ekonomiyi her üç yaklaşımı da kullanarak ölçerseniz kabaca aynı sonucu bulursunuz.

Ayrıca ekonomistlerin yıldan yıla görülen GSYİH'ları kıyaslamaları için reel ve nominal GSYİH arasındaki farkı da ele almaları gerekir.

GSYİH HESABINDA GELİR YAKLAŞIMI

Giderlere ekonomik büyümenin (veya daralmanın) işareti olarak bakarsak gelire de aynı şekilde bakabiliriz. Teorik olarak, gelir yöntemini de gider yöntemini de kullansanız GSYİH aynı kalmalıdır çünkü gelir gidere eşittir. Bu hesaplamada tasarruflar da giderin bir biçimidir. Tüketimle, yatırımla, kamu harcamalarıyla ve net ihracatla uğraşabilme gücü, kazanılan gelir ve yerli ürün üretimiyle sağlanır. Gelir kirayı, maaşları, faizi ve faktör piyasasında satılan üretim faktörlerinden elde edilen kârları kapsar.

Gelirin ölçümü, harcamaların ölçümünden daha karmaşıktır ve ekonomistlerin bir miktar beyin jimnastiği yapmasını gerektirir. Bunun bir nedeni, kârların tüzel kişilere, hissedarlara ve mal sahiplerine akmasıdır. Vergiler ile sübvansiyonlar da piyasada ödenen fiyat ile üreticilerin kazandığı gelir arasındaki farkı çarpıtır. Sonuçta ekonomistler için geliri ölçmek harcamaları ölçmekten bir parça daha zor olsa da şimdilik gelirin kira, maaşlar, faiz ve kârların toplamına eşit olduğu sonucunu çıkarmak yeterlidir. Bırakalım ayrıntıları BEA'daki ekonomistler dert edinsin.

Gelirin Eksik Beyan Edilmesi

Gidere karşı gelirin ölçülmesinde gerçek bir problemle karşılaşırız: Haneler ve işletmeler, vergi yükümlülüklerini azaltmak amacıyla gelirlerini eksik beyan etme dürtüsüne sahiptir.

ÜRETİM VEYA HASILA YAKLAŞIMI

GSYİH'yı hesaplamanın bir diğer yöntemi de, bir ülkedeki tüm üretim faaliyetlerinin yarattığı geliri toplamaktır. Bu yaklaşımda, üretim sürecinin her bir safhasındaki katma değer hesaplanır. Örneğin, araba bir nihai üründür fakat mühendisin ara girdisinin, belirlenebilen bir değeri vardır. Bu yaklaşımdaki bariz güçlük, ara ürünle nihai ürün arasındaki farka karar verebilmektir. 1 kg şeker ara ürün müdür nihai ürün müdür? Cevap, bunu kimin niçin aldığına bağlıdır.

Bu yaklaşımda, hem piyasa üretimi hem de piyasa dışı üretim değerlendirilmelidir. Piyasa üretimi, pazarda satılması için üretilen mallardır (şirketlerin ürettiği ıvır zıvır). Piyasa dışı üretim, pazarda satılmayan hizmetleri (kamusal yönetimler ya da kâr amacı gütmeyen kuruluşların sağladığı hizmetleri; örneğin, yörenizdeki okulun her yaz sunduğu ücretsiz öğle yemeği programını) kapsar. Piyasa dışı üretimin bir fiyat etiketi olmadığı için onu değerlendirmek zor olabilir, dolayısıyla genellikle üretim maliyeti olarak düşünülür.

Amerikan devlet kuruluşları GSYİH'yı hesaplamak için bu yöntemi kullanmazlar.

REEL GSYİH'YA KARŞI NOMİNAL GSYİH

Nominal ve reel kavramları, ekonominin genelinde görünür, bu bağlamda GSYİH da bir istisna değildir. Nominal GSYİH, güncel fiyatları kullanarak raporlanır. Ekonomistlerin yıldan yıla geçerli kıyaslamalar yapabilmeleri için geçen zaman içinde oluşan fiyat değişiklikleri söylenmelidir. Reel GSYİH, sonucu fiyatları sabit tutarak verir. GSYİH'yı hesaplarken fiyatlardaki değişiklikler (enflasyon) hesaba katılmazsa sonuçlar yanıltıcı olabilir; aslında gerçekleşen tek şey enflasyon olduğu halde ekonomi büyüyormuş gibi görünebilir.

Reel GSYİH'yı hesaplamak için nominal GSYİH'da fiyatlar düşürülmelidir. Renkli plaj topları üreten son derece basit bir ekonomi düşünün. Bu ekonomi, 2014'te her biri 1$'dan olmak üzere tamamı satılan 100 top üretmiştir. 2015'te her biri 1,25$'dan olmak üzere yine hepsi satılmış olan aynı toplardan yine 100 adet üretmiştir. Bu bilgilerle her yılın GSYİH'sı top sayısını o yılın piyasa fiyatıyla çarparak bulunur, dolayısıyla 2014'te nominal GSYİH 100$ iken 2015'te 125$ olur. Dışarıdan bir gözlemci, hasılanın %25 arttığı şeklinde yanlış bir sonuca varabilir. Oysa gerçek, hasılanın değişmeyip, fiyatların %25 yükselmiş olmasıdır. Gerçekten ne olduğunu karşılaştırmak için fiyatlar sabit tutulmalıdır. 2014 fiyatları kullanıldığında 2014'te ve 2015'te reel GSYİH 100$'dır, diğer bir deyişle, reel hasıla aynı kalmıştır.

GSYİH Deflatörü

Bir ekonomideki toplam enflasyonu (veya deflasyonu) belirli bir yılın nominal GSYİH'sını reel GSYİH'na bölerek saptayabilirsiniz. Örneğin nominal GSYİH 125$, reel GSYİH 100$ ise enflasyon %25'tir.

REEL GSYİH DEĞİŞİMLERİ VE İŞ DÖNGÜSÜ

Kemerlerinizi Bağlayın

Son elli yıl boyunca Amerika, durgunluk ve büyüme dönemlerinden oluşan değişimler yaşadı. Uzun vadeli bir ekonomik büyüme geçmişine karşın iniş çıkışlar meydana geldi. Diğer bir deyişle, GSYİH, yıldan yıla toplamda yükselip alçalmış olabilir fakat eğilim yükselme yönündedir. ABD'nin reel GSYİH'sı 1960'tan beri 10 trilyon dolardan fazla artmıştır.

GENİŞLEME VE DARALMA

Ekonomistler bu büyümeler ve daralmalar dizisine iş döngüsü adını verirler (bazı ekonomistler, "döngü" terimi, aslında var olmayan kestirilebilir bir örüntüyü ima ettiği için "dalgalanma" terimini kullanmayı tercih ederler).

İşgücü ve üretkenlik arttıkça ekonominin üretme kapasitesi de artar. Bu, ekonominin zamanla büyümesinin nedenini açıklar. Genişleme ve daralma dönemleri, ekonominin uzun vadeli üretme kapasitesine göre hasıladaki toplam harcama farklarına bağlanır. Genişleme dönemlerinde harcama, ekonominin kendi uzun vadeli üretim kapasitesini aştığı noktaya kadar artar. Daralmalar ise toplam harcama azalıp üretim kapasitesi atıl kaldığında meydana gelir.

İş Döngüsü Ölçümleri

İş döngüleri, hem GSYİH'ya hem de işsizliğe bakılarak ölçülür. Ekonomik genişleme dönemlerinde işsizlik azalır, GSYİH artar. Durgunluk dönemlerinde ise bu durumun tersi oluşur.

Uzun bir araba yolculuğu yaptıysanız iş döngülerini anlayabilirsiniz. Gidiş geliş tek şeritli bir karayolunda trafiğin akış hızına göre gittiğinizi düşünün. Akış hızı bir normdur ve bu norm ortalama ekonomik büyüme oranını yansıtır. Bazen önünüze çok yavaş giden bir araba çıkar; siz de karşı yönden gelen trafiği gözler, yol açıksa hızlanıp, yavaş giden sürücüyü sollar geçersiniz. Sollamak, harcamanın üretim kapasitesini geçtiği dönemleri simgeler. Yavaş seyreden trafiği geçmeye çalışırken arada bir hata yaparsınız. Karşıdan gelen trafiği kollar, sollama hareketinizi yaparsınız ve karşı şeritte tam yüklü bir tırın hızla yol aldığını fark edersiniz. Hemen kendi şeridinize geri dönersiniz, korkuyla titrer, hâlâ hayatta olduğunuza şükrederek hızınızı saatte 60 km'ye düşürürsünüz. Bu tür olaylar, ekonomik daralmaları temsil eder. Sonunda kendinizi toparlayıp, yine trafiğin akış hızına göre seyretmeye başlarsınız.

Şimdi, iş döngüsünü gerçekten anlayabilmek için arabayı, gözleriniz bağlı şekilde, Swahili dilinde konuşan aşırı miyop bir yolcunun verdiği yol bilgisine dayanarak sürdüğünüzü varsayın. Kuşkusuz ilginç bir yolculuk olur. Neden gözler bağlı ve neden Swahili dili? Medyumlar, kâhinler, meteoroloji uzmanları ve nadir ekonomistler dışında çoğu Amerikalı, geleceği görmekte zorlanır. Ekonomistlerin ve finans uzmanlarının dilini anlamak da çoğu zaman zordur.

İş Döngüsünün Dört Evresi

Ekonomistler genel olarak iş döngüsünün dört evresine dikkat çekerler:

1. Genişleme, GSYİH aydan aya büyüyüp işsizlik azaldığında gerçekleşir.
2. Tepe, GSYİH en yüksek seviyesindeyken –işsizlik artmaya ve diğer ekonomik göstergeler düşmeye başlamadan hemen önce– gerçekleşir.
3. Daralma, GSYİH'nın büyümesi yavaşladığı veya inişe geçtiği zaman gerçekleşir. Durgunluk, özellikle peş peşe iki çeyrekte reel GSYİH'da düşüş görülmesi olarak tanımlanır.

4. Dip, GSYİH'nın iyileşmeye başladığı daralma ile genişleme arasındaki dönemdir.

Bu tarifler açık olduğu için ekonomistler ancak o evre geçtikten *sonra*, hangi evre olduğunu saptayabilirler.

İŞ DÖNGÜSÜ TEORİLERİ

Ekonomistler, ekonominin neden dalgalandığı konusunda anlaşamazlar. Suçlu, savaşlar gibi dış nedenler midir? Yoksa iş yenilenmesi gibi iç faktörler midir? Ayrıca sıkıntılı dönemlerde ne yapılması gerektiği konusunda da anlaşamazlar. Devlet işe ne kadar karışmalı? Bu, hangi ekonomistle konuştuğunuza göre değişir.

- Milton Friedman'ın monetaristleri, iş döngüsünün, para arzının kötü yönetilmesinden kaynaklandığını ileri sürerler. Aşırı genişleme dönemlerini çok fazla para arzı, daralma dönemlerini ise dolaşımda çok az paranın bulunması yaratır.
- Keynes, iş döngüsünün "ekonomik moralden" kaynaklandığını, aslında işletmelerin de bipolar (manik-depresif) olduğunu öne sürer. Keynes'in ekonomik morali, akılcı karar verme yetisini bulandıran duyguları temsil eder. Bu ekonomik morali, işletmelerin yatırım yapma istekliliği ifade eder. İşletmeler manik haldeyken aşırı derecede yatırım yapar, depresif evreye düştüklerinde yatırıma isteksiz olurlar.
- Diğer çoğu teori, iş döngüsünün harcama değişimlerinden kaynaklandığını savunur fakat Reel Konjonktür Teorisi, iş döngüsünün nihai sebebi olarak verimlilikteki değişimlere odaklanır.

GSYİH BİZE NEYİ ANLATMAZ?

Para Her Şey Değildir

Merhum başkan adayı Robert F. Kennedy 1968'deki bir konuşmasında, ekonomik performansın o zamanki temel ölçütü olan GSMH'nın zayıflığını aşağıdaki şekilde ifade etmişti:

> *Kişisel mükemmeliyetimizden ve toplumsal değerlerimizden, maddiyat birikimi uğruna çok uzun süredir fazlasıyla vazgeçtik. Gayrisafi milli hasıla ... Amerika'yı bununla yargılarsak ... hava kirliliğini, sigara reklamlarını ve katliam dolu karayollarımızı temizleyecek ambulansları kapsıyor. Kapılarımızın özel kilitlerini ve onları kıran kişiler için yapılan hapishaneleri kapsıyor. Kızılağaçları yok ederek çevreye plansız programsız yayılırken doğa harikalarımızın yitimini kapsıyor. Napalm bombasını, nükleer savaş başlıklarımızı ve şehirlerimizdeki isyanları bastıran polisin zırhlı araçlarını kapsıyor. Whitman'in tüfeğini, Speck'in bıçağını ve çocuklarımıza oyuncak satmak için şiddeti yücelten televizyon programlarını kapsıyor.*
>
> *Bununla birlikte gayrisafi milli hasıla çocuklarımızın sağlığını, eğitimin kalitesini veya oyunlarının sevincini hesaba katmıyor. Şiirimizin güzelliğini veya evliliklerimizin sağlamlığını kapsamıyor; toplumsal müzakerelerimizdeki zekâyı ya da kamu görevlilerimizin dürüstlüğünü hesaba katmıyor. Aklımızı da cesaretimizi de; bilgeliğimizi de öğrenimimizi de; merhametimizi de ülkemize bağlılığımızı da ölçmüyor; kısacası hayatı yaşamaya değer kılanlar dışında kalan her şeyi ölçüyor. Bize, Amerikalı olmaktan gurur duymamızı sağlayan nedenler dışında Amerika hakkında her şeyi anlatıyor.*

REEL GSYİH VE TOPLUMSAL FAYDA

Kennedy'nin vurgulamak istediği konu açık. GSYİH, tüm kapsayıcılığına rağmen birçok önemli şeyi -özellikle çocuklarınıza ya da yaşlı anne babanıza bakmak gibi ücretsiz işgücünün değerini- hariç tutmaktadır. Bununla birlikte, reel GSYİH arttıkça milyonlarca insanın kıtlığın ve mutlak yoksulluğun getirdiği sıkıntılardan kurtulduğu gerçeğini de göz önüne alın. Bugünün görece yoksulu ile dünün görece zengini benzer koşullar içinde yaşamaktadır. Önceki nesillerin yaşamlarıyla kıyaslandığında sağlık hizmeti, eğitim, beslenme, sağlıklı yaşam ve konut edinme olanakları reel GSYİH'daki artışlarla birlikte artmıştır. Bunlar da insan ömrünün uzamasına yol açmıştır.

Reel GSYİH'daki artışa, artan boş zaman da eşlik etti. Haftalık ortalama çalışma saati azaldı, tatil günlerinin sayısı arttı. GSYİH'nın refahın ölçüsü olarak, zayıf ve kuvvetli olduğu noktalar vardır.

Kişi Başına GSYİH

Kişi başına GSYİH, GSYİH'nın nüfusa bölünmesiyle bulunur. Toplam refahın göstergesi olarak büyük bir kusuru vardır. Kişi başına GSYİH, gelirin nüfusa nasıl dağıldığının göstergesi değildir. ABD ile Norveç'in kişi başına GSYİH'ları yüksektir fakat Norveç ile kıyaslandığında temel fark, ABD gelirlerinin nüfusa eşit dağılmamış olmasıdır. Kişi başına GSYİH'nın yüksek olması, toplumda görece yoksulluk içinde yaşayan insanların olmadığı anlamına gelmez.

GSYİH VE ÇEVRE

Eleştirmenler, GSYİH'nın çevresel bozulmayı hesaba katmadığını söylerler. GSYİH, harcama ve hasılaya odaklandığı için, ekonomi mekanizması, büyümenin devam etmesi amacıyla daha fazla üretim yapmak ister. Bu büyümenin bedelini çevre öder. Eleştirmenlere göre, ormanların yok edilmesi, iklim değişiklikleri, kirlilik ve diğer çevresel sorunlar, GSYİH'ya dar görüşlü bir şekilde odaklanmanın doğal sonucudur. Diğerleri ise, insanların reel GSYİH'daki artış sayesinde yeterince varlıklı olduklarını, dolayısıyla çevreye özen gösterecek vakitleri olduğunu öne sürerek GSYİH'yı savunurlar. Günümüzde en yüksek GSYİH'ya sahip ülkeler, çevre bilinci olan vatandaşların ortaya attığı konulara en çok değinen ülkelerdir.

Bazı ülkeler, ekonomik büyümenin çevreye maliyetini de hesaba katan "yeşil GSYİH" denen ölçümler keşfetmektedirler.

EKONOMİNİN DİĞER ÖLÇÜMLERİ

GSYİH'nın ölçtüğü kalemler hakkındaki şikâyetlere cevaben, kusurlarını irdeleyen başka formüller de keşfedilmiştir. Bunlardan bazıları aşağıdaki gibidir:

- Sürdürülebilir Ekonomik Refah Endeksi, gelir dağılımı ve kirliliği de hesap eder.
- Gerçek Gelişim Göstergesi, bir ülkenin vatandaşlarının refahını, ücretsiz işgücü (ev işleri, çocuk bakımı, gönüllü işler) ve diğer istatistikleri de katarak ölçer.
- Fordham Sosyal Sağlık Endeksi, uyuşturucu kullanımı, cinayet ve gelir dağılımı eşitsizliği gibi sosyal refahı da hesaba katar.
- Birleşmiş Milletler İnsani Gelişmişlik Endeksi, ortalama yaşam süresi ve eğitimden faydalanma imkânını da dahil eder.
- Mutlu Gezegen Endeksi, ekonomik sağlık yerine kişisel mutluluğu veya iyiliği ölçmeye çalışır.

Para Konuşur

Gelir dağılımı eşitsizliği
Gelirin bir ülkedeki haneler arasında düzensiz şekilde dağılımıdır.

İŞSİZLİĞİN TANIMLANMASI

İşim Nereye Gitti?

Duyabileceğiniz en sevindirici şeylerden biri de şu sözlerdir: "Sizi beğendik, bu şirket için en uygun kişisiniz. Tebrikler, işe alındınız!" duyabileceğiniz en kötü şeylerden biri ise şöyledir: "Kovuldunuz!" İşsizlik, ekonominin birdenbire yaşamınızla çok ilgili görünmesini sağlayabilir. Ekonomistler, bu çok rastlanan olguyu tanımlar, ölçer, sınıflandırır, değerlendirir ve anlamaya çalışırlar. Birçok ekonomist, işsizlik sorununu minimize etmeyi meslek haline getirmişlerdir, politika üretenler ise bunu gerçekleştirmeleri için politik baskı altındadır.

İŞSİZLİK NEDİR, NE DEĞİLDİR?

Nüfus İdaresine göre, 2008'de ABD nüfusu yaklaşık 300 milyondu ve 145 milyonu istihdam edilmişti. Kaçı işsizdi? Bu sorunun cevabının verilen bilgiden çıkarılamaması size şaşırtıcı gelebilir. Doğru, buradan 155 milyon kişinin çalışmadığı sonucunu çıkarabilirsiniz ama bu hepsinin ille de işsiz oldukları anlamına gelmez. Yeni yürüyen bebeklerle anaokulu öğrencileri işsiz midir? İşsizlerin sayısını belirlemek için, önce işsizlik terimini tanımlamalısınız. On altı veya üzeri yaştaki kişiler, son dört hafta içinde fiilen iş aramış ve halen işe alınmamışlarsa işsiz olarak düşünülürler. İstihdam edilmiş olanlar, geçen iki hafta içinde en az bir saat çalışmış olanlardır. Her iki kriteri de karşılamayan kişiler, istihdam edilenlerle edilmeyenlerin toplam sayısını veren işgücünün içinde sayılmazlar. Haberlerde sözü edilen işsizlik oranı işsizlerin nüfus içindeki oranı değil, halen istihdam edilmemiş olanların işgücü içindeki oranıdır.

İşsizlik Oranı Artıyor

İşsizlik oranındaki bir artış, daha az sayıda kişinin istihdam edildiği anlamına mı gelir? İstihdam edilenlerin sayısı arttığı zaman işsizlik oranının da artması mümkündür. İkinci Dünya Savaşı sırasında kadınların iş hayatına katılımı veya askeri personelin sivil hayata dönüşü gibi işgücüne katılımda gerçekleşen demografik bir değişiklik, toplam istihdam arttığı halde işsizlerin işgücüne olan oranının arttığı bir durum yaratabilir.

İşgücüne katılmamanın birçok nedeni vardır. Tam zamanlı öğrenciler, evde oturan ebeveynler, engelliler ve bakımevine yerleştirilen kişiler işgücüne katılmazlar. Fiili görevdeki askeri personel de, işgücünün bir parçası olarak sayılmaz. Zaman içinde herhangi bir noktada, işgücüne giren, çıkan ve yeniden giren insanlar vardır. Ayrıca, insanlar her zaman işe alınmakta, işten çıkarılmakta veya ücretsiz izne çıkarılmaktadırlar. Bazı kişiler de istifa etmekte ya da emekli olmaktadırlar. İşgücüne katılım oranı sürekli dalgalanmaktadır, bu da işsizliğin ölçümünü çok zor bir görev haline getirir.

İŞSİZLİĞİN ÖLÇÜLMESİ

ABD Çalışma Bakanlığı'nın İşgücü İstatistik Bürosu (BLS), ABD'deki işsizliği izler. Nüfus İdaresi, ayda bir kez, Güncel Nüfus Anketi yapar. Yaklaşık 60.000 örnek hane halkına işgücüne katılımları konusunda ayrıntılı sorular yöneltilir. BLS bu anketteki verileri ekonomistlerle politika üretenlerin kullandığı çeşitli istihdam istatistiklerini hesaplamakta kullanır.

İşsizlik Verileri

Son işsizlik ve işgücüne katılım verileri, www.bls.gov adresinden bulunabilir. İşgücü İstatistik Bürosu'nun web sitesi, yüzlerce tabloya, grafiğe, basın açıklaması ve araştırma makalelerine erişmenize imkân verir. Web sayfası, işsizlik verilerine ilaveten son enflasyon bilgisini de içerir.

Ekonomistler, ülkedeki işsizliğin tam bir tablosunu elde edebilmek için nüfus anketinin yanı sıra kadrolu iş kayıtlarına, yeni işsizlik sigortası taleplerine ve diğer verilere de bakarlar. Tarım dışı kadrolu iş kayıtları, ekonomistlere, ekonomide ne kadar işe alım gerçekleştiği konusunda iyi bir fikir verir. Yeni işsizlik sigortası talepleri, Güncel Nüfus Anketinin sonuçlarının doğruluğunu onaylama görevi görür. Politika üretenler, üretimde gerçekleşen haftalık çalışma süresine de bakarlar. Haftalık çalışma süresindeki düşüşler fabrikaların boş kaldığını ve işçilere geçici olarak yol verilmiş olabileceğini gösterir. Haftalık çalışma süresindeki artışlar, firmaların gelecekte işçi alacaklarını gösterebilir.

BLS, anket verilerini, işsizliği hesaplamanın yanı sıra işgücüne katılım oranını ve istihdamın nüfusa oranını hesaplamakta da kullanır. İşgücüne katılım oranı, istihdam edilmemiş veya edilmiş şeklinde sınıflanan çalışma yaşındaki nüfusun yüzdesidir. ABD'de, ortalama işgücüne katılım oranı %65'tir. İstihdamın nüfusa oranı, istihdam edilmiş olarak sınıflandırılan çalışma yaşındaki nüfusun yüzdesidir. Gençler, işgücüne katılmayı geciktirdikleri için son on yılda her iki oran da düşmüştür. Bu, koleje veya üniversiteye devam edenlerin artmasının veya askere yazılanlardaki artışın bir sonucu olabilir.

İŞSİZLİĞİN SINIFLANDIRILMASI

Arada Kaynayanlar

İşsizlik tanımının dar tutulması yüzünden, işsiz olduğunu ya da yeterli iş imkânı bulamadığını düşündüğünüz kişilerin resmi işsizlik istatistiklerinin kapsamı dışında bırakıldıklarını düşünebilirsiniz.

- Çok az bağlı çalışanlar, resmi işsizlik oranında hesaba katılmazlar. Bu kişiler, önceki on iki ay içinde iş arayıp da son dört haftadır iş aramamış olan çalışmaya uygun ve hazır kişilerdir.
- Bazıları hayal kırıklığı içinde iş aramayı bırakmışlardır. Bu "bezgin işgücü", genel anlamda işsizdir fakat teknik tanıma uymadıkları için resmi işsizlik oranı onların sayısını da yansıtmaz.
- Ayrıca, işlerini kaybetmiş olan birçok tam zamanlı çalışan, yarı zamanlı olarak tekrar işe alınmıştır. Artık bir fast food restoranının arabaya servis bölümünde çalışan Detroitli bir otomotiv mühendisi buna örnektir.

BLS, resmi işsizlik oranına ilaveten çeşitli işsizlik oranları da yayınlar:

- U1 sadece on beş hafta ya da daha uzun süredir işsiz olan kişileri kapsar.
- U2 istifa edenlerin veya işgücüne katılan ya da tekrar girenlerin aksine, sadece işini kaybedenleri kapsar.
- U3 resmi işsizlik oranıdır.
- U4 resmi işsizlik oranına bezgin çalışanları da ekler.
- U5 tüm çok az bağlanmış çalışanları kapsar.
- Ve U6, en geniş kapsamlı işsizlik ölçüsüdür ve öncekilerin tamamına ilaveten ekonomik nedenlerle yarı zamanlı çalışan kişileri de kapsar.

İŞSİZLİK TİPLERİ

Ekonomistler, işsizliğin çeşitli sınıflandırmalarının nedenleri üzerinde niteliksel ayrımlar yaparlar. İşsizliğin hepsi de aynı değildir. Bazı tipleri, birey için de ekonomi için de olumludur. Diğer tipleri, birey için kötü olmakla birlikte toplumun yararınadır. Son olarak, hem birey için kötü hem de toplum için maliyetli olan bir işsizlik tipi vardır. Üç işsizlik tipi de geçici, yapısal ve konjonktüreldir (döngüseldir).

Geçici İşsizlik

%0 işsizlik, toplum için iyi bir hedef midir? Kesinlikle değildir. %0 işsizlik hedefi, geçici işsizliğin varlığını göz ardı eder. Geçici işsizlik, insanlar gönüllü olarak işgücüne katıldıklarında veya yeterli oldukları iki iş arasında bulunduklarında meydana gelir. Geçicidir çünkü işgücü piyasası, tüm uygun çalışanlarla tüm mevcut işleri otomatik olarak eşleştirmez.

İş arayışı, doğru çalışanın doğru işi bulabilmesi için bir zaman gerektirir. İş başvurusu yapanlar uygun işlerle eşleştiklerinde hem çalışanlar hem de toplum fayda görür. Makine mühendislerinin hayvan bakıcılığı alanında değil makine mühendisliği alanında iş bulmasını istersiniz.

Geçici işsizlik oranı nispeten düşüktür ve teknoloji ilerleyip, arayış zamanı azaldıkça giderek daha da düşer. Online iş arama siteleri ile sosyal ağların ortaya çıkması, çoğu çalışan için iş arama süresini kısaltmıştır.

Devlet Teşvikleri ve Geçici İşsizlik

Devlet teşvikleri ülkeler arasında geçici işsizlik oranlarında farklılıklar yaratır. Cömert işsizlik yardımları, çalışanlara iş aramakla daha çok zaman geçirme dürtüsü verip, ülkedeki geçici işsizliği artırır. Amerikan işsizlik yardımları Avrupa'dakilerden daha düşüktür. Sonuç olarak, Amerikalılar iş aramak için daha az zaman harcar; dolayısıyla, geçici işsizlik nispeten daha düşüktür.

Yapısal İşsizlik

İş arayanların becerileri, coğrafi konum nedeniyle ya da önemini kaybetmesi yüzünden talep görmüyorsa yapısal işsizlik oluşur. Sanayiler, ülkenin belli bölgelerinde ortadan kalkınca veya başka bölgelerde konuşlanınca çalışanlar işle birlikte taşınamayabilirler. Bu, çalışanların artık talep görmeyen bir beceriyle ortada kalmalarına neden olur. Bu çalışanlar ya yeniden eğitim almalı ya da daha az beceri isteyen bir işte daha düşük ücretle çalışmaya razı olmalılardır. Yapısal işsizlik çoğunlukla ekonomist Joseph Schumpeter'in yaratıcı yok etme adını verdiği şeyin sonucudur. Yenilenme eski teknolojiler ve bu teknolojilerle çalışan eski endüstrilerin yok edilmesi, yeni teknolojiler ve bu teknolojilerle çalışan yeni endüstrilerin kurulmasıdır.

Kişisel bilgisayarların icadı, daktiloların ölüm haberiydi. Yeni teknoloji geliştikçe eski teknoloji ile endüstrisi yok edildi. Zamanla, kalifiye daktilo tamircileri becerilerinin artık talep edilmediğini gördüler ve işlerini temelli olarak yitirdiler. Bu olurken yeni endüstride yeni işler yaratılmaktaydı. Çalışanların sorunu, kendi becerilerinin yeni endüstriye dönüşememe ihtimalidir. Yapısal işsizliğin çözümü, öğrenmek ve yeniden eğitim almaktır.

İşsizlik Sınıflandırmaları

Bir insanın hem geçici hem de yapısal işsiz olması mümkün müdür? İşsizlik sınıflandırması tam bir bilim değildir. Ehil olmadığı başka bir işi aramak için işinden isteyerek ayrılan biri, hem geçici hem de yapısal işsiz olur. Bir durgunluk döneminde işten atılan biri kendini, geçici, yapısal ve konjonktürel işsiz olarak bulur.

Yapısal işsizliğin mevcudiyetinin bir diğer nedeni, etkin ücretlerin işgücü piyasasındaki varlığıdır. Etkin ücretler, piyasanın denge ücretini aşar. Etkin ücretlerin amacı, çalışanın verimliliğini teşvik etmektir. Etkin ücret alan işçiler, rakip firmalarda eşdeğer ücretler alamayacaklarını bilirler böylece maaşlarını aldıkları firma için daha çok çıktı üretmeye motive olurlar. Etkin ücretlerin, işgücü piyasasına katılım için daha çok kişiyi ikna etmek gibi ilave bir etkisi de vardır. Etkin ücret, bu yeni girenlere cazip geldiği ve daha düşük piyasa ücretleriyle çalışmak istemedikleri için yapısal işsizlik düzeyinde bir artışı temsil ederler. Daha fazla katılımcı piyasayı çekici buldukça o kadar kalifiye olmayan işçiler daha fazla rekabetle karşılaşır ve daha yüksek işsizlik oranlarından mağdur olurlar.

Konjonktürel (Döngüsel) İşsizlik

İşsizliğin en sinsi tipi, konjonktürel olanıdır. Konjonktürel işsizlik, konjonktür dalgalanmalarındaki daralmalar yüzünden meydana gelir. Gönüllü olmadığı gibi, beceri uyuşmazlığının sonucu da değildir. Durgunluk dönemlerinde, daima mevcut olan geçici ve yapısal işsizlik oranlarına konjonktürel işsizlik de eklendiği için resmi işsizlik oranı artar. 2007'de başlayan durgunlukta resmi işsizlik oranının %5'ten %10'a yükseldiği görüldü. İlave artış, tamamen konjonktürel işsizliğe bağlıdır.

Konjonktürel işsizliğin gerçek sorunu, bir geri besleme döngüsü yaratmasıdır. Bir grup, konjonktürel olarak işsiz kalınca harcamaları keser ve bu da daha fazla konjonktürel işsizliğe yol açar. Bu geri besleme döngüsü, Büyük Buhran esnasında %25 işsizlikle sonuçlanmıştır. Politika üretenler, konjonktürel işsizliğe, isteğe bağlı mali ve parasal politika ile karşılık verirler. Ayrıca, işsizlik parası gibi otomatik dengeleyiciler, durumdan etkilenen çalışanların biraz harcama kapasitesi edinmelerini sağlayarak geri besleme döngüsünü kırmaya yardımcı olur. Nihayetinde politika üretenlerin amacı, konjonktürel işsizliği toptan bertaraf etmektir.

TAM İSTİHDAM

Ekonomi optimum kapasitede üretim yaptığı, yolda hız sınırını aşmadan ilerlediği, hızlanmadığı ya da çok yavaşlamadığı zaman, tam istihdamın söz konusu olduğunu varsayabiliriz. Tam istihdam, ekonomide konjonktürel işsizlik bulunmadığında gerçekleşir. Bu ekonomik Nirvana, politika üretenlerin muhafaza etmeye çalıştıkları hedeftir.

Ekonomistler, tam istihdamı, doğal işsizlik oranıyla bağdaştırırlar. Nobelli ekonomistler Milton Friedman ile Edmund Phelps'in geliştirdiği doğal oran hipotezi, uzun vadede ekonominin enflasyon oranından bağımsız olarak devam ettirdiği bir işsizlik seviyesi olduğunu öne sürer. Bu görüşe göre, ekonomi tam istihdamı sürdürecek ve çoğu zaman doğal işsizlik oranını görecektir.

Doğal işsizlik oranının farklılık göstermesi mümkündür. Geçici ve yapısal işsizlik oranları değişirse doğal işsizlik oranı da değişir. İş arayanların arama süresini sürekli azaltan bir teknoloji, hem geçici işsizliği hem de doğal işsizlik oranını düşürme etkisine sahiptir. Uzun işsizlik süreleri için cesaret veren ya da cesaret kıran işsizlik ödeneğindeki kalıcı değişiklikler de doğal işsizlik oranını etkiler. Son olarak da, çalışanın verimindeki kalıcı artışlar doğal işsizlik oranını düşürür.

Ülkelerin doğal işsizlik oranları farklıdır. ABD gibi daha pazara yönelik ekonomilerde doğal işsizlik oranı düşüktür. Sosyalist ekonomilerde doğal işsizlik oranı daha yüksek olma eğilimindedir. Ekonomistler, sosyalist ekonomilerin, işgücü piyasalarının daha az esnek olmasına yol açan devlet politikaları nedeniyle hem geçici hem de yapısal işsizlik oranlarının daha yüksek olduğunu farz ederler. En yüksek doğal işsizlik oranları, işgücünün vasıfsız ve durağan olduğu, yeni iş alanları açmanın ise yozlaşmış, yetersiz hükümetler tarafından engellendiği ülkelerde gerçekleşir.

İşsizlik, bireyler ve ekonomi için ölçülebilir bir maliyet doğurur. İşsizliğin fırsat maliyeti, ABD ekonomisinin ölçeği ele alındığında muazzamdır.

İşçiler işsiz kalınca üretim yapamazlar. Ekonomist Arthur Okun'a göre, resmi işsizlik oranı doğal işsizlik oranını %1 oranında geçtiği zaman, gerçekleşen reel GSYİH ile potansiyel reel GSYİH arasında %2'lik fark oluşur. 2009'un GSYİH ve işsizlik rakamları ele alındığında, gerçekleşen hasıla 14 trilyon$ iken işsizlik %10'du ve doğal oranın %5 olduğu varsayılırsa gerçekleşen hasılanın potansiyel değerinin 1 veya 2 trilyon doların altında olmuş olması muhtemeldir. Kıyaslarsak, 2 trilyon dolarlık hasıla açığı, Fransa'nın tüm ekonomik hasılasının feda edilmesine eşdeğerdir.

İŞSİZLİĞİN KİŞİSEL VE TOPLUMSAL BEDELLERİ

İşsizliğin bireylere getirdiği bedeller de ağırdır. Uzamış bir işsizlik dönemi, ailenin birikimlerini silip süpürebilir ve onları borç içinde bırakabilir. İşsizlik, hayatın normal akışını aksatır ve uzarsa ilgili bireyde sağlık sorunlarına ve psikolojik problemlere yol açabilir. Ayrıca aile içi şiddet vakalarının oranı da işsizlik oranındaki değişikliklerle doğrudan bağlantılıdır. Ayrıca, işsizliğin yüksek olduğu dönemler, boşanmaların ve çocuk terk etme vakalarının artışıyla da bağdaştırılır.

Uzayan ve yaygınlaşan işsizlik, suç ve kargaşa ile de doğrudan bağlantılıdır. Kalıcı yüksek işsizlik oranı yüzünden huzuru kaçan şehirler, mala karşı işlenen suçlar ve şiddet suçlarından da mustarip olurlar. Amerika'nın iç kesimlerindeki şehirlere yapılacak bir ziyarette bunun kanıtlarına rastlanabilir. Gelişmekte olan dünyadaki huzursuzluğun çoğu, yüksek işsizlik oranlarıyla örtüşür. Böyle yerlerde, işsiz kalan kişilerin olay çıkardığı ya da bir yerleri havaya uçurduğu pek de ender rastlanan bir şey değildir. Görünen o ki, dünyanın birçok problemi için gerekli koşulları yaratan şey işsizliktir.

İşsizlik Vergisi

Yüksek işsizlik oranları, işletmeleri de etkiler çünkü işsizlik ödentileri büyük oranda işletmelerden alınan vergiler kanalıyla yapılır. İlaveten, yüksek işsizlik dönemlerinde geliri yükseltmeye çalışan hükümetler ve yerel yönetimler, çoğunlukla işletmelerden alınan vergileri yükseltir ve işçi alım kabiliyetlerini düşürmüş olurlar.

İŞSİZLİK TRENDLERİ

ABD ekonomisi çeşitli ekonomik değişimlerden geçti. Başta, Birleşik Devletler bir tarım toplumuydu ve istihdamın çoğu çiftçilikle ilgiliydi. Sanayi Devrimi, üretim istihdamına yönelik bir değişim getirdi. Günümüzde çoğu yeni iş kolu hizmet sektöründe açılmaktadır. Amerika tarım ve üretimden uzaklaştığı için bu alanlardaki iş imkânları giderek azalacaktır. Küreselleşme, birçok düşük vasıflı işi yurtdışına kaydırmış, Amerika'nın düşük vasıflı işçilerine daha az fırsat bırakmıştır.

İşgücü talebini işçi verimi yönlendirir. İşçiler ne kadar vasıflıysa onların işgücüne talep o kadar çoktur. Geleceğin işçileri rekabet edebilmeyi sürdürmek istiyorlarsa, sadece Amerikalı hemşerileriyle değil, dünyanın geri kalanıyla da rekabet etmekte olduklarını idrak etmelidirler. Liseden mezun olup da fabrikada iyi maaşlı bir iş bulabildiğiniz günler artık geride kaldı, tabii eğer Çin'de yaşamıyorsanız. Küresel iş piyasasında rekabet edebilmek için Amerikalılar eğitim almaya, hareketli olmaya ve işverenlerin değişen ihtiyaçlarına sürekli uyum sağlamaya hazır olmalıdırlar.

İŞSİZLİKTE DEMOGRAFİK FARKLILIKLAR

İşsizliğe demografik açıdan bakıldığında, alt nüfuslar arasında belirgin farklar gözlenir:

- Erkeklerde işsizlik oranı kadınlardakinden daha yüksektir.
- Beyazların işsizlik oranı, İspanyol kökenlilerinkine göre daha düşüktür.
- İspanyol kökenlilerin işsizlik oranı, siyahlarınkinden daha düşüktür.
- Genç işçiler, yaşlılara göre daha fazla işsiz kalırlar.
- Eğitimli işçilerin işsiz kalma olasılığı okulu bırakmış işçilerden çok daha azdır.

İşsizlikteki sapmayı göstermek için 2008 işsizlik oranlarındaki 25 yaş üstü, evli, beyaz kadınlarla 25 yaş altı, bekâr, siyah erkekler arasındaki farka bakın. İlk grupta işsizlik oranı %3,3 iken ikinci grupta oran %17,5'tir. İşsizliğin demografik bakımdan en belirleyici faktörü yine de eğitimsel kazanımdır. Durgunluk dönemlerinde bile, kolej mezunlarının işsizlik oranları %6'nın altında kalır.

Eğitimin Avantajı

İşgücü İstatistik Bürosu'nun (BLS) Mayıs 2015 raporuna bir bakış atınca, aşağıdaki grupların işsizlik oranları görülür:

- Lise diplomasından düşük derece: %8,6 (Mayıs 2014'te %9,29'du)
- Lise mezunu, kolej eğitimi yok: %5,8 (Mayıs 2014'te %6,5'ti)
- Bir kolej veya ön lisans derecesi: %4,4 (Mayıs 2014'te %3,2 idi)
- Lisans derecesi veya daha yüksek dereceler: %2,7 (Mayıs 2014'te %3,2 idi)

ENFLASYONUN TANIMLANMASI

Değeri İnanılmaz Düşen Dolar

Birkaç yıl önce benzin fiyatları aniden yükselince biraz hayal kırıklığına uğramadınız mı? Benzin fiyatlarındaki artış, yükselen bu maliyeti karşılamak için harcamalarınızı değiştirmeniz yüzünden muhtemelen biraz zorluk yaratmıştır. Şimdi, sadece benzin fiyatlarının değil, aldığınız neredeyse her şeyin fiyatının aniden beklenmedik şekilde arttığını varsayın. Sabit bir geliriniz varsa yüksek fiyatların mali durumunuzu mahvettiğini görmeden önce bütçenizi tutturabilmek için yapabileceğiniz tek şey çok fazla değişiklik yapmaktır. Ekonominin nasıl işlediğini kavramak istiyorsanız enflasyon, anlamanız gereken bir fenomendir.

ENFLASYON NEDİR?

Merkez bankasını yönetenleri enflasyon kadar korkutan başka bir kelime daha yoktur. Fiyatlarda genel bir artış ya da paranın alım gücünde düşüş olarak tanımlanan enflasyon sadece merkez bankası yöneticilerine sorun yaratmakla kalmaz. Enflasyon, ekonomide rol alan herkesi etkiler. Kamu kuruluşları, işletmeler ve haneler enflasyonun etkilerine maruz kalırlar.

Enflasyon, ya aşırı talep ya da üreticilerin birim maliyetlerindeki artıştan doğar fakat dolaşımda çok fazla para olmasıyla da devam eder. Başıboş bırakılırsa enflasyonun toplum için dehşet verici sonuçları olabilir.

1920'lerde Alman Weimar Cumhuriyeti aşırı enflasyon mağduru oldu. Hükümet, vergi koyarak veya borçlanarak gelirini artırmak yerine alımlarını yapabilmek amacıyla para basmaya başladı. Sonuç, aşırı enflasyondu. Bazı tarihçiler, enflasyon döneminin ve sonucunda Weimar hükümetine olan güven kaybının Hitler'in iktidara yükselişine zemin hazırladığını düşünmektedirler.

Hiperenflasyon

1945 ve 1946'da Macaristan'daki enflasyon o kadar şiddetliydi ki, fiyatlar onlar ve yüzlerle değil, milyarlar, trilyonlar ve hatta oktilyonlarla (bin katrilyon) ölçülürdü. Macar hiperenflasyonu döneminin sonunda, dolaşımdaki toplam pengö tutarının değeri, 1 pengönün başlangıçtaki değerinden bile azdı.

1970'lerdeki Büyük Enflasyon diye bilinen dönemi hatırlayabilirsiniz. Vietnam Savaşı, OPEC, ayarlanabilir kur sisteminin (dünya paralarının dolara sabitlendiği sistemin) çöküşü ve kötü yönetilen para politikası, yükselen fiyatlara ve belirsizlik durumuna yol açtı. Amerikan enflasyonu, Weimar Cumhuriyeti'ndeki ve günümüz Zimbabwe'sindeki enflasyonun yanına bile yaklaşmamış olmasına rağmen, politik kargaşaya yol açtı ve politika üretenleri fiyat seviyelerini idare etme yöntemlerinde kalıcı değişiklikler yapmaya itti.

ENFLASYONUN ÖLÇÜLMESİ

Enflasyon, ekonominin ortalama fiyat düzeyindeki artış oranıdır. Enflasyonu ölçmek için önce fiyat seviyesinin ölçülmesi gerekir. Ekonomistler, ekonomideki genel fiyat seviyesini ve dolayısıyla enflasyonu ölçmek için çeşitli yollar bulmuşlardır. En çok bahsedilen enflasyon ölçüsü, tüketici fiyat endeksindeki (TÜFE) değişimdir. Ayrıca ekonomistler ve politika üretenler, üretici fiyat endeksindeki (ÜFE) ve kişisel tüketim harcamaları deflatöründeki değişimlere de dikkat ederler.

- Tüketici fiyat endeksi (TÜFE): Tüketici fiyat endeksi, İşgücü İstatistik Bürosu'nun (BLS) enflasyonun ölçümü için oluşturduğu pazar sepeti yöntemidir. TÜFE'deki değişimler, enflasyonu veya deflasyonu gösterir. TÜFE, Amerikan ekonomisinde en yaygın kullanımı olan enflasyon ölçüm yöntemidir.

- Üretici fiyat endeksi (ÜFE): Üretici fiyatlarındaki enflasyonun, gelecekteki tüketici fiyatları enflasyonunun en önemli göstergesi olarak iş gören bir ölçümüdür.
- Kişisel tüketim harcamaları (PCE) deflatörü: Yaygın kullanılan tüketici fiyat endeksinden (TÜFE) daha kapsamlı şekilde tüketici fiyat enflasyonunu ölçmek için kullanılan bir fiyat endeksidir.

Enflasyon Ölçümü ve Kamu Politikası

Ekonomistler ve politika üretenler, enflasyona çok dikkat ederler. İsabetli politikayı belirlemek için belli enflasyon ölçülerini ihmal etmeyi tercih etmek zorundalardır. BLS de BEA da manşet enflasyon ve çekirdek enflasyon ölçümlerini yayınlar. Manşet TÜFE, pazar sepetinin tümünü içerirken çekirdek TÜFE, daha dengesiz olan gıda ve enerji fiyatlarını hariç tutar. Politik kararlarını verirken Fed, çekirdek kişisel tüketim harcamalarına (PCE) dikkat eder. Sadece mısır ve benzin fiyatları arttı diye faiz oranlarını yükseltmek istemezsiniz.

TÜFE

TÜFE, BLS'nin yayınladığı fiyat seviyesi ve enflasyonu ölçmek için kullanılan Pazar sepeti yöntemidir. TÜFE, ortalama gıda, giyim, barınma, enerji, ulaşım fiyatları ile şehirli ortalama bir tüketicinin aldığı sağlık hizmetlerinin bedelini ölçer. TÜFE'yi anlamak için, size binlerce değişik kalemden oluşan bir alışveriş listesi verildiğini düşünün. Sizden her bir kalemin fiyatını araştırıp yazmanız ve sonra da onları toplamanız istenmiş olsun. Listenin toplam bedeli, ortalama fiyat seviyesini yansıtır. Daha sonra, aradan bir sene geçince yine aynı listeyi aldığınızı ve süreci tekrarladığınızı düşünün. Liste toplamındaki artışlar, enflasyonu yansıtır.

ÜFE

ÜFE, TÜFE'ye benzer fakat tüketici fiyatları yerine üretici fiyatlarını ele alır. ÜFE, bütün yerli mal ve hizmetlerin üretimini içerir. TÜ-

FE'nin aksine ÜFE, bir üreticiden diğerine satılan malları da kapsar. ÜFE'deki değişimler, TÜFE'de gelecekte oluşacak değişimlerin de ön göstergesidir. Tüketici fiyatları değişmeden önce üretici fiyatları değişir. TÜFE'deki değişimleri öngördüğü için, hükümet ve merkez bankası, olası tüketici enflasyonu beklentisi içinde maliye politikasıyla para politikasını belirlemek için ÜFE'yi kullanırlar.

Kişisel Tüketim Harcamaları (PCE) Deflatörü

PCE deflatörü, BEA'nın yayınladığı tüketici enflasyonunun geniş bir ölçümüdür. Belirli bir pazar sepetini ölçen TÜFE'nin aksine, PCE deflatörü, hanelerin ve kâr amacı gütmeyen kuruluşların tükettiği bütün mal ve hizmetleri ölçer. PCE deflatörü, daha kapsamlı bir ölçümdür. Sabit bir pazar sepetiyle ilgilenmediği için tüketicinin daha pahalı kalemler yerine daha ucuzlarını alma eğilimini ve zaman geçtikçe tüketimini çeşitlendirme eğilimini de yansıtır.

ENFLASYON TİPLERİ

Hiperenflasyonun Hiperventilasyonu

Enflasyonun başlıca iki tipi vardır: talep çekişli ve maliyet itişli enflasyon. Politika üretenlerin isabetli karşılığı verebilmeleri için zaman içinde bir noktada hangi enflasyon tipinin gerçekleştiğini anlamaları önemlidir. İki enflasyon tipi çelişkili değildir dolayısıyla ikisinin de aynı anda gerçekleşmesi mümkündür. Önlem alınmazsa enflasyon ücret-fiyat sarmalının oluşmasına veya hiperenflasyona bile neden olabilir.

TALEP ÇEKİŞLİ ENFLASYON

Mal ve hizmetler için yapılan harcamalar fiyatları yukarı çektiğinde talep çekişli enflasyon meydana gelir. Başka deyişle, toplam talep, toplam arzdan fazladır. Talep çekişli enflasyonu körükleyen gelirdir, o yüzden bunu durdurma çabaları, tüketicinin gelirinin düşürülmesini veya tüketiciye harcamak yerine biriktirmesi için daha fazla teşvik verilmesini içermelidir.

Para Konuşur

Toplam talep

Ekonomideki fiyat seviyesi ve reel GSYİH arasında mevcut olan ters ilişkidir. Toplam talep (TT) ailelerin, işletmelerin, kamusal yönetimlerin ve yabancı sektörün, bir ulusun yeni yerli üretimlerini alma isteği ve kabiliyetidir.

Para Konuşur

Toplam arz

Firmaların her fiyat seviyesinde üretmeye istekli oldukları reel GS-YİH'dır. Kısa vadede reel GSYİH ve fiyat seviyesi doğrudan ilişkilidir fakat uzun vadede reel GSYİH fiyat seviyesinden bağımsızdır.

Kamu sektörü veya yabancı sektör pekiştirirse talep çekişli enflasyon süreklilik gösterir. Düşük vergiler veya müsrif hükümet harcamaları, talep çekişli enflasyonu azdırır. Merkez bankasının para arzına hükmetmekteki başarısızlığı da talep çekişli enflasyonu kötüleştirir.

Talep çekişli enflasyon, sınır dışına da yayılabilir. Çin ve Hindistan'ın ekonomik büyümesi, sadece bu ülkelerdeki fiyatlara baskı uygulamakla kalmayıp, ithalat talepleri arttığı için dünya çapında fiyatları etkilemiştir.

Para Konuşur

Varlık enflasyonu

Varlık enflasyonu, konut piyasası gibi sadece belirli bir sektörde vuku bulan bir enflasyon tipidir ve aksine toplam enflasyon düşükken meydana gelebilir. Bu, gözde terimle, "balon" denen ve fiyatların hızla dayanılabilir noktanın ötesine yükseldiği durumu yaratır. Arz eksikliği durumu kötüleştirir. Sonunda bu sınıftaki varlıkların değeri hızla düşerek piyasa çöker.

Devlet harcamaları, para basarak veya merkez bankasının borcu parasallaştırması yöntemiyle finanse ediliyorsa talep çekişli enflasyon, hiperenflasyon haline gelebilir. Hiperenflasyon yıllık enflasyon oranının %100 veya daha fazla olduğu durumdur. Tüm hiperenflasyon vakalarında devletin ya da merkez bankasının çok fazla para basması durumu mevcuttur.

Borcun Parasallaştırılması

Borcun parasallaştırılması, merkez bankasının yeni devlet borcu satın alıp, dolaşımdaki para arzını artırdığı duruma denir. Borç parasallaştırıldığı zaman devlet, vergileri yükseltmeden veya özel sektöre borçlanmadan harcama yapabilir. Borcun parasallaştırılmasının dezavantajı, aşırı enflasyonist olmasıdır.

MALİYET İTİŞLİ ENFLASYON

Maliyet itişli enflasyon, girdilerin fiyatları arttığında meydana gelir. İşletmeler çalışmak için hammaddeler, işgücü, enerji ve sermaye satın almak zorundalardır. Bunların fiyatı artarsa üreticilerin yeni çıktı üretme kabiliyetleri azalır çünkü üretimin birim maliyeti artmıştır. Üretim maliyetindeki bu artışlar görece büyük ve yaygın ise bunun etkisi aynı anda, enflasyonu yükseltir, reel GSYİH'yı düşürür ve işsizlik oranını artırır.

Stagflasyon

Yüksek enflasyon, azalmış reel GSYİH ve artmış işsizlik kombinasyonunu, başka bir isimle stagflasyon terimiyle tanıyabilirsiniz. 1970'lerde OPEC'in petrol üretimini durdurması enerji fiyatlarının çok yükselmesine, enflasyon rakamlarının iki basamaklı hale gelmesine ve işsizliğin artmasına yol açtı. Üreticiler, daha yüksek işletme maliyetleriyle karşı karşıya kaldıkları için çıktıyı azalttılar. Ürünlerine olan talebe oranla arz düştü bu da maliyet itişli enflasyona yol açtı.

Maliyet itişli enflasyonun iyi bir tarafı varsa o da kendini sınırlamasıdır. Maliyet itişli enflasyon, GSYİH'daki düşüşlerle bağlantılıdır. Azalmış GSYİH ve sonucundaki yüksek işsizlik, üretici fiyatlarının aşağı inmesine yardımcı olur. Maliyet itişli enflasyonla savaşmanın püf noktası, talep itişli olmadığını kavramaktır. Her biri için politik reçete farklıdır, yanlış reçeteyi uygulamak, problemi çözeceğine daha fazlasını yaratır.

Para Konuşur

Varlıklar (aktifler)

Varlıklar bir kişi ya da kuruluşun sahip olduğu her şeydir. Bankalar için varlıklar rezervlerini, müşterilere verdikleri kredileri, menkul değerleri ve gayrimenkullerini kapsar.

Politika üretenleri harekete geçiren şey genellikle işsizlik sorunudur. Artan işsizliğe harcama artışıyla karşılık vermeye kalkarlarsa enflasyon sorununu daha da büyütürler. Politika birim maliyetler yükseldiği zaman mal ve hizmet talebinde artış yaratarak karşılık verirse sonuçta ücret fiyat sarmalı oluşur. Kıyaslarsak, yağ yangınının çözümü orman yangınından farklıdır. Yağ yangınları, oksijen kaynağını ortadan kaldırmakla söndürülebilirken orman yangını suyla söndürülebilir. Yağ yangınını suyla söndürmeye çalışmak durumu kötüleştirmekten başka bir sonuç vermez. 1970'lerde olan da budur. Maliyet itişli enflasyonu doğal gidişatına bırakmak yerine Fed, üzerine para dökmüş, enflasyon da iyice artmıştır.

İyi Enflasyon

Fiyatlarda artış beklentisi talebi artıracağı için az miktarda bir enflasyonun ekonomi için sağlıklı olduğu düşünülür. Artan talep, ekonominin genişlemesine yardımcı olur. Fakat enflasyon hızla artınca (insanlar çok daha yüksek fiyatlar bekledikleri için) talep çok fazla artar, bu da talep çekişli enflasyona ve fiyatların giderek artmasına neden olur. Sihirli sayı %2'dir. %2 yıllık enflasyon oranıyla fiyatlar görece istikrarlıdır ve yavaş artar. %2 enflasyon oranı, fiyatların otuz altı yılda bir iki katına çıkması şeklinde sonuçlanır.

ENFLASYON: KAZANANLAR VE KAYBEDENLER

Ya da, Ne Zaman Biriktirmek Yerine Borçlanmalısınız

Enflasyon, kazananlar ve kaybedenler yaratır. Kimin kazandığını bilmek, enflasyonun neden bazen devam etmesine izin verildiğini anlamak için önemlidir. Enflasyon, beklenen oranda ve istikrarlı olduğunda nispeten yararlıdır. İnsanlar ve kurumlar iş planlarında ve karar verme süreçlerinde enflasyonu da hesaba katabilirler. Beklenmedik bir enflasyon dalgasının oluşması toplumda kazananlar ve kaybedenler yaratır. Enflasyondan kim kazançlı çıkabilir?

ENFLASYONDAN YARARLANMAK

Önce enflasyonun ne olduğunu düşünelim: Fiyatlarda genel bir artış ve paranın alım gücünde buna karşılık gelen bir düşüş. Borçlananlar, fiyatlardaki genel artıştan veya alım gücündeki düşüşten faydalanırlar. Bireyler, işletmeler ve kamu kuruluşları genelde beklenen enflasyon seviyesinin içine dahil edilmiş olan sabit bir faizle borçlanırlar. Eğer beklenenden yüksek bir enflasyon gerçekleşirse borçlananın borcunun reel değeri düşer.

Bankaların %5 sabit nominal faiz oranıyla milyarlarca dolar borç verdiğini varsayın. Enflasyon beklenmedik şekilde %2'den %4'e çıkarsa borçlananın ödediği reel faiz oranı %3'ten %1'e düşmüş olacaktır. Daha basit şekilde ifade edilirse borç verilen para, geri ödenen paradan çok daha değerlidir.

Kısa vadede, tüketici fiyatlarındaki artıştan yararlanan bir diğer grup da üreticilerdir. Beklenmedik enflasyon gerçekleştiğinde tüketici fiyatları yükselirken, çalışanlara ödenen ücretler görece sabit kalır. Bu, ücretlerin, tüketicilerin ödediği yüksek fiyatları yansıtacak şekilde ayarlandığı zamana kadar üreticilerin daha fazla kâr etmelerini sağlar.

Fazla Para Basma ve Enflasyon

Geçmişte, gelişmekte olan ülkelerde birçok hükümet fazla para basarak dış borçlarını silmeye çalıştı. Fazla dış borçla karşı karşıya kalan hükümetler, borcu ödemek için kendi paralarının değerini düşürdüler. ABD'nin halihazırdaki borcunun boyutu düşünüldüğünde, kimileri Amerikan hükümetinin de benzer şeyler yapmaya kalkacağından korkar. Çoğu gelişmiş ülkenin, hükümetin para basma niyetini denetleyen bağımsız merkez bankası vardır. ABD'de Federal Rezerv, politik baskılardan biraz olsun yalıtılmıştır ve hükümet para arzını artırmak istediğinde onu kısıtlayabilir.

ENFLASYONLA KAYBETMEK

Enflasyon, yardımcı olduğundan daha fazla zarar verir. Enflasyon, beklentileri aşınca borç verenler de tasarruf sahipleri de kaybeder. Her ikisi de belli bir enflasyon oranı varsayımına göre belirlenen faizler kazanırlar ama gerçekleşen oran beklenen oranı geçince tasarruf sahipleri de borç verenler de zarar görür. Birikiminizi bir bankadaki tasarruf hesabına yatırabilirsiniz. %4 faiz ödeyen 1.000$ tutarında bir yıl vadeli basit bir tasarruf hesabınız olduğunu varsayın. Enflasyon beklenmedik şekilde %2'den %5'e çıkarsa elde ettiğiniz reel faiz oranı yaklaşık %–1 olur. Başladığınızdan daha kötü bir durumdasınız. Yine de, nominal değer cinsinden 40$ faiz aldınız. Sorun, şimdi sahip olduğunuz 1.040$'ın alım gücünün başladığınız zamanki 1.000$'dan daha az olmasıdır.

Enflasyonun düşük gelirliler için daha zor olduğu düşünülür. Düşük gelirliler, yüksek gelirlilere göre varlıklarının daha büyük kısmını nakit olarak tutarlar. Yüksek gelirlilerin de elbette nakitleri vardır fakat varlıklarının büyük kısmını diğer reel ve finansal varlıklarda bulundurma olasılıkları daha fazladır. Yoksullar, enflasyonun bedelini daha ağır öder çünkü bu, esas varlıkları olan nakit parayı yok eder. Yüksek gelirliler, değeri enflasyonla artan varlıklar tutarak enflasyonun etkisinin bir miktarını telafi edebilirler.

Sabit gelirliler de enflasyondan zarar görürler. Beklenmedik enflasyon dönemlerinde sabit gelirliler, reel gelirlerinin inişe geçtiğini görürler. Maaşlı meslek erbabı ya da bir emekli maaşıyla yaşayan emekliler, enflasyon oranı, maaş artışlarını aştığı takdirde alım güçlerini kaybederler. Bu etkilerin bir kısmını hafifletmek için işverenler veya sosyal güvence alanlar için hükümet, hayat pahalılığı ödemesi vasıtasıyla maaşları enflasyona uyarlar. Sabit gelirliler, hayat pahalılığı ödemesine rağmen, fiyat ayarlaması enflasyondan geri kaldığı için zarar görürler. Beklenenden yüksek enflasyonun olduğu dönemlerde sabit gelirlilerin maaşı çok az ve çok geç artar.

Bir Enflasyon Göstergesi: Restoran Mönüsü

Bir restorana gittiğinizde, PVC ile kaplı mönüyü karıştırırken, bunun enflasyon hakkında ne söylediğine dikkat edin. Restoranlar mönülerini PVC ile kaplatınca sadece onları dökülen sıvılardan korumakla kalmıyor, fiyatların da görece sabit kaldığına dair bir kanıt sunmuş oluyorlar. Enflasyon kontrolden çıktığında restoranlar fiyatlarını sürekli güncellemek zorunda kalırlar, dolayısıyla fiyatları mönüde belirtmek istemezler. Çoğu restoran fiyatlarının aksine, deniz ürünlerinin fiyatları çok dengesizdir; bu yüzden genellikle tahtaya yazılırlar.

Enflasyon, bir ekonomideki kişi ve kuruluşlar için pratik problemler yaratır. Para hızla değer kaybettiğinden ellerinde olan parayı harcamak için acele etmeleri sonucunda işlemlerle daha sık uğraşmak zorunda kalırlar. İşlemlerin artışı, ayakkabı köselesi maliyeti denen şeyi yaratır. Enflasyon olduğunda, işlemlerin artması yüzünden ayakkabılarınızı daha çabuk eskitirsiniz. Enflasyon, mallarını sürekli yeniden fiyatlandırmak zorunda olan üreticiler açısından da sorun yaratır. Her şeyin bir bedeli olduğunu unutmayın. Malların üzerine fiyat yerleştirmek bedava değildir. Enflasyon yüksekse işletmeler, malları yeniden fiyatlandırmaları için çalışanlarına ödeme yaptıklarından önemli maliyetler doğar. Sürekli enflasyon, işgücü kaynakları sürekli değişen fiyatlarla uğraştıkları için hasıla miktarından feragat edilmesine neden olur.

DEZENFLASYON VE DEFLASYON

Balonu Patlatmak

Fed politikasının başarılarından biri, 1980'lerin başında, o zamanki başkanı Paul Volcker'ın yönetimindeki merkez bankasının, faiz oranlarını yükseltip, enflasyonu çift haneli rakamlardan daha ılımlı %4'e düşürmesi, böylelikle Büyük Enflasyon dönemini sonlandırmasıyla gerçekleşti. O zamanlar anlayacak yaşta idiyseniz, Fed'in önlemlerinin onlarca yıllık bir durgunlukla sonuçlandığını da hatırlayacaksınız. Geriye dönüp bakıldığında, birçok ekonomist, sonuçta enflasyondaki düşüşün ya da dezenflasyonun, durgunluğun maliyetine değdiğinde hemfikir olurlar. 1980'lerden sonra enflasyon nispeten düşük ve sabit kaldı ve Büyük Moderasyon olarak bilinen ekonomik bir çağın habercisi oldu.

DEZENFLASYON

Dezenflasyon bir ekonomi için çeşitli nedenlerle faydalıdır. Fiyatlar daha istikrarlı olduğu için dezenflasyon, ücret artışı için yapılan baskıları azaltır. Dezenflasyon, sermaye yatırımı maliyetini düşürerek planlamasını kolaylaştıran daha düşük ve daha istikrarlı faiz oranlarına da yol açar. Dezenflasyonun muhtemelen en önemli sonucu, çok daha istikrarlı bir ekonomik ortamı yaratacak şekilde üreticilerle tüketicilerin enflasyon beklentilerinin düşmesidir.

Beklentilerin Rolü

Ekonominin ilginç özelliklerinden biri de, kendini doğrulayan kehanetler ihtimalidir. Enflasyon dünyasında, korku veya kibir, enflasyon oranındaki değişimler olarak gerçekleşir. Enflasyon korkusu veya enflasyonun gerçekleşeceğine dair genel bir beklenti, çoğunlukla enflasyonist bir dönemi tetiklemeye yeterlidir. Enflasyon korkusu içindeki tüketici daha çok harcama yapıp, daha az birikime yönelecektir ki, bu da talep çekişli enflasyona neden olur. Sonuçtaki talep çekişli enflasyon, gelecekteki bir enflasyon beklentisini pekiştirir ve ücretliler, bunun etkisini telafi etmek için daha yüksek nominal ücretler talep ederler. Bu da tabii ki, maliyet itişli enflasyonla sonuçlanır. Politika üretenler, enflasyon beklentilerini yönetmeyi beceremezlerse daha yüksek bir enflasyon beklentisi ekonomik bilince yerleşir. Bu yüksek enflasyon beklentisiyle ekonomi, eskisi kadar çıktı üretemez ve eskisine göre daha yüksek fiyatlarla karşı karşıya kalır.

Söylediklerine Dikkat Et!

Enflasyon beklentilerini iyi yönetmek, Fed başkanının sözlerini çok dikkatli seçmek zorunda olması demektir. Önceki başkan Alan Greenspan'in, genelde "Fed konuşması" denen örtülü sözleri meşhurdu. Greenspan bir defasında şöyle demişti: "Sanırım sizi uyarmalıyım, açık konuşursam söylediklerimi yanlış anlayabilirsiniz."

Merkez bankası yetkilileri, sadece gerçekleşen enflasyonu değil, daha önemlisi gelecek enflasyon hakkındaki beklentileri de iyi yönetmeye çalışırlar. Enflasyon korkusu, genelde enflasyon yaratmaya yettiği için, politika üretenler, ekonominin psikoloğu gibi davranmalıdırlar.

Beklentileri idare etmek söz konusu olduğunda laf üretip eyleme geçmemek olmaz; Fed söylediklerini uygulamalıdır. Çocuklarla ilgilendiyseniz eyleme dökülmeyen lafların anlamsız olduğunu bilirsiniz. Bir ebeveyn, bir ergenin kaba davranışlarına tehditle karşılık verebilir, "Bu şekilde davranmaya devam edersen hafta sonunda cep telefonuna el koyarım." Kaba davranışlar devam eder de ebeveyn tehdidini yerine getirmezse, itibarı zedelenir. Söylediklerini daima yerine getiren bir ebeveyn, çok daha inandırıcıdır.

Benzer şekilde, Federal Rezerv de, enflasyon korkusuna karşılık faiz oranlarını yükseltirse itibarını destekler oysa enflasyon ihtimaline zorla bir karşılık veremezse inandırıcılığını kaybeder. Fed'in enflasyon savaşçısı olarak itibarı, Paul Volcker'ın başkanlığında büyük oranda güçlenmişti çünkü kastettiğini söyledi, söylediğini de yaptı.

DEFLASYON

Enflasyon kötü, dezenflasyon daha iyiyse deflasyon da en iyisi olmalı, değil mi? Yanlış. Deflasyon, ortalama fiyat seviyesi düşmekte ve alım gücü artmaktaysa gerçekleşir. Bunun neresi yanlış? Deflasyonun sorunu, ekonomide ters yönde dürtüler yaratmasıdır. Fiyatlar durmadan düşüyorsa zamanla kampanyalar daha avantajlı hale geldikleri için tüketiciler, dayanıklı mal alımlarını ertelerler. Bu tutum devam ederse imalat durma noktasına gelir ve geniş çapta işsizlikle sonuçlanır. O zaman, giderek daha az sayıda tüketici mal ve hizmet satın alma isteğine ve kabiliyetine sahip olacağı için işsizlik deflasyonu pekiştirir. Üreticiler de deflasyona yatırımları erteleyerek ve gecikmiş tüketimin etkilerini örtbas ederek karşılık verirler.

Deflasyon, ekonomik faaliyetleri etkilemek amacıyla esasen faiz oranlarını kullanan merkez bankaları için bir politika açmazı yaratır. Artan enflasyona karşılık olarak merkez bankaları, kredi akışını azaltmak ve enflasyon baskısını hafifletmek için faiz oranlarını yükseltirler. Faiz oranının en fazla nereye kadar çıkacağına dair bir üst limit yoktur fakat tersi doğru değildir. Deflasyon söz konusu olduğunda merkez bankaları, yatırımı ve tüketimi teşvik etmek için faiz oranlarını düşürürler. Faizlerin aşağı çekilmesi arzu edildiği ölçüde etkili olmazsa merkez bankaları faizleri, ekonomistlerin "alt sınır sıfır" dedikleri dip seviyeye vurana kadar düşürmeye devam ederler. Faiz oranı sıfır olunca artık daha aşağı düşemez.

John Maynard Keynes, para politikasındaki bu zayıflığa likidite tuzağı adını vermiştir. Tüketiciler ve yatırımcılar %0 faizle borçlanmazlarsa hiç seçeneğiniz kalmaz.

Deflasyonun Çaresi

Deflasyonun çaresi enflasyondur. Milton Friedman, çevrilemez itibari para standardı olan ekonomilerde deflasyonun asla sorun olmayacağını öne sürmüştür. Para ile ilgili tüm yetkililerin yapması gereken tek şey, para basmak veya bağımsız merkez bankası olan ekonomilerde, borcu parasallaştırmaktır, böylece deflasyon sona erer. Bu politikanın, bir hükümetin, ülkeye helikopterden para boşaltarak deflasyonu bitirmeye çalışmasına benzediği söylenir. Bu politik çözüm "Helikopter Ben" lakabını kazanan Fed başkanı Benjamin Bernanke tarafından 2002'de tekrarlanmıştır.

TOPLAM TALEP VE TOPLAM ARZ

Ekonomistlerin Kristal Küresi

Arz ve talep, GSYİH, işsizlik ve enflasyon kavramlarını anladınız mı artık gerçekleşen ekonomik dalgalanmaları anlamak için gerekli alet takımına sahip olursunuz. Toplam arz ve toplam talep modeli, ekonominin bütününü analiz etmenize imkân sağlar. Belli olaylar söz konusu olduğunda neler olacağını bile kestirebilirsiniz. Dikkatli olmazsanız, ileride Fed faiz oranlarını yükseltecek olursa bir ekonomist gibi konuşabilirsiniz.

TOPLAM TALEP

Talebin, belli bir dönemde tüketicilerin mal ve hizmet satın alma istekleri ve kabiliyetleri olduğunu hatırlayın. Toplam talep (TT) benzer bir kavramdır fakat bazı önemli farklılıkları vardır. TT, bir ülkedeki tüm yerli mamul ürünlere olan taleptir. TT, sadece hanelerden değil, ekonominin tüm sektörlerinden gelir. Ayrıca TT, fiyatı miktarla ilişkilendirmeyip, fiyat seviyesini reel GSYİH miktarıyla ilişkilendirir.

Fiyat seviyesiyle reel GSYİH arasındaki ilişki ters yöndedir. Fiyat seviyesi ne kadar yüksekse, reel GSYİH o kadar az talep edilir ve fiyat seviyesi ne kadar düşükse reel GSYİH o kadar çok talep edilir. Bu doğrudur çünkü fiyat seviyesi yükseldikçe para ve diğer finansal varlıklar alım gücünü kaybeder. İhracatımıza talep azalır ve buna karşılık gelen yüksek faiz oranları, yatırım ve tüketim hevesini kırar. Fiyat seviyesi düştükçe ihracatımız yabancılar için daha makul fiyatlı hale gelir ve buna karşılık gelen düşük faiz oranları yatırımı ve tüketimi teşvik eder.

Tüketim, özel yatırım, kamu harcaması veya net ihracat, fiyat değişimlerinden bağımsız olarak değiştiğinde, TT de değişir. Örneğin, ülkenin genel havası iyileştiğinde, tüketiciler ve işletmeler kendilerini daha güvende hissederler, fiyat seviyesine bakmaksızın daha fazla tüketir ve yatırım yaparlar. Tüketim ve yatırımdaki bu artış, TT'yi artırır.

Benzer şekilde kamu harcamaları veya net ihracattaki artışlar da TT'yi artırır. GSYİH'nın herhangi bir harcama bileşenindeki düşüş, TT'yi bastıracaktır. Devlet, gelir vergisi oranlarını artırırsa ailelerin harcanabilir net geliri düşer ve daha az tüketirler, bu da TT'yi düşürür.

TOPLAM ARZ

Arz, üreticilerin belli bir dönemde birtakım mal ve hizmetlerin çıktısını çeşitli fiyatlarla üretme isteği ve kabiliyetidir. Toplam arz, arzdan daha kapsamlı bir kavramdır çünkü tek bir mal veya hizmeti değil, tüm yerli üretimi kapsar. Tek bir firma gibi, bir ekonominin de çalıştırılan işgücü miktarını çıktı miktarı ile veya sabit bir sermaye düzeyinden faydalanarak üretebildiği reel GSYİH ile ilişkilendiren bir üretim fonksiyonu vardır. Kısa vadede arz edilen reel GSYİH miktarı doğrudan fiyat düzeyiyle ilişkilidir. Oysa uzun vadede üreticilerin topluca arz ettikleri reel GSYİH miktarı fiyat seviyesinden bağımsızdır.

Kısa Vade

Firmalar neden kısa vadede fiyat seviyesi artışlarına daha çok çıktı üreterek karşılık verirler ve bunun tersi neden vuku bulur? Bu soruya cevap vermeden önce, makroekonomik anlamda kısa vadeden ne kastedildiğine bakalım. Kısa vade, girdi fiyatlarının (esasen nominal ücretlerin) fiyat seviyesi değişimlerine uyarlanmadığı zaman sürecidir. Ekonomi, beklenmedik bir enflasyon yaşıyorsa, kısa vade ücretlerin enflasyona uyarlanmadan önce sabit kaldığı dönemdir. Bu dönemde firmalar, çalışanlarına aynı ücretleri ödemeye devam ettikleri için çıktıları giderek yüksek fiyatlar kazandığından daha yüksek kârlar elde ederler. Firmalar yüksek kârlara toplam çıktılarını ya da reel GSYİH'yı artırarak karşılık verirler.

Firmalar fiyat seviyesindeki düşüşlere karşılık olarak, zarar ettikleri için çıktı miktarını azaltırlar. Bu ilişkiye kısa vadede toplam arz (KVTA) denir.

KVTA birim üretim maliyetindeki değişikliklerden etkilenir. Birim üretim maliyetleri düştükçe ekonomi, her fiyat seviyesinde daha fazla reel GSYİH üretebilir, birim maliyetler arttıkça ekonominin reel GSYİH üretme kabiliyeti azalır. Hakiki bir ekonomide birim üretim maliyetleri verimliliğin, yönetmeliklerin, vergilerin, sübvansiyonların ve enflasyonist beklentilerin etkilerine maruz kalır.

- Verimlilik, işçi başına çıktı miktarıdır ve bu arttıkça birim maliyet düşer. Verimlilikteki düşüşler, daha yüksek üretim maliyetlerine yol açar.
- Yönetmelikler, işletmelere uygunluk maliyetleri getirir ve KVTA'yı düşürür. Örneğin, fabrikalar, kükürtdioksit salınımını düşürmek için baca filtresi takmak zorundadır, bu da eldeki paranın çıktıyı artırmakta kullanılamayacağı anlamına gelir.
- Üreticilere konan vergiler üretim kapasitelerini doğrudan düşürürken sübvansiyonlar üretim kapasitelerini artırır.

Enflasyonist Beklentiler ve KVTA Değişimleri

Enflasyonist beklentiler, birim üretim maliyetini, dolayısıyla da KVTA'yı etkiler. Enflasyonist beklentiler artınca işçiler ücret artışı, borç verenler ise daha yüksek faiz talep eder ve spekülasyonun sonucu olarak mal fiyatları artar. Sonuç, KVTA'nın enflasyonist beklentilerle düşmesidir. Enflasyonist beklentilerdeki düşüşlerin ters etkisi vardır ve KVTA'nın artmasına yardımcı olurlar.

Uzun Vade

Uzun vadede, fiyat düzeyi firmaların üretmeye istekli olduğu reel GSYİH düzeyinden bağımsızdır. Uzun vade, girdi fiyatlarının fiyat düzeyindeki değişimlere uyarlandığı dönemdir. Fiyat düzeyindeki artışların daha fazla çıktı üretmeye teşvik ettiği kısa vadenin aksine uzun vadede firmalar yüksek kârlar elde edemezler; dolayısıyla çıktıyı artırmak için bir teşvik yoktur. Neden? Girdi fiyatları, fiyat düzeyindeki artışlarla uyumludur. Dolayısıyla uzun vadede firmaların girdi fiyatları (ücretler), genel fiyat enflasyonu ile aynı oranda artar ve gerçek anlamda sabittir. Reel GSYİH'nın fiyat düzeyinden bağımsız oluşuna uzun vadede toplam arz (UVTA) denir.

UVTA'daki Değişim

UVTA, üretim faktörlerinin mevcudiyetinden doğrudan etkilenir. Toprak, emek, sermaye ve girişimcilik artarsa UVTA artar. Bu öz kaynaklardaki azalmalar UVTA'yı düşürür. UVTA'daki artışlar ekonomik büyüme olarak nitelendirilir. UVTA'daki düşüşler, ekonomide uzun vadeli bir inişi gösterir. Ortaçağda Avrupa nüfusunun üçte birini yok eden Kara Veba salgını, UVTA'yı düşüren olaylara bir örnektir. Buhar makinesinin icadı, UVTA'yı artıran teknoloji tipine örnektir.

MAKROEKONOMİK DENGE

Hepsini Bir Araya Koymak

Ekonominin farklı sektörlerinin talep ettiği reel GSYİH, üreticilerin arz ettiği reel GSYİH'ya eşit olduğunda makroekonomik denge oluşur. TT, KVTA'ye eşit olduğunda kısa vadeli dengeler, TT UVTA'ya eşit olduğunda uzun vadeli dengeler oluşur. TT, KVTA veya UVTA'da değişiklikler olduğunda makroekonomik dengede değişimler meydana gelir.

KVTA'ya ilişkin TT, kısa vadede hem fiyat seviyesinde hem de reel GSYİH'da artışla sonuçlanır oysa uzun vadede sadece fiyat seviyesinde artış olur.

TT, KVTA VE UVTA'NIN KARŞILIKLI ETKİLEŞİMİ

Tüketiciler, işletmeler, devlet ve yabancı sektör daha kıt olan çıktıları talep ettikçe firmalar, artan fiyat seviyesine çıktıyı artırarak karşılık verirler. Uzun vadede ücretler artan fiyat seviyesine uyarlanır ve GSYİH, uzun vadeli potansiyeline daha yüksek bir fiyat seviyesinde geri döner. Talep çekişli enflasyona TT'deki artışlar sebep olur. TT'deki düşüşler ise tersine sebep olur. TT, KVTA ile ilgili olarak düştüğü için hem reel GSYİH hem de fiyat seviyesi düşer. Uzun vadede, ücretler ile diğer girdi fiyatları düşük fiyat seviyesine uyarlanır ve ekonomi, uzun vadeli GSYİH potansiyeline sürecin başlangıcındakinden daha düşük bir fiyat seviyesiyle geri döner.

İşsizlik ve Toplam Talep Değişimleri

Toplam talep değişirken işsizlik ne olur? TT'deki artışlar, reel GSYİH'daki artışlara yol açar. Reel GSYİH'daki artış, daha fazla işgücü talebi yaratır ve işsizlik oranını azaltır. Azalan işsizlik, fiyat seviyesine bir artış getirir.

KVTA'da TT ile ilgili değişimler, reel GSYİH'da ve fiyat seviyesinde değişimlere de neden olur. GSYİH ile fiyat seviyesinin aynı yönde hareket etmesine neden olan TT değişimlerinin aksine, KVTA değişimleri, GSYİH ile fiyat düzeyinin birbirlerine ters yönde hareket etmelerine yol açar.

- KVTA'da TT'ye ilişkin bir artış, daha düşük fiyat seviyesinde daha yüksek bir GSYİH'ya yol açar çünkü üretim maliyetleri düşeceği için firmalar, her bir fiyat seviyesinden daha fazla çıktı üretmek isteyeceklerdir.
- KVTA'da TT ile ilişkili bir düşüş daha önce stagflasyon olarak tanımlanan ekonomik duruma yol açar. Stagflasyon, GSYİH'daki düşüşler fiyat seviyesindeki artışlarla birleştiğinde meydana gelir. Üretim maliyetleri arttığında firmalar, her bir fiyattan daha az çıktı üretirler.

KLASİK BAKIŞ AÇISI

Büyük Buhran öncesindeki ortodoks ekonomi görüşü, klasik görüş olarak tanımlanabilir. Günümüzde klasik görüşçüler, sadece ekonominin Buhran öncesi kavramlarını savunan ekonomistleri değil, ekonomik sorunlara piyasaya dayalı çözümleri uygun gören daha geniş bir ekonomist grubunu kapsar. Klasik kamp, serbest piyasa ekonomisini felsefe edinir.

Ekonomide klasik bakış açısı, toplam arz ve toplam talebin özünde var olan istikrarın üzerinde duran görüştür. Verimli piyasalar, denge durumuna çabucak ve etkin bir şekilde erişebilirler; dolayısıyla uzamış işsizlik dönemleri mümkün olmaz. Tüketiciler harcamayı kestiklerinde tasarruf yapmaktadırlar. Artmış tasarruf, reel faiz oranını düşürür ve sermaye yatırımını teşvik eder, dolayısıyla tüketimdeki azalmalar yatırımdaki artışlarla telafi edilir. Bu da, AD'nin istikrarlı olması sonucuna götürür.

Ekonomide şoklar meydana gelirse, ulusal ekonomi aktörleri karar verirken tüm mevcut bilgiyi hesaba kattıkları için esnek ücretler ve fiyatlar, ekonominin, fiyat seviyesindeki değişimlere çabucak adapte olmasını sağlar. Örneğin, çalışanlar deflasyon durumunda daha düşük ücretleri kabul edecek, enflasyon durumunda ise daha yüksek ücret talep edeceklerdir. Bu hızlı tepki, ekonominin uzun vadeli tam istihdamlı dengesinde kalacağını gösterir. Bu varsayım söz konusu olduğunda devlet müdahalesine izin verilmez, sonuç olarak en iyi politika, serbest piyasa ekonomisidir.

Say Yasası

Klasik ekonomik görüşün merkezindeki varsayımlardan biri Say yasasıdır. Fransız ekonomist Jean Baptiste Say, arzın kendi talebini doğuracağına, dolayısıyla bir piyasa ekonomisinin sürekli ihtiyaç fazlası ve aşırı mal arzı yaratmayacağına inanır.

Ekonomik durgunluğa verilen klasik tepki, hiçbir şey yapmamaktır. TT'deki bir azalma, GSYİH'nın ve fiyatların düşmesine neden olur. Bundan ileri gelen yüksek işsizlik, çalışanlar daha düşük ücretlerle işe dönmeye istekli olacakları için ücretlere aşağı yönde baskı yapar. Düşük ücretler, firmaları, KVTA'yı artırmaya teşvik eder ve ekonomi tam istihdamla dengeye döner. Piyasanın gücü, ekonomiyi tam istihdama döndürmek üzere çalıştığı için devlet müdahalesi gerekmez.

Enflasyona verilen klasik tepki de hiçbir şey yapmamaktır. Artan TT, GSYİH'nın ve fiyatların yükselmesine yol açar. İşsizlik oranı, doğal oranın altına düştüğü için, sonuç olarak, ücretlere yukarı yönde baskı yapar. Az sayıda işsiz işçi varken firmalar istihdam edilmiş çalışanları almak için birbirleriyle yarışırlar; yani, mevcut işlerinden ayrılmaları için ikna etmek amacıyla daha yüksek ücretler teklif ederler. Çalışanlar ve diğer öz kaynaklar için oluşan bu yoğun rekabet, işletmelerin üretim maliyetini artırır. Sonunda üretimi azaltırlar ve ekonomi, daha yüksek ama istikrarlı bir fiyat seviyesiyle tam istihdam durumuna döner. Yine bir devlet müdahalesi gerekmez çünkü piyasanın güçleri ekonomiyi uzun vadeli tam istihdam dengesine döndürür.

KEYNESÇİ GÖRÜŞ VE MALİYE POLİTİKASI

İşgüzar

İngiliz John Maynard Keynes, sonunda klasik varsayımların o zamanın gerçeğini yansıtmadığı sonucuna varan, klasik eğitim görmüş bir ekonomistti. Buhran esnasında *İstihdam, Faiz ve Paranın Genel Teorisi* adlı kitabını yazdı. Bu eserde, o zamanın geçerli varsayımlarına karşı çıkmış ve Buhran durumunda devlet müdahalesinin haklı olduğu sonucuna varmıştı. Tasarrufun, yeni sermaye yatırımına hemen dönüşmediğini gözlemlemişti. Tasarruflar, arz fazlaları olabilirdi ve olmuştu, bu da tüketimdeki azalmalar yatırımdaki artışlarla telafi edilmediği için TT'nin doğası gereği istikrarsız olduğunu göstermişti.

Serbest Piyasa Düşmanı mı?

Keynes, ekonomide kutuplaştırıcı bir karakterdir. Fikirleriyle statükoya karşı çıktığı için birçokları tarafından serbest piyasa ekonomisinin düşmanı olarak görülür. Günümüzde, Avusturya'nın ekonomik düşünce ekolünden Friedrich von Hayek ve Ludwig von Mises'in yazılarından çoğunlukla Keynes'in iddialarının karşıtı olarak bahsedilir.

Keynes, ücretlerle diğer girdi fiyatlarının aşağı doğru esnek olmadığını da gözlemlemişti. Ücretlerdeki düşüşleri ne çalışanlar kolayca kabullenmiş ne de işverenler önermişti. Sonuçta piyasa güçleri ekonomide tam istihdam sağlama işlevini yerine getirmediği için yüksek işsizlik dönemleri devamlılık gösterebiliyordu. Bu gözlemlerin anlamı, yüksek işsizlik durumunda devlet müdahalesinin gerekli olduğuydu.

KEYNES VE DURGUNLUK (RESESYON)

Durgunluk söz konusu olduğunda Keynesçi tepki, toplam talebi teşvik edip, ekonomiyi tam istihdama döndürmek için kamu harcamalarını artırmak ve gelir vergilerini düşürmektir. Bu, devletin, politikayı uygulayabilmek için bütçe açığı vermeye hazır olması demektir. İşin iyi tarafı, Keynes, ekonomiyi tam istihdama döndürmenin çarpan etkisi nedeniyle nispeten ucuza yapılabileceğini göstermiştir. Reel GSYİH 14 trilyon $, potansiyel reel GSYİH 15 trilyon $ ise devlet, resesyon boşluğunu kapatmak için 1 trilyon $ değil, çarpan etkisi nedeniyle bunun yalnızca bir kısmını harcamak zorundadır.

İşte Keynes'in çarpan etkisi tanımı. Keynes, bireylerin tüketme ve biriktirme eğilimlerinin marjinal olduğunu gözlemlemiştir. Diğer bir deyişle, insanlara bir dolar verirseniz bunun bir kısmını harcayıp, kalanını da tasarruf etmeye yatkındırlar. Devlet, kamu işleri için para harcadıysa müteahhitler ve işçiler elde ettikleri gelirin bir kısmını harcayıp, kalanını biriktirirler. Bu süreç devam eder ve ekonominin tümünde bir çarpan etkisine yol açar.

Örneğin, Amerikalıların gelirlerinin %80'ini harcamak gibi bir marjinal eğilimleri varsa devletin altyapı için yaptığı harcamalarda 50 milyar $'lık bir artış, 50 milyar $ devlet harcaması, 40 milyar $ yeni tüketici harcaması, sonra 32 milyar $ yeni tüketici harcaması şeklinde, toplam harcama 400 milyar $ olana kadar devam eder. Bu nasıl işler? 50 milyar $'lık bir devlet harcaması, daimi bir tüketim ve gelir döngüsünü başlatır. Marjinal tüketme eğilimi ne kadar yüksekse çarpan etkisi de o kadar yüksektir. Keynes, insanların gelirlerinin bir kısmını biriktirmeleri nedeniyle devlet harcamalarının, eşit ölçüde vergi kısıntılarından daha yüksek bir çarpan etkisi getirdiğini de fark etmiştir. Böylece vergi kısıntısı değerinin tamamı, tüketime harcanmamış olur.

Keynes'in gözlemleri ve etkisi, ekonomi bilimini tamamen değiştirmiştir. Günümüz politikasının altyapısı, Keynes ve destekçilerinin görüşlerine dayanır. Çağımızdaki tartışmaların çoğu, serbest piyasa kapitalizmine karşı sosyalizm çerçevesine oturtulmuş olsa da, Keynes, kapitalizmin savunucusuydu ve onun yaklaşımı, en iyi şekilde, bir kapitalizm-sosyalizm melezi olarak nitelendirilebilir.

Keynes'in Benimsenmesi

1946 İstihdam Yasası parlamentodan geçirilirken Keynesçi ekonomi politikası, ülkenin kanunu haline getirilmişti. Truman'ın imzaladığı bu kanun, devletin maksimum istihdam, üretim ve alım gücü için uğraş vermesini gerektirir. Bu yasa, Ekonomik Danışmanlar Konseyi'nin oluşturulmasını da sağlamıştır.

ENFLASYON, İŞSİZLİK VE KARŞI-BEDEL

Keynesçi görüşün etkisi 1930'lardan 1970'lere kadar büyüme gösterdi. Yeni Zelanda doğumlu ekonomist A W. Phillips'in araştırması, o dönemde Keynes'in etkisinin devletler üzerinde güçlenmesinde yardımcı olmuştu. Phillips, İngiltere'deki ücret enflasyonu ile işsizlik oranı arasındaki ilişkiyi incelemiş ve ücret enflasyonu dönemlerinin düşük işsizlik dönemleriyle bağlantılı olduğu sonucuna varmıştı. Durgunlaşan ücret dönemleri, yüksek işsizlik dönemleriyle bağlantılıdır. Amerikalı ekonomistler Paul Samuelson ile Robert Solow, Phillips eğrisini ABD ekonomisine uyarladılar. Bu modeli kullanarak (ücret enflasyonu yerine) genel fiyat enflasyonunu işsizlik oranıyla kıyasladılar. Birçok politika üreticisi ve ekonomist, TT'yi canlandıran Keynesçi mali politikaların bilinen bir enflasyon miktarı pahasına, düşük işsizlik oranını sürdürmek için kullanılabileceği şeklinde mantıklı bir sonuca vardılar. Bu fikir şu şekilde işledi: Politika üretenler işsizliği %7'den %5'e düşürmek isterlerse bunun karşı bedeli, enflasyon oranında %1'den %2'ye çıkan bilinen bir enflasyon oranı olurdu.

1970'lerin tecrübesi, Phillips eğrisinin geçerliliğine dair ciddi şüpheler uyandırdı. Stagflasyonu hatırladınız mı? 1970'lerde hem enflasyon hem de işsizlik aynı anda arttı. Bu sonuçlar, bu ikisinin birbirlerinin karşı bedeli olduğunu ima eden Phillips eğrisinin tahminleriyle uyuşmadı.

Milton Friedman ile Edmund Phelps, gerçek dünya verilerini, Phillips eğrisinin ve daha da önemlisi, Keynesçi ekonominin geçerliliğini çürüten kanıtlar olarak gördüler. Friedman ile Phelps, uzun vadede işsizlik oranının enflasyondan bağımsız olduğu sonucuna varan doğal oran hipotezini lanse ettiler. Devletin işsizliği azaltmak amacıyla geçici enflasyon yaratması yararsız olacaktı. Çalışanlar reel ücretlerini düşmekten korumak için enflasyon doğrultusunda daha yüksek nominal ücretler talep edeceklerdi.

Para Yanılsaması

Keynesçi ekonominin bir varsayımı, insanların para yanılsaması içinde yaşadıklarıdır. Saatte 10$ kazanıp, benzinin galonuna 1$ ödemektense saatte 100$ kazanıp, benzinin galonuna 10$ ödemeyi tercih ederler. Reel alım gücü her iki örnekte de aynı olmasına rağmen insanlar daima yüksek nominal ücretler almayı daha çok tercih ederler.

Phillips eğrisi üzerinde yeni oluşan fikir birliği, iki tür eğri olduğudur: Enflasyonla işsizlik arasında bir karşı bedel ilişkisi olduğunu öne süren kısa vade Phillips eğrisi ve ekonomide doğal işsizlik oranı gözlenirken var olan uzun vade Phillips eğrisi. Birkaç yılın enflasyon ve işsizlik verilerini örneklemek, ikisi arasında ters bir ilişki ortaya atabilir fakat mevcut tüm veriler dahil edildiğinde iki değişken arasında bir ilişki ortaya çıkmaz.

Ekonomistler, kısa vade Phillips eğrisi ile uzun vade Phillips eğrisi arasındaki değişikliklerin nedenini, değişen enflasyon beklentilerine bağlarlar. Phillips'in İngiliz ekonomisi üzerine ilk baştaki gözlemleri, beklenen enflasyonun istikrarlı olduğu bir döneme aitti. 1971'de ayarlanabilir kur sisteminin çökmesi herhangi bir tür altın standardını tamamen ortadan kaldırdı ve enflasyonda bir belirsizlik dönemi başlattı. Sonuçta, enflasyon beklentilerindeki artışlar, artan enflasyonu ve oluşan işsizliği açıklamaya yaradı. Kısa vade Phillips eğrileri, istikrarlı enflasyon beklentilerinin olduğu dönemlerde gerçekleşir. Enflasyon beklentileri değişince kısa vade Phillips eğrisi ilişkisi bozulur ve enflasyon ile işsizlikte eş zamanlı artışlar veya azalışlar görülür. Yeni bir enflasyon oranı beklentisi ekonomiye yerleşince yeni bir kısa vade Phillips eğrisi ortaya çıkar.

Alan Greenspan, enflasyon beklentilerindeki azalmaların nedenini, kendisinin Fed başkanı olduğu dönemde gerçekleşen düşük enflasyon ve işsizlik oranlarına bağlar. Greenspan'e göre, kendi görev süresinde küreselleşmeden elde edilen verimlilik kazançları, enflasyon korkularını bastırmıştır. Enflasyon beklentilerinin etkisi hesaba katıldığında Keynesçi politikalar, ancak enflasyon beklentileri sabit kaldığı sürece işleyecektir. Keynesçi TT politikaları daha yüksek enflasyon beklentisi yaratırsa amaçlarına ulaşamamış olur. TT'yi canlandırma ve işsizliği azaltma girişimleri de zaten enflasyonu azdırır.

FEDERAL REZERV SİSTEMİ (FED)

Nefret Etmeyi Sevdiğimiz Banka

Amerika'nın, kendi bankacılık sistemiyle uzun ve tarihsel önemi olan bir aşk-nefret ilişkisi vardır. En çok kötülenen kurum, ulusal merkez bankası Federal Rezerv ya da kısaca Fed'dir. Fed, Amerika'nın ilk merkez bankası değildir, hatta ikincisi bile değildir. Fed, insanlar onunla ilgili ne tür hisler taşıyor olursa olsun ve tarihçesi her nasıl olursa olsun, Amerikan ekonomisinin merkezinde yer alır ve anlayışla karşılanmayı hak eder.

BANKACILIĞIN TARİHÇESİNİN YENİDEN GÖZDEN GEÇİRİLMESİ

ABD, Amerikan Devrimi'nin sonunda önemli bir savaş borcunun yükü altında kalmıştı. Alexander Hamilton, borcun üstesinden gelmek ve tek bir para birimi oluşturmak amacıyla genç nesil için bir merkez bankası kurulmasını önerdi. Merkezi Philadelphia'da olan The First Bank of United States için Bank of England örnek alındı. 1791'de başlayan imtiyaz anlaşmasının 1811'de son bulmasına izin verilene kadar ülkenin merkez bankası olarak hizmet etti.

On dokuzuncu yüzyılda Amerika, başka bir merkez bankasının kurulmasına sebep olan bir dizi ekonomik panik yaşadı. Bu banka sonunda politik bir hedef haline geldi ve ülkeye ekonomik istikrar getirmekte başarısız oldu.

The Second Bank of the United States'e, ABD ekonomisinin 1812 Savaşı'nın ekonomik etkilerini atlatmasını sağlaması için 1816'da yirmi yıllık bir imtiyaz verildi. The Second Bank, tek bir para birimi belirledi ve Hazinenin hesapları için yediemin görevi gördü. Çoğu kişi, The Second Bank of the United States'in yozlaşmış olduğuna ve Başkan Andrew Jackson'ın siyasi baskılarının bankanın kaderini belirlediğine inanıyordu. İmtiyaz anlaşmasının süresinin dolmasına üç yıl kala, 1833'te Jackson, Hazine Bakanı'na, ABD hükümetinin mevduatlarını bankadan çekip, eyalet bankalarına yatırması talimatını verdi. Bu hareket bankayı çok zayıflattı ve The Second Bank of the United States 1841'de iflas etti.

İçsavaş esnasında ve sonrasında Birleşik Devletler başka ulusal bankalar da kurdu ve tek bir para birimini yerleştirdi. Bu ulusal bankalar, hükümetin tahvil ihraç ederek borçlanmasını sağlamaya yaradı. First Bank ve Second Bank'in aksine bu ulusal bankaların yönetimi hükümetten bağımsızdı.

1907'deki Banka Paniği, Federal Rezerv Sistemi'nin kurulmasındaki saikti. Montanalı bir yatırımcının bakır piyasasında söz sahibi olmak için yaptığı başarısız girişim, kendisi ve kardeşiyle bağlantılı finans kurumlarına duyulan güvenin kaybolmasına yol açtı. Bu kötü etki, onunla bağlantısı olmayan kurumlara da sıçradı ve birkaç gün içinde New York finans sisteminde toptan bir kaçış başladı. Neyse ki, Theodore Roosevelt'in Hazine Bakanı ile J. P. Morgan, bankacılık sistemine nakit enjekte ederek ortamı biraz yatıştırıp, sonunda bankalara hücum furyasına son verdiler. 1907 paniği, Amerika'nın, bankacılık sisteminde likiditeyi garantilemek için borç veren nihai başvuru makamı olarak davranacak bir merkez bankasına ihtiyacı olduğunu gösterdi.

FEDERAL REZERV SİSTEMİ'NİN YANİ ABD MERKEZ BANKASININ KURULMASI

1913'te Woodrow Wilson tarafından imzalanan Federal Rezerv Yasası'nın onaylanmasıyla Federal Rezerv Sistemi yani ABD Merkez Bankası kuruldu. Merkez bankacılığı konusunda önceki girişimlerin aksine Fed, öncüllerinin güçlü yanlarından yararlandı. Federal Reserve Yasası, tek bir merkez bankası oluşturmak yerine, bağımsız yönetimi olan kamu-özel (karma) bir bankacılık sistemi kurdu. Fed'in merkezi, tek bir yerde değil, ABD'nin çeşitli yerlerindedir. Fed, ne tamamen devlet kurumu ne de tamamen özel kurumdur. Fed, her ikisinin de özelliklerini taşır.

Fed, ABD hükümetinin bankasıdır. Hazine, ABD hükümetinin muhasebe kayıtlarını tutar, hükümet de Fed'deki hesaplarından çek yazar. Toplanan vergilerin ve tahvil çıkararak borç alınan paraların hepsi, ABD hazinesinin Fed'deki hesabına yatırılır. Vergi mükelleflerine geri ödeme yapılacağı zaman veya Sosyal Güvence alanlara ödeme yapılacağı zaman, para Hazinenin Fed'deki hesabından çekilir.

Eldeki Nakit

Federal Rezerv'de bulunan paranın çoğu elektronik formdadır, oysa bölge bankalarındaki kasalarda sıkı güvenlik altında milyonlarca dolar bulunur. Fed'in ilk zamanlarında banka veznelerini soygunculardan makineli tüfek yuvaları korurdu.

Federal Rezerv Sistemi'nin hükümet kanadı olan Yöneticiler Kurulu'nun merkezi Washington D.C.'dedir. Yöneticiler, tek aşamalı on dört yıllık bir görev süresi için ABD Başkanı tarafından atanır ve bu atama Senato tarafından onaylanır. Kurul, kendileri de bu Kurulun üyesi olan Fed başkanı ve başkan yardımcısı tarafından denetlenir. Başkan ile başkan yardımcısı, sayısı sınırlanmamış dört yıllık dönemler için ABD Başkanı tarafından atanır ve bu atamalar Senato tarafından onaylanır. Fed başkanı, Federal Rezerv Sistemi'nin yüzüdür ve çoğu kişi tarafından ekonomik etki söz konusu olduğunda, güç sıralamasında ABD Başkanı'ndan hemen sonra gelir. Yöneticiler Kurulu, ülkenin bankacılık sistemi için politikalar üretir, düzenlemeler getirir, rezerv gereksinimlerini belirler ve iskonto oranındaki değişiklikleri onaylar.

ABD'nin federal yapısı uyarınca Fed, on iki farklı coğrafi bölgeye ayrılmıştır ve bölge merkezleri, ABD'nin çeşitli şehirlerinde yerleşiktir. Her bölge, Federal Reserv Sistemi'nin eşit bir parçasıdır. Bölge bankaları, bankaların bankası olarak işlev görür ve üye bankaların mevduatlarını kabul eder. Bölge bankaları, kendi bölgelerindeki üye bankaları izleyip, bu bölgelerde yönetmelikleri uygulattırarak düzenleyici bir rol de oynar. Bölge bankaları, çek yazmak ve elektronik ödeme yapmak yoluyla bankacılık sisteminde hayati bir rol oynarlar. Son olarak, bölge bankalarının bir işlevi de, ABD Hazine Bakanlığı'ndan elde ettikleri nakit parayı bankacılık sisteminde tedavüle sokmalarıdır.

FOMC

Federal Open Market Committee (FOMC), yani Federal Açık Piyasa Komitesi, ülkenin para politikasının baş mimarıdır. Komitenin oy kullanan on iki üyesi, Fed başkanı, Yöneticiler Kurulu, New York Federal Rezerv Bankası başkanı ve dönüşümlü olarak hizmet veren dört diğer bölge bankasının başkanlarından oluşur. Komite toplantılarına tüm bölge bankalarının başkanları katılır. FOMC, ekonomik performansı gözden geçirmek ve Fed fonu oranlarını hedefleyerek para politikasının gidişatına karar vermek için yılda sekiz kere yani yaklaşık altı haftada bir toplanır. Basın ve finans piyasaları, FOMC toplantılarını yakından izler. Medya mensupları ve yatırımcılar, politikanın ileriki yönünün ne olabileceği konusunda ipuçları bulabilmek için FOMC'nin basın bildirilerini dikkatle analiz ederler.

Evrak Çantası Spekülasyonu

Fed'in faiz politikaları üzerine spekülasyon yaparak kâr etmek isteyen yatırımcılar, Fed Başkanı olarak görev yaptığı süre içinde Alan Greenspan'in evrak çantasının boyutlarını incelerdi. Çanta büyük ve ağırsa faiz oranlarını değiştirme konusundaki savlarını desteklemek için gerekli evrakları taşıdığı kuramını geliştirmişlerdi. Çanta hafifse faiz oranları muhtemelen aynı kalırdı.

PARA POLİTİKASI

Direksiyonu Bize Bırak

Para politikasının amacı, fiyat istikrarının, tam istihdamın ve ekonomik büyümenin gelişmesine yardımcı olmaktır. Bir para arzı tekelcisi olan Fed, ekonomide toplam talebi etkileme konusunda benzersiz bir konumdadır. Fed politikası, para arzına doğrudan tesir edecek olan bankacılık sistemi içindeki fazla rezervi etkiler ki, bu da faiz oranlarını değiştirir. Faiz oranlarındaki bu değişiklikler, tüketim, yatırım ve net ihracat yoluyla toplam talepte değişiklikler olmasına yol açar. Sonuçta TT'de meydana gelen değişim, GSYİH'yı, enflasyonu ve işsizliği etkiler.

MERKEZ BANKASI EKONOMİYİ NASIL ETKİLER

Merkez Bankası, ekonomiyi, faiz oranlarına baskı uygulayarak ve halka hitaben konuşarak etkiler. Ekonomik büyüme durumunda, Fed ekonominin fazla hızlı büyüdüğü zamanlarda faiz oranlarını çok hafif yükselterek enflasyon uyarısı yapabilir. Enflasyon dönemlerinde ise faiz oranlarında frene basarak sürücüye sert bir uyarı yapar ve ekonominin yeniden kontrol altına alınmasını sağlar.

Durgunluk durumunda Fed'in en fazla yapabileceği, frenden ayağını çekmek veya faiz oranlarını düşürüp sürücüyü gaza basmaya cesaretlendirmektir. Fed'in gücü orantılı değildir; enflasyonu durdurabilir fakat sadece tam istihdamı teşvik edebilir.

Zorunlu Rezerv

Bir bankanın zorunlu rezervi, karşılığında kredi veremeyeceği cari hesap bakiyesinin yüzdesi kadardır. Fed zorunlu rezerv miktarını yükseltirse bankaların elinde borç verebilecekleri karşılık miktarı azalır. Bu, para arzını azaltır ve faizlerin yükselmesi sonucunu doğurarak sermaye yatırımından ve dayanıklı mal tüketiminden caydırır.

Yatırım ve tüketimdeki bu azalma, TT'yi düşürüp, reel GSYİH'nın azalmasına, işsizliğin artmasına ve enflasyonda bir düşüşe yol açar. Zorunlu rezerv miktarının düşürülmesi tam ters yönde etki yapar.

Zorunlu Rezerv Miktarını Değiştirmenin Sakıncaları

Zorunlu karşılıkları değiştirmekteki sorun, düşürmenin kolay, yükseltmenin ise çok daha zor olmasıdır. Fed, karşılıkları düşürürse bankalar rezervlerinin daha çoğunu borç verebilirler ve gerçek bir sorun çıkmaz. Oysa enflasyon dönemlerinde zorunlu karşılıkları yükseltmek, bankalar için neredeyse imkânsızdır çünkü muhtemelen, henüz borç verilmemiş olağanüstü rezervleri yoktur. Zorunlu karşılık miktarındaki artış, bankacılık sektöründe, ani bir likidite krizi başlatır. Bankalar, kredilerin geri ödenmesini isterler ve yeni yüksek zorunlu rezerv miktarını karşılamak için ellerinden geleni yaparlar.

İskonto Oranı

İskonto oranı, üye bankaların genellikle mali sıkıntıda olduklarında Fed'e gecelik borçlanma için ödedikleri faiz oranıdır. İskonto oranını yükseltmek borçlanma cesaretini kırar, onu düşürmek ise teşvik eder. Fed, enflasyonu düşürmek isterse iskonto oranını yükseltir. Fed bunu yapınca şu olaylar zinciri harekete geçer: Fed, iskonto oranındaki artışı ilan eder; bankalar borçlanmaktan cayar; olağanüstü karşılıkların borç verilmesi daha düşük bir ihtimal haline gelir; para arzı büyümez; faiz oranı yükselir; tüketim, yatırım ve net ihracat düşer; TT azalır; GSYİH düşer; işsizlik artar; enflasyon düşer. İskonto oranını düşürmek ise, tam ters etki yapar.

İskonto Oranını Değiştirmenin Sakıncaları

İskonto oranındaki sorun, bankaların doğrudan Fed'den borç almaya isteksiz olmalarıdır. Bu isteksizlik, diğer borçlanma şekillerinin daha düşük oranlarla bulunabilmesi, hal böyleyken Fed'e başvurmanın borçlanan bankada bir şeylerin kötü gittiğinin alenen kabullenilmesi anlamına gelmesi olgusundan kaynaklanır. Mali durumu iyi olan bir banka genelde kısa vadeli ihtiyaçlarını karşılamak için bankalar arası borçlanma piyasasından borç alır. Bir bankanın ana karar mercii, Fed'den borç alarak yatırımcıları veya hissedarlarını korkutup kaçırmak istemez.

İskonto oranı, gelecekteki faiz oranı politikasının göstergesi olması nedeniyle yararlıdır. Mali piyasalar sürprizlerden hoşlanmadıkları için onun bu gösterge işlevi önemlidir.

Açık Piyasa İşlemleri

Fed'in para politikasını yürürlüğe sokmasının başlıca yolu, açık piyasa işlemleri (APİ) olarak bilinen bir süreçtir. APİ, ABD Hazine kâğıtlarının New York Federal Rezerve Bankası açık piyasa masası ile on sekiz menkul kıymetler kuruluşundan oluşan seçkin bir grup arasında alınıp satılmasıdır. Bu grupta dünyanın büyük bankaları ile büyük aracı kurumların çoğu bulunur. Bunların, açık piyasa işlemlerinde Fed'in karşı tarafında yer almaları ve Fed ile piyasa bilgilerini paylaşmaları beklenir. APİ işlemlerinin etkisi, Fed'in Hazine kâğıtları alması durumunda bankacılık sistemindeki olağanüstü karşılıkların artması, Fed'in Hazine kâğıtlarını satması durumunda ise bankacılık sistemindeki olağanüstü karşılıkların düşmesi şeklinde olur.

POLİTİKALAR BİRBİRİNE TERS DÜŞTÜĞÜNDE: MALİ/PARASAL MİKSER

Federal Rezerv kendi politikalarını siyasal bir vakum içinde yürütmez. Para politikası hükümetin mali politikası ile yan yana işler. Arada ters düştükleri zamanlar olsa da çoğu zaman para politikası mali politikayı yerleştirmek için kullanılır. Bu iş için Fed Başkanı, ABD Başkanı, Hazine Bakanı ve Kongrenin önemli üyeleri, fiyat istikrarı, tam istihdam ve ekonomik büyüme gibi temel hedeflere yönelik tutarlı bir politika oluşturmak için birbirleriyle temas halinde çalışırlar.

Para Konuşur

Mali Politika

İşsizliği düşürmek veya fiyatlara istikrar getirmek için federal bütçenin kullanımıdır.

Durgunluk dönemlerinde genişlemeci mali politika, genişlemeci para politikasıyla pekiştirilir. Devlet harcamaları artıp, vergiler düştüğü için faiz oranlarına yukarı doğru baskı uygulanır. Genişlemeci para politikası faizler üstündeki yukarı doğru olan baskıyı, para arzını genişleterek ve kısa vadeli faiz oranlarını düşürerek dengeler.

Enflasyonist dönemler başkanlar ve yasa koyucular için daha problemli dönemlerdir. Daraltıcı maliye politikasının reçetesi, harcamaların azaltılmasını ve vergilerin artırılmasını gerektirir ki, bunlar siyasi açıdan rağbet görmezler. Daraltıcı (sıkı) para politikası, enflasyonu durdurmakta etkilidir ve Fed'in siyasi baskılardan yalıtılmış olması, onu bu görev için kusursuz kılar. Önceki Fed başkanı Paul Volcker, hükümet beceremediğinde enflasyonu yendiği için takdir edilmişti.

KISA VADEDE VE UZUN VADEDE PARA POLİTİKASI

Para politikasının kısa vadede ve uzun vadede etkileri farklıdır. Kısa vadeli faiz oranlarını düşürmek, tam istihdamı ve ekonomik büyümeyi teşvik etmek amacıyla tasarlanan genişlemeci para politikaları, sonunda enflasyonu körükledikleri için faizlerin yükselmesine neden olurlar. Bu, para politikasının dikkatle uygulanması gerektiği anlamına gelir. Fed, parasal bir uyaran ortaya atarsa gelecek enflasyonu engellemek için bu uyaranı ortadan kaldırmayı da planlamış olmalıdır. Politika üretenlerin sorunu politikanın zamanlamasını tespit etmektir. Parasal uyaranın vaktinden erken kaldırılması uzun süreli bir durgunlukla sonuçlanabilir fakat düşük faiz oranlarını çok uzun süre korumak da neredeyse kesin olarak, daha yüksek bir enflasyona yol açabilir.

Enflasyonu düşürmek için para politikasına çok fazla bel bağlamak da sorunlara yol açabilir. Ekonomik dalgalanmalar üzerine devlet, durgunluğu dengelemek için genişlemeci maliye politikası uygulayıp, sonra da enflasyon dönemlerini kontrol altına alması için Fed'e bel bağlarsa faiz oranları artar ve uzun vadeli ekonomik büyüme engellenir. Devlet bir noktada kendi harcamalarını kısmalı ve/veya uzun vadeli faiz oranlarının çok yükselmesini önlemek için vergileri yükseltmelidir.

ARZ YÖNLÜ EKONOMİ

Sihir Ekonomisinin Yükselişi

Yüksek işsizlik oranı ve enflasyondan ötürü 1970'ler Amerikan ekonomik tarihinde sancılı bir dönemdi. Stagflasyon, birçok politikacı ve ekonomistte şok yarattı. 1970'lerde ekonomide Keynesçi görüş, politika üreten çoğu yetkilinin aklına yerleşmişti. Milton Friedman ile Edmund Phelps enflasyonla işsizlik arasında tutarlı bir ilişki olduğu görüşünü alenen çürütmüş olmalarına rağmen, politika üretenler bu inançtan vazgeçmeye pek istekli değillerdi.

Sefalet Endeksi

Arthur Okun, yoksulluğa ilişkin basit bir endeks olan sefalet endeksi kavramını ortaya attı. Sefalet endeksi, işsizlik oranı ile enflasyon oranının toplamıdır. Normal şartlar altında sefalet endeksi genelde 7 civarındadır. Carter yönetimi sırasında sefalet endeksi, stagflasyon yüzünden durmadan artarak gelmiş geçmiş en yüksek seviyesine, 20,76'ya çıkmıştır.

Keynesçi ekonomi altyapısı 1970'lerde politik kararların içine öylesine işlemişti ki, Keynesçi ekonominin etkili olduğu görüşüyle çelişen veriler çoğu kişinin aklını karıştırmıştı. İşsizlik yüksekken devlet daha fazla harcama yapmalıdır, enflasyon sorun haline geldiğinde ise Fed, kemer sıkmalıdır. Stagflasyon ise, çoğu yetkili için kontrol edilemeyen bir sorun getirmişti. İşsizliği hafifletmek için harcama yapmak sadece enflasyonu kötüleştirecekti. Fed'in kısıntı yapması işsizliği düşürürdü. Keynes'ten etkilenenlerin politika seçenekleri, toplam talebi artırmak veya azaltmak üzerine yoğunlaşmıştı. Ne yapılmalıydı? Bazılarının önerdiği cevap, toplam arz ve toplam talep modellerinin arz yönüne odaklanmaktı.

Bir Deyim Uydurmak

Keynes, her şeyde Demokratlarla, arz yönlü ekonomide ise Cumhuriyetçilerle bağdaşıyor görünmesine rağmen durum böyle değildir. Arz yönlü ekonomi teorisinin eleştirilerinin çoğu 1980'de Cumhuriyetçi partinin aday yoklama toplantısında Reagan'ın baş rakibi George H. W. Bush'tan geldi. Bush, Reagan'ın ekonomi planına "sihir ekonomisi" adını takmıştı.

ARZ YÖNLÜ EKONOMİ

Stagflasyon temelde bir arz sorunudur, talep yönlü bir çözümün işe yaramamasının sebebi budur. Klasik ekonominin serbest piyasa yaklaşımı, Ronald Reagan'ın seçilmesinden sonra bir çeşit Rönesans yaşadı. Klasik ekonomi görüşünde esnek ve etkin piyasalar, ekonomide tam istihdamın korunacağını garantiler. Durgunluk veya enflasyon dönemleri etkili olduğu zaman esnek girdi fiyatları toplam arzın artmasına veya azalmasına neden olur ve ekonomiyi, devlet müdahalesi olmaksızın tam istihdama geri döndürür. 1930'dan 1970'e kadar, işgücü piyasasının esnekliği ve etkinliğinde bir düşüş vardı. Arz yönlü iddia, hükümetin işleri bozduğu ve piyasaların Keynesçilikten arındırılması gerektiğiydi.

Başkan Carter döneminde başlayan serbestleştirme Ronald Reagan döneminde ivme kazandı. Eskiden devlet tarafından sıkı denetim altında tutulan havayolları serbest bırakıldı ve birbirleriyle rekabet etmeye zorlandı. Bu, çok daha fazla uçuşun ucuza yapılması sonucunu getirdi. Aynı zamanda en verimsiz havayollarının da piyasadan çekilmesini sağladı.

Reagan yönetimi esnasında sendikalar güç kaybetti. Çelik ve otomotiv endüstrisinde yabancı firmaların rekabeti sendikaların durumunu zayıflattı. Sendikaların güç kaybının muhtemelen en güçlü işareti yeni seçilen başkanın eliyle geldi. Hava trafik kontrolörlerinin sendikası daha iyi ücret ve çalışma şartları için lobi yapmışlardı. 1981'de sendika federal yasayı ihlal ederek greve gitti. İşe dönmeleri, aksi takdirde işten atılacakları şeklinde uyarıldıktan sonra 11.000 hava trafik kontrolörü işe dönmeyi reddetti ve Başkan Ronald Reagan tarafından topluca işten atıldı.

Ronald Reagan, seçimler için adaylığını koyduğu sırada, yüksek gelirli kişilere uygulanacak vergi indiriminin daha çok harcamaya ve tasarrufa teşvik edeceği, dolayısıyla tüm Amerikalılara zenginlik katacağı fikrini lanse etmişti. Harcama ve tasarruf, sadece tüketimi artırmakla kalmayıp, daha fazla sermaye yatırımına da yol açacaktı. Yatırımlar artınca işletmeler üretim kapasitelerini genişletirler ve bu da istihdamın artmasına yol açar. Sonuçta sermayedeki artış daha yüksek üretkenlik ve nihayetinde daha düşük fiyatlar getirir.

Toplam talebi uyarmak için yapılan vergi indiriminin gücü, Keynesçi ekonomistlerin iyi bildiği bir şeydi. Oysa arz yönlü dönüş, vergi indirimlerinin toplam talebi uyarmakla kalmayıp arzı da artırmasıdır. Reagan, vergi indirimi önerdiği anda Sovyet tehdidine karşı savunma harcamalarını artırmayı da önerdi. Ekonomistler, politikacılar ve sıradan insanlar, vergi indirimi ile devlet harcamalarındaki artışın eş zamanlı oluşunu sorguladılar. Böyle bir politika kombinasyonunun federal hükümetin daha fazla harcayıp daha az vergi toplayacak olması nedeniyle bütçe açığına yol açacağı barizdi.

ARZ YÖNLÜ EKONOMİYE İTİRAZLAR

Bazen gerçekler harika bir fikri mahvedebilir. Reagan, istediği vergi indirimini ve savunma harcamalarındaki artışları elde etti fakat muazzam bütçe açıklarını da getirmiş oldu. Vergi gelirlerinde artış gerçekleşemedi. Aksine vergi geliri çarpıcı bir şekilde düştü ve Reagan döneminde hükümetin bütçe açığı durmadan büyüdü.

Arz yönlü ekonomi için yapılan eleştirilerden biri, geliri etkin bir şekilde zenginler arasında dağıtmasıdır. Arz yönlü ekonominin mantrası "gelirde vergi indirimi ve sermaye kazançları" olduğu için birinci dereceden yarar sağlayanların büyük gelir sahipleri olması mantıklı görünür.

Arz yönlü ekonomiden artık pek söz edilmese de görüşleri ve mantığı hâlâ Cumhuriyetçi ve Liberal siyasi platformların bir parçasıdır. Vergileri kısmak, insanların tasarruf etmesi ve yatırım yapması için teşvikler yaratmak ve ekonomiye devletin karışmasının yarattığı genel bir güvensizlik, birçok seçmen arasında hâlâ yankı uyandıran arz yönlü ekonomi fikirleridir. Demokratlar daha halkçı bir gündem geliştirme eğilimindedirler. Orta direkte vergi indirimine gitmek, varlıklı kişilerden alınan vergilerin yükseltilmesi, işletmelerin denetiminin artırılması ve transfer ödemelerinin gelirin yeniden dağıtımında kullanılması, Demokratlar tarafından geliştirilen ve iyi ya da kötü, Keynesçilerle ilişkilendirilen fikirlerdir.

EKSİKSİZ BİR ALET ÇANTASI

Etüt edilecek bir alan olarak arz yönlü ekonomi, çoğu ana akım ekonomist tarafından alaya alınmasına rağmen dürtülerin önemli olduğunu hatırlatmaya yaramıştı. Politika üretenler sadece seçmenlerin ne istediğini değil, ürettikleri politikaların üreticilerle tüketicilerin dürtülerini nasıl şekillendireceğini de göz önüne almak zorundadırlar. Hükümet, ekonomik davranışı düzenlemek için yeni bir talimat verdiğinde, ileride ortaya çıkabilecek beklenmedik sonuçların da üstesinden gelmeye hazırlıklı olmalıdır çünkü yeni talimat kişilerin ve kurumların dürtülerini değiştirir.

Ekonominin arz yönünü göz ardı etmek, politika üretilmesinde devleti sonunda iki seçeneğe mahkûm eden tek taraflı bir yaklaşıma yol açar: Toplam talebi artırmak ya da azaltmak. Politika üretenler, toplam arzın önemini fark ederek nihai ekonomik hedeflerine ulaşmak için daha çok çözüm politikaları geliştirebilirler. Örneğin, bir gelir vergisi indiriminin talep yönlü ve arz yönlü etkileri olduğunu fark etmek, politika üretenlerin bu görüşü çeşitli seçim bölgelerine kabul ettirmelerine imkân verir.

EKONOMİK BÜYÜME

Daha İyi Bir Toplum Yaratmak

Jared Diamond insanlık tarihini konu alan kitabı *Tüfek, Mikrop ve Çelik*'te kendisine yöneltilen bir sorunun onu nasıl insanlıkla ilgili olayların gidişatını incelemeye ittiğinden söz eder. Hevesli bir kuş gözlemcisi olan Diamond, defalarca Yeni Gine'ye gitmiş ve orada Yali isimli bir adamla dost olmuştur. Yali bir defasında Diamond'a neden Avrupalıların çok şeyi varken Yeni Gine halkının çok az şeyi olduğunu sorar. Diamond arkadaşının bu sorusunu kendi kafasında yanıtlamaya çalışırken insanlık tarihini şekillendiren güçleri ve servet dağılımını etkileyici bir şekilde açıklar ve ortaya harika bir kitap çıkar. Diamond ekonomik büyümeyi tanımlayabilmek için tuğla gibi bir kitap yazmıştır, oysa bir ekonomist için ekonomik büyüme çok daha basit bir şeydir: Sadece GSYİH'daki bir artıştır.

BÜYÜME NE DEMEKTİR?

Ekonomik büyüme, bir ülkenin kişi başı gayrisafi yurtiçi hasılasında zaman içinde sürekli bir artış olduğunda gerçekleşir. Çoğu sene ABD'nin GSYİH'sı yaklaşık %2 oranında artar, ekonomi ise her otuz altı yılda bir iki katına çıkar. Aynı zamanda nüfus %1 oranında artar ki, bu da kişi başı GSYİH'nın 1960'taki değerinin neredeyse üç katına çıkmış olduğunu gösterir. Ekonomik büyüme garanti değildir. Aslında, hiç büyümenin olmadığı veya negatif büyümenin gerçekleştiği yıllar da vardır. Bu dönemler durgunluğa bağlanır.

Büyüme kendini olumlu ve olumsuz şekillerde gösterir. Ekonomik büyüme, yaşam standartlarında, beslenmede, sağlık hizmetlerinde, ömür süresinde ve maddi bollukta artışlara yol açar. Olumsuz tarafı, ekonomik büyümenin çoğunlukla çevresel yıkım ve artan gelir dengesizliğiyle sonuçlanmasıdır. Ekonomik büyüme bir toplum hedefi olarak, hararetle tartışılır ve her iki taraf da kendi durumları için makul gerekçeler sunar.

NEDEN BÜYÜMELİ?

Ekonomik büyüme taraftarları büyümenin topluma getirdiği yararlara odaklanır. Gıda üretiminde, sağlık hizmetlerinde, ömür süresinde ve maddi bolluktaki ilerlemeler, ekonomik büyüme olmadığı takdirde mümkün olmaz. Yüz yıl önce çoğu Amerikalı, tarımsal üretimle meşguldü ama yine de %2'den azı çiftçi olan günümüz Amerikalılarından çok daha az kalori alarak yaşıyorlardı. Aynı dönemde, birçok hastalığın kökünün kurutulması ve temel sağlık önlemleri ile sağlık hizmetlerindeki ilerlemeler sayesinde ortalama ömür 48'den 78'e yükseldi. Önceki nesillerde sadece varlıklı kişilerin ulaşabildiği şeyleri daha fazla Amerikalının elde edebileceği şekilde maddi malların miktarı ve kalitesi de arttı. Aynı dönemde haftalık ortalama çalışma süresi azaldı ve insanlara daha fazla dinlenme zamanı sağladı. Ekonomik büyüme, çoğu kişi için bir nimettir.

Para ve Mutluluk

Para gerçekten mutluluğu satın alabilir mi? Ekonomistler kişi başı GSYİH ile ülkenin genel mutluluk düzeyini kıyasladıklarında ilginç bir eğilim fark ederler. Kişi başı GSYİH 0$'dan 10.000$'a yükseldiğinde mutluluk düzeyi yükselir. Ancak bu ilişki bu seviyeden sonra bozulur. Dolayısıyla bu soruya verilecek cevap şudur: İlk 10.000$ mutluluğu satın alır. Ondan sonrasını ise kimse bilemez.

Ekonomi büyüyüp çeşitlendikçe giderek daha çok sayıda kişi geçimini çiftçilikle sağlama yolundan ayrılıp hayatını ilgi duyduğu alanda kazanma arayışına girdi. Kayıtlı tarihin büyük bölümü boyunca herkesin ilgi alanlarının ve tutkularının peşinde koşma imkânı yoktu. Son 150 yılda üretimde gerçekleşen yaratıcı patlama insanın her alandaki uğraşlarında gelişmeler olmasını sağladı. Yaşam çoğu insan için çirkin, acımasız ve kısa iken şimdi görece güzel, huzurlu ve uzun. Eski bir mezarlığı ziyaret ettiyseniz, gençlerin ve çocukların mezarlarının çokluğu dikkatinizi çekmiştir. Bir zamanın olağan vakaları şimdinin ender vuku bulan trajedileridir. Yüzyıldan kısa süre öncesine kadar nüfusu kırıp geçiren hastalıkların büyük bir kısmının kökü kurutuldu. Bütün bunlar, ekonomik büyüme sayesinde mümkün oldu.

Maddi Bolluk ve Ekonomik Büyüme

Maddi bolluk, büyümenin getirdiği bir yarardır ve çoğunlukla eleştirmenler tarafından büyüme politikasının arkasındaki itici güç olarak görülür. Haklı olabilirler fakat büyüme, insanlık için anlamlı faydalar da getiriyorsa, fazladan bir iPod veya McMansion, ödenecek küçük bir bedel sayılabilir. Maddi bolluk, insanların düşünmek, icat etmek ve yaratmak amacıyla geçimlerini tarımla sağlamaktan kurtulmasının doğal sebebidir. Toprağa ve çiftçiliğe dönmeyi seçenler için bile bu özgürlük mevcuttur.

İnsanlar daha çok uzmanlaştıkları ve daha üretken hale geldiklerinden toplum için değerleri de artmıştır. Günümüzde Amerikalı bir çocuğun yetişmesine hasredilen zaman ve öz kaynakları düşünün. Ortalama bir Amerikalı çocuğun beşeri sermayesine 250.000$'dan fazla yatırım yapılmıştır. Yardım kuruluşları, bir bireyin toplum için değerini yükseltmenin istikrarlı ve üretken bir toplum yaratmakta önemli olduğunu anlarlar. Gelişmekte olan ülkelere gıda yardımı yapan kuruluşlar, ailenin gıda istihkakını okulda okuyan kızlarına teslim etmenin kızın ailedeki değerini yükselttiğini, bunun da çocuk yaşta hamile kalma ve fuhşa yönelme ihtimallerini azalttığını keşfetmişlerdi.

EKONOMİK BÜYÜMENİN KOŞULLARI

Üretimin Tohumlarını Ekmek

Ekonomik büyüme kendiliğinden olmaz. Birkaç farklı unsurun gerçekleşmesi gerekir. Bunların bazıları apaçık ortadadır: Ürünleri üretecek insanlar ve ürünlerin üretilmesinde kullanılacak öz kaynaklar vs. Oysa diğerleri o kadar da aşikâr değildir. Yasaların adil bir şekilde uygulanmadığı ülkeleri düşünün. Böyle bir ülkede sürdürülebilir bir ekonomik büyüme gerçekleşebilir mi?

BEŞERİ SERMAYE

Ekonomik büyümede en önemli unsur beşeri sermayedir. Beşeri sermaye bireyin sahip olduğu eğitimden, becerilerden ve yeteneklerden oluşur. Beşeri sermayeye ciddi ölçüde yatırım yapan ülkeler, benzer özelliklere sahip oldukları halde beşeri sermayeye yatırım yapmayan ülkelere göre ekonomik açıdan büyümeye daha yatkındır. ABD, beşeri sermayeyi geliştirmek konusunda dünyanın önde gelen ülkelerinden biridir. Zorunlu ilk ve orta öğrenim, zorunlu aşı ve iyi beslenme Amerika'nın dünyanın en üretken ulusu haline gelmesine katkıda bulunur. Hiçbir ülke eğitime ve beşeri sermayeyi geliştirmeye ABD'den daha fazla para harcamamaktadır.

Kişisel özgürlük ve özel mülkiyet edinme kabiliyeti de beşeri sermayeyi geliştirmek için gerekli unsurlardır. Bireyler mesleklerini seçmekte özgür olduklarında ve özel mülkiyetin ayrıcalıklarından yararlandıklarında, üretkenlikleri kişisel özgürlüklere veya özel mülkiyete değer verilmeyen ülkelerdekilere göre daha yüksek olur. Bir kıyaslama yapacak olursak, yakın geçmişte kapitalist Batı Almanya'da yaşayan sıradan bir vatandaş, komünist Doğu Almanya'da yaşayan sıradan bir vatandaştan çok daha üretkendi. Günümüzde sıradan bir Güney Koreli, sıradan bir Kuzey Koreliden çok daha üretkendir çünkü ekonomik özgürlük daha fazlasına sahip olmak için daha fazla üretme dürtüsü sağlar.

Nüfus Artışı ve Ekonomik Büyüme

Beşeri sermayeniz olması için insanlarınız olmalıdır. Ekonomilerin gelişip büyümesi için nüfusun da artması gerekir. Üretkenliğin büyümesinin yanı sıra nüfus artışı da meydana gelmelidir. Daha büyük nüfuslar daha çok çıktı ve daha fazla yenilik üretebilirler çünkü nüfus ne kadar fazlaysa üretken öz kaynaklar da o kadar fazladır. Bir ülke daha çok nüfusa sahipse daha fazla girişimciye sahip olması ihtimali artar. Girişimciler ekonomik büyümenin faktörlerinden biridir.

Çok büyük doğal öz kaynakların varlığı bazen beşeri sermayeyi geliştirme hevesini kırabilir. Doğal öz kaynak zenginliğinin getirdiği paradoks, devletlerin, ihraç etmek amacıyla doğal öz kaynaklarını istismar etmeye çok hevesli olması ve bu nedenle nüfuslarının beşeri sermayesine yatırım yapmayı ihmal etmeleridir. Rusya ile Japonya'nın karşılaştırılması, ilk bakışta çoğu gözlemcinin Rusya'nın Japonya'dan çok daha zengin olduğunu düşünmesine yol açabilir. Sonuçta Rusya, dünyanın en büyük maden yataklarına ve doğal zenginliğine sahiptir. Öte yandan Japonya'nın ekonomik büyüme oranı Rusya'nınkinden çok daha yüksektir çünkü beşeri sermayesine çok daha fazla yatırım yapmıştır.

FİZİKSEL SERMAYE

Ekonomik büyümeyi oluşturmak için beşeri sermayeyi geliştirmek tek başına yeterli olmaz. Ekonomiler fiziksel sermayeyi geliştirmeye de yatırım yapmalıdır. Fiziksel sermaye, üretim sürecinde kullanılan aletler, fabrikalar ve teçhizattır. Fiziksel sermaye stoku arttıkça ülkede sermaye derinleşmesi yaşanır. Sermaye derinleşmesi, her çalışanın yararlanabileceği sermayenin miktarına denir. Sermaye derinleşmesi, daha üretken bir işgücü sağlar. Ortalama bir Amerikalı çalışan, 130.000$ değerinde fiziksel sermayeyle desteklenir. Amerika'nın üretkenlikteki üstünlüğünün nedenlerinden biri de budur.

Beşeri Sermayeye Karşı Fiziksel Sermaye

Birtakım sermayeler işgücünün yerini alırken diğerleri işgücünü geliştirir. Otomobil şasilerine kaynak yapan bir robot, işçilerin yerini alır, oysa pnömatik bir matkap, hem işçilerin yerini alır hem de onları geliştirir. Pnömatik matkaplı bir işçi, balyozlu birkaç işçinin yaptığı işi tek başına yapabilir. Sermaye ister işgücünün yerini alsın ister onu geliştirsin her halükârda daha yüksek verim sağlar.

Fiziksel sermaye, yatırımın sonucu olduğu için, geliştirilmesinde faiz oranları önemli bir rol oynar. Düşük ve istikrarlı faiz oranları yatırımı teşvik eder. Kısa vadede, yatırım, toplam talepte artış yaratır fakat uzun vadede, ekonominin sermaye stokunu genişletir. Yüksek veya istikrarsız faiz oranları, yatırım kararlarına zarar verir ve daha az sermaye oluşumuna neden olur.

Sermaye bir kez faaliyete geçti mi muhafaza edilmelidir. Sermaye, potansiyelini gerçekleştirmek için yeterli altyapıya gerek duyar. Yollar, suyolları, raylı sistemler ve güvenilir fenni ve sıhhi tesisat şebekeleri, sermayenin kullanımını kolaylaştırır ve verimli kullanılma şansını büyük ölçüde artırır. Sovyetler Birliği'nin başarısızlıklarından biri, sermayeyi verimsiz kullanmasıydı. Sovyetler, Batılı emsallerini gölgede bırakan fabrikalar inşa ettiler. Fakat yetersiz altyapı nedeniyle, onlara ulaşmak çoğunlukla zordu. Bu, ürünlerinin dağıtımını zorlaştırdı. Dünyanın kalkınmakta olan kesimi, fabrikaların verimli kullanımı için gerekli olan sabit güç kaynakları ve ulaşım ağlarının eksikliğini çekmektedir. Avrupa, Japonya ve ABD, bu ülkelere kıyasla, sermaye çıktısının sürekli kullanımını ve nakliyesini kolaylaştıracak yeterli altyapıya sahiptir.

ARAŞTIRMA GELİŞTİRME

Ekonomik büyümenin devam etmesi için yaratıcılık, yenilik ve icat gereklidir. Batı dünyasındaki ve Japonya'daki şirketler, araştırma ve geliştirmeye, kalkınmakta olan ülkelerdeki şirketlere oranla çok daha fazla para harcarlar. Araştırma geliştirme, ilerde daha büyük kârlar elde edebilmek için halihazırdaki kârların feda edilmesini gerektirir. Firmaların bu riski göze alması için teşvikler olmalı ve firmalar korunmalıdır. Yatırımcıları yasa marifetiyle koruyan patentler, firmaların araştırma geliştirme faaliyetlerinin kârlarını gerçekleştirmelerini sağlar.

Gelişmekte olan ülkeler, ekonomik büyümeyi sürdürmek isterlerse yenilenmeyi teşvik edecek yollar bulmak zorundadırlar. Çin'in son on beş yıldır süren etkileyici büyümesi, esasen başka yerlerde geliştirilen malların üretiminden kaynaklanmıştır. Çin'de birçok yetenekli, zeki ve yenilikçi insan olmasına rağmen yasalar fikri mülkiyeti yeterli derecede korumamaktadır. Komşu fabrikanın araştırmaya para harcamadan ürünü kopya edip üretebildiği bir ortamda, Çinli üreticinin yeni ürünlerin araştırma geliştirmesine para harcamasını gerektirecek nedeni pek yoktur. Zamanla Çin'in de fikri mülkiyeti koruyacak adımlar atması beklenmektedir.

HUKUKUN ÜSTÜNLÜĞÜ

Büyümenin diğer bir şartı da hukukun üstünlüğüdür. Devlet yetkilileri yasalara uymalı ve herkesin yasalar önünde eşit olmasını, yasaların adil bir şekilde uygulanmasını sağlamalıdırlar. Yolsuzluk ve adam kayırmacılık, sermayenin maliyetini büyük oranda artırarak yerli ve yabancı yatırımcıları caydırır. Firmalar, bireyler ve yabancı yatırımcılar, mallarının yasayla korunduğunu bilmelidirler. Gelişmekte olan ülkelerde sermaye yatırımı eksikliğinin bir nedeni, yozlaşmış hükümetlerin, ulusal çıkarlar adı altında özel mülkiyete el koyma ihtimallerinin çok daha fazla olmasıdır. Venezuela'nın 2007'de yabancılara ait petrol yataklarına el koyması, büyük olasılıkla yeni yabancı yatırımları engellemiştir. Venezuela'nın aksine, ABD, Kanada, Avustralya, Yeni Zelanda ve Hong Kong gibi eski İngiliz kolonilerinin, özel mülkiyetin üzerinde duran İngiliz umumi hukukunu devralmış olmaları, bu ülkeleri yabancı yatırımcılar için güvenli ve cazip kılar. Yabancı sermaye sahipleri, temelde yerli yatırımcılarla aynı haklara sahiptir. Sonuçta, diğer çoğu ülkeye göre bu ülkelerde daha fazla sermaye birikir.

EKONOMİ POLİTİKASI BÜYÜMEYİ NASIL ETKİLER?

Hükümet İşe Dahil Olur

Hükümetin politikaları, ekonomik büyümenin belirlenmesinde de rol oynar. Merkez bankasının istikrar sağlama politikaları faiz oranlarını, dolayısıyla da sermaye yatırımını etkiler. Maliye politikası, devlet borcunun faiz oranının etkisiyle, sermaye yatırımına dolaylı olarak tesir eder. Vergi politikaları tüketim ve tasarruf kararlarını, faiz oranları ve çalışma teşviklerini ve sonuç olarak ekonomik büyümeyi etkiler.

FAİZ ORANI POLİTİKASI

Fed, öngörülebilir, istikrarlı bir faiz politikasını koruduğunda ekonomik büyümeyi destekler. Para politikası öncelikle kısa vadeli faiz oranlarını etkilemesine rağmen, büyümede rolü olan unsur, Fed'in uzun vadeli faiz oranları üzerindeki etkisidir. Firmalar, gelecekteki faiz oranları ve enflasyondan emin değillerse sermayeye uzun vadeli yatırımlar yapmazlar. Belirsizlikten kaçınmak için Fed, mevcut ve beklenen enflasyonu kontrol altına almalıdır. Durgunluk esnasında Fed'in tutumu, borçlanmayı teşvik etmek için düşük fed fonu oranı hedeflemek şeklindedir. Bununla birlikte Fed, faiz oranlarını çok uzun süre fazla düşük tutarsa, sonuçta büyük olasılıkla enflasyon gerçekleşir. Beklenen enflasyon ve yükselen uzun vade faiz oranları, sermaye yatırımından ve nihayetinde de uzun vadeli ekonomik büyümeden vazgeçirecektir. Enflasyonu düşürmek için yapılan kısa vadeli faiz oranı artışları, Wall Street'in hoşuna gitmeyebilir fakat bu artışlar, beklenen enflasyonu düşürdüğü için uzun vadeli faiz oranlarının düşük ve istikrarlı kalmasını sağlar. Düşük ve istikrarlı uzun vadeli faiz oranları, sermaye yatırımını teşvik eder.

Şili'deki Piyasa Reformu

Chicago Üniversitesi'nde Milton Friedman'in öğrencisi olan ve kendilerine Chicago Boys denen bir grup Şilili ekonomist, diktatör Augusto Pinochet döneminde ülkeye piyasa reformunun getirilmesinde etkili olmuşlardı. Uygulamaya koydukları reformlar, enflasyonu durdurmaya ve Şili'yi Güney Amerika'nın en hızlı büyüyen ekonomilerinden biri haline getirmeye yaramıştı. Ne yazık ki, diktatörle bağdaştırılmak, kıtanın diğer yerlerinde piyasa ekonomilerinin adının kötüye çıkmasına neden olmuştu.

Dengeli bir bütçeye yol açmayan bir maliye politikası, uzun vadeli faiz oranlarına ve sermaye yatırımına etki eder. Sermayenin içe akışı veya artmış yurtiçi tasarruf olmadığında ortaya çıkan bütçe açıkları, uzun vadeli faiz oranlarının yükselmesine ve sermaye yatırımının aksamasına yol açar. Sermayenin içe akışı ve yurtiçi tasarruflar, devlet borçlanmasını dengelemeye yeterli ise açığın faiz oranına etkisi yoktur. Faiz oranlarının ani etkisi ne olursa olsun, bütçe açıkları, yeterince büyükse, belirsizlik yaratır ve yatırımı etkin bir şekilde engelleyebilir. Bütçe fazlalığının bulunması, uzun vadeli faiz oranlarını düşürür ve sermaye yatırımını teşvik eder.

VERGİ POLİTİKASI

Vergi politikasındaki değişiklikler, hem firmaları hem de muhtemelen ekonomik büyüme oranını etkiler. Firmalar üzerindeki vergi yükünün artırılması, sermayeye yatırım yapma kabiliyetlerini ve isteklerini azaltır. Finans yatırımcıları için sermaye kazançları vergisini artırmak, firmaların fiziksel sermayede gerçek yatırımlar yaptıkları tasarrufların akışını azaltır. Çok yüksek vergi yüküyle karşı karşıya kalan işletmeler, üretimlerini başka bir yerde yapmaya karar verebilirler. Sermaye akışının serbest olduğunu kavramak önemlidir. İşletmelere vergi koymak, siyaseten popüler olmakla birlikte, büyümeyi azaltmanın reçetesidir.

Para Konuşur

Sabit oranlı vergi

Sabit oranlı vergi, tüm hanelere, gelir düzeyine bakılmaksızın uygulanan aynı vergi oranıdır. %15'lik bir sabit oranlı vergiyi ele alırsak, 40.000$ kazanan bir hane 6.000$ vergi öderken 100.000$ kazanan bir hane 15.000$ öder. Sabit oranlı verginin yararı basit olmasıdır. Dezavantajı ise, birçok hanenin vergi yüklerinde bir artış anlamına gelmesidir. Çoğu %20-%30 marjinal vergi diliminde olsa da muafiyetler, kesintiler ve marjinal vergi oranının toplam gelir üzerinden değil, artan gelir üzerinden hesaplanması nedeniyle ortalama vergi oranları çok daha düşüktür.

Kişisel gelirden alınan vergiler, çalışma şevkini, dolayısıyla büyüme oranını etkiler. ABD'de ne kadar üretkenseniz o kadar gelir elde edersiniz. Ne kadar çok kazanırsanız marjinal vergi oranınız o kadar yüksek olur. Bu, ekonomistlerin, artan oranlı vergi sistemi dedikleri şeydir. Yüksek gelirlerde vergi oranları artarsa, toplumun en üretken bireylerinin vergi yükü artar. Amerika'da vergi oranları Avrupa'dakinden çok daha düşük olmasına rağmen, yeterince yüksek bir vergi oranı düşünüldüğünde, üretken çalışan ya verimini düşürecek ya da üretkenliğin yüksek oranda vergilendirilmediği bir yere taşınacaktır. Şimdiye kadar Amerika, Avrupa'daki yüksek vergi oranlarından çıkar sağlamıştır. Avrupa, en iyi, en parlak bireylerini beyin göçüyle kaybetmiş, yüksek vergilendirilen çoğu kişi, daha düşük vergi oranlarının uygulandığı ülkelere göç etmiştir.

Ekonomik İşbirliği ve Kalkınma Örgütü'ne (OECD) göre, beyin göçü, o kadar ciddi boyutlardadır ki, Avrupa ülkeleri, başka ülkelere göç etmiş vatandaşlarının geri dönmelerini teşvik etmek amacıyla devlet programları oluşturmaktadırlar. Belki de, bir vergi indirimi uygulamayı denemelidirler. Beşeri sermaye, ABD'de sürekli artmakta olduğu için Avrupa'nın kaybı, Amerika'nın kazancıdır.

EKONOMİK BÜYÜMENİN DEZAVANTAJLARI

Ekonomik büyümenin dezavantajları ve aleyhinde konuşanlar da yok değildir. Ekonomik büyüme, ihmal edildiği takdirde devam etmesine tehdit oluşturan gelir eşitsizliğinin artmasına yol açar. Son elli yıl boyunca ABD'deki gelir eşitsizliği çeşitli nedenlerle artmıştır. Sendikaların güç kaybetmesi, marjinal vergi oranlarındaki azalma, yabancıların rekabeti ve meritokrasi (yeteneğe göre personel atama sistemi), sık sık dile getirilen birtakım nedenlerdir. 1980'lerden beri sendika üyeliği devamlı azalmış ve sonuçta işçiler ücret pazarlığında baskı gücünü kaybetmişlerdir. Bu düşüş, ekonomideki yapısal değişiklikler ve sonuçta hükümetin sendikalara karşı daha muhalif bir rol oynaması nedeniyle oluşmuştur. Marjinal vergi oranlarındaki düşüşler, dar gelirliyle yüksek gelirli arasındaki uçurumu derinleştirmiştir.

Nüfus İdaresi'ne göre, 1980'den 2008'e kadar, hane halkının alt beşte birlik kesimi, ortalama hane gelirinde hiç artış görmemiş veya çok az görmüşken üst beşte birlik kesim, gelirde sürekli bir artış görmüştür. Küreselleşme de gelir eşitsizliğine katkı yapmıştır. Bu ülkenin vasıfsız imalatının çoğu, yurtdışına taşınmış, vasıfsız Amerikalı işçilere hizmet sektöründeki daha düşük ücretli işler kalmıştır. Gelir eşitsizliğinin artış nedenlerine ilişkin bir teori de, meritokrasinin gelişmesidir.

Meritokraside en iyi ve en parlak, en iyi ve en parlakla evlenir, en iyi ve en parlak daha da iyisini doğurup, o kadar iyi ve o kadar parlak olmayanları geride bırakır.

Ekonomik büyümenin devam etmesi için kazançlar, nüfus arasında daha dengeli şekilde dağıtılmalıdır. Adil olup olmaması konu dışıdır. Amerika hem kapitalizmi hem de demokrasiyi uygular. Toplumun daha üretken bireyleri, kapitalizm tarafından ödüllendirilirken daha az üretken ya da daha az vasıflı bireyleri gelirlerinin hiç artmadığını görür. Bu olgu, demokrasiyle uyuşmaz ve politik bir çözüm için fırsat yaratır. Amerikalıların hepsi de kapitalizmden doğrudan yarar görmeseler bile, oy hakları vardır. Demek ki, kapitalizm yüzünden çok kaybedenler, seçme haklarını kullanmalı ve denklemi değiştirmeliler. Gelirin yeniden dağılımı, genel seçim hakkı olan bir toplumda hayatın bir gerçeğidir. Ekonomik büyüme taraftarları, edindikleri kazançları, onu elde edememiş olanlarla paylaşmaya hazır olmalıdır.

BÜYÜK BUHRAN BÜYÜK DURGUNLUKLA BULUŞUR

Tarih Tekerrür Eder

2007'den önce, yüksek risk faizli ipotek kredilerini, teminatlı borç senetlerini (TBS) ya da kredi temerrüt takaslarını hiç duymuş muydunuz? 2007'de ABD tarihindeki muhtemelen en kötü mali kriz başladı. 2008 ve 2009 boyunca bu finans krizi küresel bir durgunluk haline geldi. Mali ve ekonomik krizin ölçeği, onlarca trilyon dolar olarak ölçülür. Bu kitap yazılırken ekonomi yavaş yavaş iyileşmeye başladı fakat bu iyileşmenin sürdürülüp sürdürülemeyeceğinden kimse emin olamıyor.

BÜYÜK BUHRAN İLE BAĞLANTILAR

İlk önce, ülkeyi yıllarca etkileyen bir diğer ekonomik faciadan, Büyük Buhran'dan söz etmeden, Büyük Durgunluk'tan bahsedemezsiniz. 1929 sonbaharında hisse senedi fiyatlarının düşmeye başladığını ve aynı sene Kara Salı olarak bilinen 29 Ekim'de aniden dibe vurduğunu hatırlayabilirsiniz. Sonraki on yıl boyunca, kişisel gelirler düştü, yatırımlar durdu, işsizlik %25'e yükseldi ve uluslararası ticaret aniden düştü.

Ne yazık ki, önceki bir banka krizi (1907 Paniği) akabinde kurulan Fed, Büyük Buhran esnasında teste tabi tutuldu ve başka bir sistematik banka paniğini engellemek için gereken likiditeyi sağlamakta başarısız oldu. Fed'i eleştirenler, Buhran'ın bu denli şiddetli yaşanmasının büyük ölçüde Fed'in suçu olduğunu ileri sürdüler. Ortak görüşe göre sorun, Fed'in sisteme ucuz kredi akıtması gerekirken kredi akışını kısıtlamasıdır.

1929'da borsanın çöküşünden ve ortaya çıkan mali ve ekonomik krizden sonra Kongre, 1933'te Glass-Steagall Yasasını onayladı. Bu yasa, bankalardaki mevduatları sigortalayıp, gelecekte olabilecek bankaya hücum olaylarını önlemek için Federal Mevduat Sigorta Kurumunu (FDIC) oluşturdu. Glass-Steagall, ticari bankaların çoğu yatırım faaliyetiyle ilgilenmesini de yasakladı. Banka Holding Şirketi Yasası, Glass-Steagall'i pekiştirerek bankaları, sigorta poliçelerini imzalamaktan men etti. Bankacılık düzenlemeleri, sektöre güveni tazeledi. Bu güven, yaklaşık yetmiş beş sene sürdü.

İFLASA GİTMEK

Çoğu zaman söylendiği şekliyle Büyük Durgunluk, yirminci yüzyılda, bir serbestleştirme ve şahlanmış bir mali yenilik dönemi esnasında başladı. Ticari bankalarla yatırım bankaları arasında bir engel görevi gören Buhran-dönemi Glass-Steagall Yasası yürürlükten kaldırıldı ve yeni bir gölge bankacılık endüstrisi yaratıldı. Aynı zamanda Fed'in ve hükümetin düzenleyicileri, piyasa güçlerinin makul uygulamalara kendini zorlayacağına inanıp, ticaretin kendi kendini düzenleyeceğine giderek güvenmişlerdi. Bütün bunlar devam ederken borsa, yatırımcılara aşırı güven aşılayacak şekilde yükseliyordu.

Beklentiler ve Gerçek

Üreticilerle tüketicilerin beklentileri, ekonomide önemli güçlerdir. Olumlu beklentiler, ekonomik faaliyetleri artırma eğilimindeyken olumsuz beklentiler, ekonomik faaliyetleri bastırma eğilimindedir. Başkan ile Fed Başkanı, politika üreten önemli kişiler oldukları için, ekonomik iyimserliğin amigolarıdır.

---

11 Eylül 2001'de, teröristler sivil uçakları kaçırıp, Dünya Ticaret Merkezi'ne ve Pentagon'a intihar saldırıları gerçekleştirirken bir diğer uçak da Pennsylvania kırsalına düştü. Terörist saldırıların etkisi, o zamana kadar gerilemekte olan borsada korku yarattı. Bu korku, ABD'nin 2001 ve 2002'de sığ bir durgunluğa itilmesine

neden oldu. Federal Rezerv, hemen fed fonlarının oranlarını düşürerek ve bankacılık sistemine büyük meblağlarda para enjekte ederek karşılık verdi.

Bush'un vergi indirimlerinin, iki savaşın ve finans sektörünün serbestleştirilmesinin yanı sıra bu enjeksiyonlar konut ve ticari gayrimenkul yatırımında canlılık yaratan bir para havuzu oluşturdu. 2002-2005 yılları arasında harcamalar evin teminat gösterilmesi ve tarihteki en düşük faizle verilen konut kredileri sayesinde canlandı. Faaliyetleri serbestleştirilen bankalar hemen hemen her başvurana kredi vererek ateşi körüklediler. Yükselen konut piyasası bir servet etkisi yarattığı için tüketiciler, bir kredi harcaması cümbüşüne devam ettiler. Aksi takdirde sezdirmeden yükselmesi gereken faiz oranları, Çin, Japonya ve petrol üreten devletlerin büyük meblağları ABD'de tasarruf etmeye devam etmeleri nedeniyle olağandışı şekilde düşük kaldı. Ayrıca, Fed'in enflasyonla mücadele yeteneğine olan inanç da insanların enflasyon korkusunu giderdi. Kamu, özel, finans ve yabancı sektörlerin hepsinin de felaketi yaratan koşullarda parmağı vardı.

Varlık Değeri Balonları

Varlık değeri balonları, krediler hisse senedi, konut ya da emtia gibi belirli bir varlığa aktığında meydana gelir. Halen değerli metaller her zamankinden yüksek değerden alınıp satılmaktadır ve patlayacak bir sonraki balon da muhtemelen odur. Ekonomistler arasında, varlık balonlarını kontrol altına almak için merkez bankası yöneticilerinin faiz oranlarını yükseltmeleri mi, yoksa doğal gidişatlarına devam etmelerine izin vermeleri mi gerektiği konusunda bir tartışma mevcuttur.

2006'da aşırı ısınan konut piyasası hız kesmeye başladı. Bir süre sonra durumu idrak eden yatırımcılar konut piyasasından çekilip, paralarını petrol ve değerli metaller gibi emtiaya yatırmaya başladılar. 2007'de petrol fiyatları hızla yükselirken konut piyasası serbest düşüşe geçti. Olayların bu kombinasyonu, tüketiciler, enerji ve gıda fiyatları gözle görülür şekilde artarken servetlerinin azalmakta olduğunu gördükleri için harcama yapan kesimi durdurdu. Gayrimenkul yatırımcıları ve nihayetinde de ev sahipleri, mortgage bakiyesinden daha düşük değere sahip mülklerden uzaklaşmaya başladılar. Medyada stagflasyon mırıltıları duyulmaya başlandı. Yanılıyorlardı.

MENKUL KIYMETLEŞTİRME

İflasa gitmenin suçlularından biri de, menkul kıymetleştirme ya da sekürizasyon denen mali yenilikti. Geleneksel olarak bankalar müşterilere kredi verir, bu krediyi bilançosunda devam ettirir ve faiz ile harçlardan kâr elde ederlerdi. Bu, bankaya, borçlunun temerrüt riskini dikkatle değerlendirmek için güçlü bir dürtü sağlardı. Mali yenilik ve hissedarların daha da yüksek getirilere duyduğu açlık, bankalara kredilendirme faaliyetlerini genişleterek kârlarını artırmaları için giderek daha çok baskı uyguladı. Bankalar, bu kârları, kredi yaratıcısı haline gelerek, sonradan yatırım bankalarına sattıkları başlangıçtaki kredileri oluşturmak için alınan harçlarla sağladılar. Yatırım bankaları, kredileri paket halinde toplayıp, teminatlı borç senedi (TBS) diye adlandırılan bir senet türü olarak sattılar.

Asil-Vekil Sorunu

İştirakçi ile saikleri birbirleriyle çeliştiği zaman asil-vekil sorunu ortaya çıkar. TBS'lerde yatırımcılar, bankaların, çıkardıkları tahvillerin altını dikkatle imzalamalarına (finanse etmeyi üstlendiklerine) güveniyorlardı. Oysa artık, krediler batarsa bankalar zor duruma düşmediklerinden borçlunun temerrüt riskini dikkatle değerlendirmek için pek nedenleri de yoktu.

TBS'ler kurumsal yatırımcılara, sigorta şirketlerine, başka bankalara ve koruma fonlarına satıldı. Yatırımcılar, TBS'lerin emniyetli bir yatırım olduğuna inandılar çünkü borçlular genellikle mortgage kredilerini öderler, eğer ödeyemezlerse de, mülk, karşı teminat olarak kullanılır. TBS'lerin popülaritesi arttı, bu da piyasanın boyutunu büyüttü. Artan popülarite bankaların bir hazır kredi piyasası gibi davranarak git gide daha çok borç vermesi demektir. Bankalar müşteri edinmek için daha da düşük faiz oranları sunarak ve garanti altına alma standartlarını gevşeterek birbirleriyle rekabet ettiler. Bu, daha çok kredi verilmesine neden oldu ve konut fiyatları tırmanmaya devam etti. Bu, TBS piyasasını güçlendirdi ve sonunda çökecek olan bir kısır döngü yarattı.

YATIRIM BANKACILIĞININ ÇÖKÜŞÜ

Balonu Patlatmak

Birçok kurumsal yatırımcının, bankanın ve emeklilik fonunun, yapabilecekleri yatırımları sınırlandıran tutucu yatırım politikaları vardır. Bu yatırımcılar, bir yatırımın risk düzeyini belirlemeleri için Moody's ve Standard & Poor's gibi tahvil derecelendirme kuruluşlarına güvenirler. Çoğu, sadece AAA veya AA+ derecesine sahip tahvillere yatırım yaparlar. Bunlar en yüksek derecelerdir ve tipik olarak yatırımın son derece güvenli olduğunu gösterirler. Yatırımcıların aldığı TBS'lerin birçoğu, bu derecelere sahiptir.

RİSK YÖNETİMİ VE KREDİ TEMERRÜT TAKASI (CDS)

Bunun altında yatan sorun, derecelendirme kuruluşlarının sadece üst düzey TBS'leri derecelendirmeleriydi. Bu kuruluşlar TBS'leri birtakım dilimlere yerleştirirler; güvenli, yüksek kaliteli krediler üst dilimlerde, daha düşük kaliteli krediler ise daha alt dilimlerde bulunur. TBS'ler bu şekilde paket halinde toplandı, böylece yatırımcılara daha yüksek getiriler sağlayacaklardı. Daha düşük, daha riskli dilimler daha yüksek faiz ödediler bu da TBS'lerin bütününü, sadece üst kalite mortgage'lardan oluşan TBS'lerden daha kazançlı hale getirdi.

Asil-Vekil Sorunu Yine Vurdu

Yine bir asil-vekil sorunu iş başındaydı. Derecelendirme kuruluşları, TBS'leri pazarlayan kuruluşlardan ücret alarak para kazanırlar dolayısıyla müşterilerinin ürünlerine yüksek not vermek için nedenleri vardır. Kurumsal yatırımcılar, başka insanların paralarıyla yatırım yaparlar, onun için protokolü uyguladıkları ve yüksek notlu yatırımları aldıkları müddetçe, onlara ödeme yapan müşterilerinin getirisini azami seviyeye çıkartmaktan başka bir şey yapmak için bir sebepleri yoktur.

Yatırımcılara TBS pazarlayan bazı yatırım bankaları, işi daha cazip hale getirmek için TBS'nin temerrüde girmesi durumunda yatırımcıya ödeme yapacak olan kredi temerrüt takası (KTT) adı altında bir tür sigorta sattılar. Bu, TBS'lerin yatırımcıların gözünde mükemmel yatırım haline gelmesi için yeterliydi. Yatırım bankaları ise, ilk önce TBS'leri satarak, sonra bir de, KTT'ler için ücret alarak para kazanıyorlardı. Kârlar tavan yaptıkça, yöneticiler ve yönetim kurulu başkanlarının bu ürünleri müşterilerine pazarlamak için sebepleri de iyice artıyordu. Sadece tek bir ufak sorun vardı. TBS'ler, sanıldığı kadar güvenli değildi ve KTT'ler yeterli düzeyde finanse edilmiyordu. TBS'ler topluca temerrüde girse, KTT'leri satan bankalar yüzlerce milyar dolar ödemekle yükümlü olurlar. Olan, tam da buydu.

YATIRIM BANKACILIĞINI VURAN KRİZ

Mortgage krizinin Wall Street'deki ilk kurbanı Bear Stearns idi. Konut balonu patladığında TBS'lerin değeri tartışma konusu oldu. Bear, hem çok miktarda TBS pazarlamış hem de onlara yatırım yapmıştı. Ağır mali kayıplar yüzünden Bear Stearns'ün bilançosu kötüleşti. Aktiflerini satsalardı firmanın değeri aniden düşerdi. Kısa süre sonra diğer yatırım bankaları Bear'e kredi açmayı reddettiler ve şirket ödeme aczine düştü. New York Federal Rezerv başkanı Tim Geithner, Bear Stearns'ü kurtarmak için bir paket hazırladı. J.P. Morgan'ın, Bear Stearns'ü derin bir iskontoyla satın almak için fonları kullanacağı düşüncesiyle bankacılık devi J.P. Morgan Chase'e borç verdi. Bunun yaygın bir paniği önleyeceği ümit edildi fakat tam tersi oldu. Bir süre sonra Lehman Brothers köşeye sıkıştı fakat bu sefer firmayı kurtarmaya kimse gelmedi. Panik her yere yayıldı.

Para Konuşur

Manevi Zarar

Sigorta ya da devletin kurtarma paketi hazırlayacağı beklentisi insanları risk almaya teşvik ettiği zaman manevi zarar meydana gelir. Ekonomistler ve politika üretenler, karar verirken manevi zarar konusu üzerine eğilmelidirler. Bunu yapmamak, insanları daha fazla risk almaya teşvik eder. Manevi zararı göz ardı etmek maneviyata zarar verir.

TBS'ler ödenmediği için yatırımcılar, sigortacılık devi AIG'in pazarladığı KTT'lerini kullandılar. AIG yüz milyarlarca dolar zarara uğradı. AIG, Amerika'nın finans sisteminde kilit bir oyuncudur, Wall Street ve Washington DC'de çoğu kişi, AIG'in "batamayacak kadar büyük" olduğuna inanıyordu. AIG batarsa finans sisteminin tamamı çökebilirdi. ABD hükümeti ve Federal Rezerv, başka felaketlerin olmasını önlemek amacıyla AIG için eşi görülmemiş bir kurtarma eylemi gerçekleştirdiler.

Mortgage krizi yaygınlaştığı için, finans kurumlarının ağırlıkla yatırım yaptıkları TBS'lerin değeri düştü. Amerika'nın en büyük iki yatırım bankasının sansasyonel bir şekilde batması ve AIG'in kurtarılmasıyla, finans kurumları birbirlerine borç vermeyi kestiler. Bankalar birbirlerinin bilançosundan korkar oldular. Bankalar birbirlerine borç vermeyi durdurunca borç vermeyi toptan kestiler. Kısa süre sonra, konut sektörüne ya da bankacılığa bağlı olmayan işletmeler borç alamaz oldular, ticari senet piyasası dondu. Ticaret durma noktasına geldi. Büyük Durgunluk başlamıştı.

MALİYE POLİTİKASI ATEŞ ALTINDA

Daha Büyük Bir Gemiye İhtiyacınız Olacak

Mortgage tahvil piyasasının çöküşü, trilyonlarca dolar değerindeki varlığın değersiz hale gelmesi demekti. Bu ekonomik durgunluk, mali bir krizin, daha yaygın ekonomik bir krizle birleşen ölümcül bir kombinasyonuydu. Ekonomik durgunluk karşısında Keynesçi reçete, ekonomiyi canlandırmak için genişlemeci para ve maliye politikalarının uygulanmasıdır. Sorun, normalde etkin olan politika araçlarının ciddi bir şekilde kösteklenmiş olmasıydı.

FED

Fed'e göre durgunluğun reçetesi, başlıca hisse senedi satıcılarından Hazine bonosu alıp, para yaratma sürecinin hünerini göstermesini beklemekti. Bankalar borç vermeye istekli olmayınca bu reçete işe yaramadı. Para yaratılacağı yerde, finans sistemi parayı yok ediyordu. Finans sistemindeki yanlışlıkların çoğu geleneksel bankacılığın dışında meydana geldiği için, Fed, ihtiyaç duyulduğu zaman para bulma konusunda büyük baskı altında kaldı.

Fed'in bankalarla nasıl çalışacağını belirleyen yasalar mevcuttur. Emrine amade olan araçlar bankalar için kullanılmak üzere tasarlanmıştı, fakat bu mali kriz farklıydı. Serbestleştirmenin yarattığı gölge bankacılık sistemi, Fed'in kapsamı dışındaydı. Fed'in işleri yeniden düzeltmesi için, gölge sistem daha düzenli geleneksel bankacılık sistemine dönüştürülmeliydi. Yaptıkları da buydu. Büyük yatırım bankalarının sonuncuları olan Goldman Sachs ve Morgan Stanley, statülerini SEC yönetmeliklerine göre değiştirip, Fed'e sundular.

Parasal Gevşeme

Finans krizi boyunca Federal Rezerv Yöneticiler Kurulu'nun internet sayfasını ziyaret etseydiniz, ilginç bir şeyler olduğunu görürdünüz. Fed neredeyse her ay yeni bir para politikası aracı keşfediyordu. Bunlardan ilki, Term Auction Facility (TAF) (Geçici Vadeli İhale İmkânı) idi. Bu program, aşağı yönlü algılanan reeskont penceresinden borçlanma riski olmadan bankaların Fed kredilerine teklif vermesine imkân tanıyordu. Fed kısa süre içinde, sisteme para enjekte etmek için başka borç verme imkânları da yaratıyordu. Fed, ipoteğe dayalı menkul kıymetlerin ve acente borçlarının alımına da başladı. Nihayetinde Fed'in yapmakta olduğu şey, varlıklar için nakit karşılığında pazar yaratmaktı. Bu sürece parasal gevşeme denir.

Sonunda, mali çöküşü durdurmak için 2008'de yaratılan imkânlar, 2010 Şubat'ında son buldu. Fed, durgunluk sırasında, geleneksel politika önlemlerinden ödün vermedi. FOMC, Fed fonu oranları hedefini %0'a düşürdü. Bu, Fed'in açık piyasa faaliyetleriyle elde edebileceği kadar genişlemeciydi.

Hükümet Yaratıcı Davranıyor

Fed, aynı anda hem donmuş bir bankacılık sistemini onarmaya hem de daha kapsamlı bir ekonomiyi normale döndürmeye çalışırken hükümet, sıra dışı önlemler alarak karşılık veriyordu. Henry Paulson'ın idaresindeki Hazine, bankacılık sektöründeki ve ipoteğe dayalı menkul kıymetler piyasasındaki ani mali krizi çözmeye çabalıyordu. Kongre ile başkanlar, önce Bush, sonra da Obama, çok büyük bir politik müdahale planladılar. Hükümetin sorunu, kriz vurduğunda ağır vergi içeren bir mali genişlemeyle meşgul olmalarıydı. Vergiler aşırı düşük, harcamalar ise aşırı yüksekti. Ekonomistler, hükümetin daha ne kadar teşvik verebileceğini sorguluyorlardı.

2008'de Kongre, Hazine'ye, konut piyasası ile TBS'lerin çöküşünden ağır darbe alan bankaların sermaye yapılarını yeniden düzenleme gücünü veren Sorunlu Varlıkları Kurtarma Programını (Troubled Asset Relief Program, TARP) onayladı. Bu, hükümetin ekonomiye istikrar kazandırma gayretlerinin sadece başlangıcıydı. Hükümet, zayıflayan otomobil üreticisi General Motors'un kepenk kapatmaması için şirketin kontrolünü 50 milyar dolara satın aldı.

Külüstürlere Nakit

Dayanıklı malların tüketimini teşvik etmeyi amaçlayan bir diğer program, "külüstürlere nakit" diye de bilinen Car Allowance Rebate System (CARS) idi. Bu programa göre, alıcılar, yakıt tüketimi daha fazla olan eski arabalarını verip yakıt tüketimi daha az olan yeni bir araç satın aldıklarında araba satıcılarından bir iskonto alacaklardı. Hükümet, sonradan satıcıya ödeme yapacaktı. Hükümetin verilerine göre bu program dahilinde 680.000 otomobil satılmış ve bu rakam ekonomide yurtiçi harcamaların canlanmasını sağlamıştır.

Konuta yatırımı canlandırmak için hükümet, alıcılara 8.000$ tutarında önemli bir vergi indirimi sağladı. Ayrıca, işsizlik yardımları, işsiz kalan milyonlarca Amerikalıyı da kapsayacak şekilde genişletildi. Hükümet programlarının en büyüğü, ekonomiyi genişletmek için 790 milyar dolar harcanmasının planlandığı 2009'da onaylanan (Recovery Act) Toparlanma Yasasıydı. Vergi kesintileri, iki savaş ve %0 faiz oranıyla birleşen teşvik, tarihi standartlara göre epey agresifti. Çoğu ekonomist, hükümetle merkez bankasının krize tepkilerinin ikinci bir Büyük Buhran'ı engellediğine inanır.

Teori mi, Pratik mi?

Teoriler, ekonomistler ile politika üretenlerin, gerçekte olanların hikâyesini anlatış şeklini etkiler. Yeterince kişi inanırsa, gerçeğin bu anlatımları gerçeği etkileme gücünü kazanır. Beklenen enflasyonun enflasyon yarattığı hikâyesi hep anlatılır ve politika üretenler bunu önemsemezlerse hikâye gerçek olabilir.

Bir ekonomi, durgunluğa girdiğinde işletmeler üretimi durdurup, hemen işçilere geçici olarak yol verirler. Ekonomik düzelme esnasında, mantıklı sonuç, bunun tersine işlemesidir, oysa her zaman böyle olmaz. Üretim yeniden başladığında firmalar çoğunlukla kalan işgücünün çok daha verimli olduğunu keşfederler. Sonuç olarak, firmalar daha fazla işçi almadan üretimi sürekli artırabilirler. Çıktı artmaya devam ettikçe, firmalar ilave işçi almadan önce çalışma saatlerini artırırlar. Sonunda ancak artan verimlilik ile artan çalışma saatleri hesaba katıldıktan sonra talep hâlâ mevcutsa firmalar işçi almaya başlarlar. Ne yazık ki işsizler için bu süreç çok uzun sürebilir. Ekonominin işsizlik sorununu çözmeden düzelmesi politikacılara büyük zarar verir. GSYİH artabilir fakat işsizlik oranı bir süre daha yüksek kalabilir. İşsizler oy verir ama aslında mantıklı açıklamalara aldırmazlar.

Enflasyon söz konusu olduğunda Federal Rezerv'in yaptığı şey ip cambazlığına benzer. Birçok uzmanın enflasyon geliyor uyarısı yapmasının bir yararı olmaz. Enflasyonu beklemek çoğunlukla enflasyonu ateşlemeye yeter. Fed, kredi akışını serbest bırakmak için finans sistemine yüzlerce milyar dolarlık rezerv sokar. Ekonomi iki şekilde tehlikeye girer. İlki, Fed para arzını çok çabuk daraltırsa ekonominin tekrar daha derin bir durgunluğa düşebilmesidir. İkincisi ise, Fed para arzını daraltmak için fazla beklerse enflasyonun baş gösterebilmesidir, bu da Fed'in ekonomiyi tekrar durgunluğa döndürmek şeklinde tepki vermesini gerektirir.

ÇEVRE VE EKONOMİ

Çevreciler, Birleşin!

Çoğu Amerikalı, çevreyi korumanın toplum için önemli bir amaç olduğuna inanır. Hükümetin ve çevrecilerin bu amaca ulaşmak için izledikleri yol, genelde ekonominin gerçeklerini göz ardı etmiştir. Tehdit Altındaki Türler Yasası'nın, Temiz Hava Yasası'nın ve Temiz Su Yasası'nın hepsinin de övgüye değer amaçları vardır. Yürürlükteki kanunları eleştirenler elbette canlıların soyunun tükenmesinden ya da havanın, suyun kirlenmesinden yana değildir. Eleştiriler ekseriyetle amaçların kendisine değil, bu amaçlara ulaşma şekline yöneliktir. Ekonomistler, çevre için benzersiz bir bakış açısı sunmaktadır. Onlara göre, ekonomi prensiplerinin bu uygulamalara dahil edilmesi çevreyi koruma amacına daha etkin ve daha yararlı bir biçimde ulaşmak için kullanılabilir.

BÜYÜME SÜRDÜRÜLEBİLİR Mİ?

Sürekli büyüyen bir ekonominin bedeli, çevreye getirdiği zorluklardır. Nüfus giderek arttıkça öz kaynakların nüfusu geçindirmesi gerekir. Büyümenin ille de çevresel çöküşe neden olması gerekmez. Aksine piyasalar, bireyler ve firmalar öz kaynaklarını kullanırken bir karşı bedel ödeyecekleri için, onların dürtülerini değiştirmekte kullanılabilir.

Öz kaynaklara olan talep bu öz kaynakların fiyatlarını artırma eğilimindedir. Bu öz kaynakları kullanan bireyler ile firmalar, eğer bunlar yenilenebilen kaynaklar değilse, fiyatlar arttıkça onları daha az kullanma dürtüsü kazanırlar. Kaynaklar yenilenebiliyorsa, girişimciler kaynak üretimini artırma dürtüsü kazanırlar. Bu iki dürtü güçlü ve etkindir.

Yenilenebilen Öz Kaynaklar

Yenilenebilen bir öz kaynak olarak keresteyi ele alalım. Artan kereste talebi, kereste fiyatlarının yükselmesine yol açar. Bu fiyat artışı, ağaç yetiştiricilerinin talebi karşılamak için piyasaya daha çok ürün sürmelerine neden olur. Artan kereste talebinin net etkisi, orman talebinin artmasıdır. Artan orman talebi toprağı daha istenir kılar ve daha çok arazinin orman üretimine ayrılmasına yol açar. Bazıları, ağaçlar kesilirse sonunda hiç ağaç kalmayacağını iddia ederler. Oysa bu ifade ekonomik dürtüleri göz ardı etmektedir. İnsanlar mısır yemeyi bıraksaydı mısır daha çok mu, daha az mı kalırdı? Daha az kalırdı diye cevapladıysanız haklısınız. İnsanlar mısır yemeyi bırakırlarsa çiftçilerin mısır yetiştirmek için nedenleri kalmaz. Benzer şekilde, insanlar daha çok mısır yerse çiftçiler daha çok mısır yetiştirir. Aynı şey, ağaçlar için de geçerlidir. Ağaçların büyümesi daha uzun süre alır, gerçi sonuçta fiyatları mısırdan çok daha yüksektir.

Yenilenemeyen Öz Kaynaklar

Kömür, petrol ve doğalgaz gibi yenilenemeyen öz kaynaklar söz konusu olduğunda piyasalar, üreticilere de tüketicilere de teşvikler sağlar. Bu üretim faktörlerine talep arttıkça fiyat da artar. Bu, o öz kaynakları kullanan firmalara daha yüksek üretim giderleri ve daha yüksek fiyatlar getirir. Yüksek fiyatlar, firmaların bu öz kaynakların kullanımında daha verimli hale gelmelerini sağlar. Örneğin bir firma, üretiminde doğalgaz kullanıyorsa ve gaz fiyatları artarsa firmanın, doğalgazı mümkün olan en verimli şekilde kullanmak için iyi bir nedeni olacaktır. Müsrif ve verimsiz firmalar, öz kaynakları daha verimli kullanan firmalarla rekabette zorlanacaklardır. Sonunda kepenk kapatacaklardır.

Ekonomik Verimlilik

Ekonomik verimlilik, öz kaynaklar az israfla kullanıldığında gerçekleşir. Verimlilik, sadece ekonomistlerin değil, gezegene önem veren herkesin amacı olmalıdır. Daha az israf, üretimde daha az öz kaynak gerekmesi demektir.

Teşviklerin Rolü

Tehdit altındaki türleri korumak, birçok kişi için önemlidir. Türleri korumaya yönelik yasa çıkarmaları için hükümetlere büyük baskı yapılmaktadır. Tehdit altındaki türleri korumak için ekonomistlerin desteklediği yollardan biri onları yemek üzere öldürmektir.

Neden Amerikan bizonunun sayısı neredeyse tükenmek üzereyken ineklerin sayısı üstel olarak arttı? İnekler bizonları yedikleri için mi? Hayır, inekler çoğalırken bizonların yok olma tehlikesiyle karşı karşıya kalmalarının nedeni, ineklerin özel mülkiyet altında olması, bizonların ise olmamasıydı. 1889 itibariyle, bizon sayısı milyonlardan 1.000'in biraz üzerine kadar düşmüştü. Neyse ki, günümüzde Amerikan bizonu yok olmanın eşiğinden dönmüş durumda çünkü artık onlar da özel mülk haline geldi. Halen 500.000 bizon mevcut ve bizon eti için bir pazar oluştuğundan sayıları giderek artıyor.

ÇEVREYİ KİRLETME HAKKI

Çevre kirliliği ekonominin olumsuz yanlarından biridir. Tüm üretim süreçleri bir biçimde kirlilik yaratır, dolayısıyla sıfır kirlilik, mantıklı bir hedef değildir. Kirliliğin doğru miktarı nedir? Kirliliğin doğru miktarı ya da toplumsal açıdan optimal miktarı, marjinal toplumsal fayda marjinal toplumsal üretim giderine eşit olduğu zamanki miktardır. Bu, firmaların, üretimin topluma getirdiği ekstra yarar, kirlilik dahil ekstra maliyete eşit olduğu noktaya kadar üretim yapmaları gerektiği anlamına gelir. Firmalar, orta malı trajedisi denen şey yüzünden (örneğin akarsuların, hiç kimseye ait olmadıkları, orta malı oldukları, sahipsiz kaldıkları için herkesten kötü muamele görmesinden yani tüm üreticilerce kirletilmesinden ötürü), çoğunlukla toplumsal açıdan optimal miktarda çıktı üretmezler. Firmalar, kirliliğin bedelini ödemezler, dolayısıyla çok fazla çıktı üretir, çok fazla kirlilik yaratırlar. Firmaların uygun miktarda kirlilik üretmelerini sağlamak için üretim kararlarına kirletme bedeli dahil edilmelidir. Devletler kirletme izinleri satmalı veya vergi koymalıdır. Diğer bir seçenek de, kirletenin kirliliğe maruz kalan ve bunun maliyetine katlanan bireylere pazarlık usulüyle bir tazminat ödemesidir.

Birim Başına Vergiler

Bir mal ya da hizmetin üretiminde firmaların yarattığı kirliliği düşürmek için birim başına vergi konabilir. Üreticiye konan vergi, üretim giderini artırır, bu da üreticinin üretim kabiliyetini ve isteğini azaltır. Bunun piyasaya getirdiği sonuç, mal ya da hizmetin fiyatının artıp, miktarının azalmasıdır. Sonuç, daha az üretim, dolayısıyla da daha az kirliliktir. Birim başına vergideki sorun, büyük ihtimalle o endüstrideki tüm üreticilerin vergilendirilecek olması ve daha temiz, daha verimli çalışan üreticilerin de çok kirletenlerle aynı oranda vergi ödeyecek olmasıdır. Vergi, sanayinin yarattığı kirliliği azaltır fakat bireysel üreticilerin kendilerine çekidüzen vermesine yaramaz. Mal ya da hizmete talep artarsa da kirlilik artmaya devam eder. Nihai amaç, üreticiyi cezalandırmak değil, kirliliği azaltmaktır.

Kirletme İzinleri

Bir diğer seçenek de, kirletme izinleri piyasası oluşturmaktır. Hükümet, bir izin programı dahilinde, belli bir kirletici maddenin o sene atmosfere salınacağı miktara bir sınır koyar. Örneğin, geçen sene atmosfere 7 milyon ton azot oksit salındığını ve hükümetin bunu 6 milyon tona indirmek istediğini varsayalım. Hükümet, bu hedefe ulaşmak için gereken sayıda izni sanayiye tahsis eder. Her izin belgesi 1 ton emisyona imkân tanıyorsa hükümet firmalara, 6 milyon adet izin belgesini paylaştırır. Firmaların ürettikleri kirletici maddenin her bir tonu için bir izin belgesi teslim etmeleri gerekir. Bu sistem dahilinde, firmalar ve hatta bireyler bile izin belgesi alıp satabilirler. Nispeten temiz çalışan firmalar, kullanmadıkları izin belgelerini daha fazla kirleten firmalara satabilirler. Bireyler de izin belgesi alabilir ve atmosferi belli bir miktar kirlilikten koruyabilirler. Bu program, firmaları daha verimli hale gelmeye ve aynı zamanda kirliliği de azaltmaya teşvik eder. Kirlilik vergilerinin aksine, bu çözüm, bütün firmaları eşit oranda cezalandırmak yerine kirliliği azaltmalarından ötürü ödüllendirir.

İklim Borsaları

Dünyanın her yerinde kirlilik yaratan çeşitli endüstriler arasında izin belgesi ticareti yapılabilen iklim borsaları mevcuttur. İklim borsaları, firmaların izin belgesi alım satımına imkân veren hisse senedi borsası gibi davranırlar. Çevre ve ekonomiyle ilgilenen öğrenciler ileriki yıllarda iklim brokeri olabilirler.

Coase Teoremi

Çevreyi kirleten ya da zarar veren firmalar için son bir seçenek, kirlilikten zarar görenlere doğrudan ödeme yapmaktır. Bu seçeneğe Coase Teoremi denir. İngiliz ekonomist Robert Coase, kirletenler ile kirliliğin maliyetine katlananlar, her iki tarafın da kabul edebileceği bir ödeme üzerine doğrudan pazarlık yaparlarsa etkin bir sonuç elde edilebileceğini öne sürmüştür. Coase teoreminde, her iki tarafa da bir pazarlık maliyeti gelmeyeceği, mülkiyet haklarının açıkça tanımlandığı ve bu işe dahil olacak kişilerin sayısının az olduğu varsayılmıştır.

Nature Conservancy ve Sierra Club gibi kuruluşlar çevresel olarak duyarlı alanları korumak için bu stratejiyi uygulamaktalar. Çevreyle ilgilenen birçokları, yağmur ormanlarını korumak için bu stratejiyi uygulamışlardır. Kendi sahip olduğunuz bir ormanı kurtarmak, herkesin sahip olduğu bir ormanı kurtarmaktan çok daha kolaydır. Sonuçta ekonomi prensipleri, çevresel hedeflere ulaşmak için etkin ve verimli bir şekilde kullanılabilir.

DİZİN